中国农村福利

RURAL WELFARE IN CHINA

潘　屹◎著

社会科学文献出版社
SOCIAL SCIENCES ACADEMIC PRESS (CHINA)

目　录

第一部分　导论

第二部分　传统农村福利

第三部分　计划经济的社会主义福利制度

第四部分 市场经济下福利制度的重建与探索

第五部分 福利的政治、经济和社会因素

第一部分

导　论

第一章

关于农村社会福利

一　主题

本书是对中国农村社会福利体系的一个研究。这个研究有纵向的梳理，从古代中国文明的产生和福利体系的构成，到新中国社会主义福利制度的建设，到市场经济改革后农村社会福利体系的革新。这个过程让我们了解中国农村社会福利体系的发展脉络。同时，本书也是对中国农村社会福利制度组成部分和起作用的核心因素做一分析和阐述。

我试图通过分析构成和影响中国农村福利的具体因素，探索中国社会福利在发展、变化、沿革的过程中，制度本身反映的特质。

从时间脉络上，本书可以分为三个部分。

第一部分为古代的福利，中国古代传统的福利体系，体现了国家控制，由社会组织、社区网络和家庭支持的主要内容。这些中国传统的福利思想、制度与体系的独特特征，在上千年的延续和变迁中深刻影响了现代农村福利体系的形成。

第二部分为新中国成立以后的社会主义福利制度，前 30 年的福利制度，特别是农村福利制度的建立，奠定了中国农村社会主义的福利思想和集体主义的互助理念。这个在一穷二白的基础上建立的农村社会福利制度，在计划经济的指导下，在城乡二元结构的框架下，以集体经济的形式承载着农村福利的内涵，构建了中国农村社会主义福利制度的框架。

第三部分阐述了市场经济改革的过程中，农村现代社会福利制度重建。当传统的农村福利制度受到冲击甚至解体后，农村探索建立适合市场经济的福利体系，学习西方的社会保障制度，并逐渐启动了与福利制度相关的一系列现代改革措施。农村社会福利体系再建构的探索过程遇到许多问题，这些问题也引发多种层面的讨论。本书也探讨新中国成立以后农村社会福利体系前30年和后30年的区别，以及二者之间的相互承继关系。

同时，根据国际社会政策学科的研究体系，福利制度的形成受所在国家的政治、经济、社会和文化环境的影响。福利体制是国家社会发展的产物，是政治经济相互作用的结果。本书分析中国特色的社会主义福利制度的内在构成因素，进而理解中国社会福利制度的特性。

我之所以把重点放到中国社会福利体系中特定的“农村”地域，因为农村有五个特点。

第一，历史上，我国一直是个农业国，长期以来以农耕为主，农业文化延续了数千年之久。如《吕氏春秋》中所说：“农为本，商为末。”农业国家一直是中国的主要特征，研究中国的农村社会福利体系有相当程度的代表性。

第二，长期以来，农村人口是中国人口中最多数的群体，农村是最多数人群的聚居地。当然，随着社会经济的发展，这个人群也在发生着变化，甚至今天，这个群体的界限越来越模糊。本书涉及的农民，不仅仅指劳作在广袤田野上的农民（他们是名副其实的农民），也涉及随着经济社会的发展，进集体企业、乡镇企业甚至城市务工的新时代的农民，因为他们的许多福利津贴在农村获取，他们的福祉运营的最小单位还在农村。2005年国家统计局的调查显示：农村人口为7.45亿，占总人口的57%；城市人口为5.62亿，占总人口的43%。在该调查中，进城务工人员被计入城市人口部分。根据农业部和民政部的资料：

2003 年，有 9200 万左右的农民工在大城市务工，在乡镇企业中务工的达 1.3 亿。中华全国总工会指出，工人的结构发生了明显的变化。在改革开放初期的 1978 年，产业工人中 99% 的人口来自城市居民。到 2002 年时，农民工开始在数量上超越了传统的城市产业工人。但是，农民工的福利“关系”还在农村，他们并没有被涵括在城市福利系统中。因此，在社会福利体系的研究中，他们仍可算作农村人口的一部分。根据户籍来计算，全国 77.7% 的家庭和总人口中 85.5% 的人都属于农村人口[①]。因此，研究农村的社会福利体系，也就是研究中国最大多数人的福利现状。不管我们采用哪一种口径的数据，农村人口都是中国人口中的大部分。

第三，中国农村社会福利所触及的问题是中国社会福利制度建设的关键问题。几乎农村所有的福利项目都是中国社会福利制度设计的关键。目前中国农村社会福利体系与城市的社会福利体系截然不同，当前农村的突出问题，养老、医疗、学校教育、留守老人和儿童、社会服务欠缺、社会基础建设和公共设施欠缺，都和城乡不同的福利制度有关。因此，研究具有独特性质的农村社会福利，也就触及了当代中国社会福利体制的基本和重大的问题。

第四，中国农村社会福利体系和制度建设是中国农村发展的核心问题。当前农村的发展问题，包括经济发展、城镇化建设、社会建设等，都和农村福利制度的设计有关。

第五，农村社会福利制度建设也是当前中国社会发展的核心问题。当中国处在一个向工业化、现代化、城市化、民主化急剧转变的过程中时，农村浓缩了当前中国所处时代的变化，农村社会福利体系建设问题则是所有问题的凝结点。对农村社会福利制度进行研究，也就是触及和解决中国在迈向现代化过程中的焦点问题。

---

① 国家统计局，2005，《中国统计年鉴（2005）》，中国统计出版社。

二 问题的提出

本书最初成文于2003～2005年，是我在英国剑桥大学社会和政治科学系以及东方系读书时的博士论文。我之所以选择这个题目，有个人经历的影响。我大学毕业后在民政部工作，后去芬兰求学，在社会政策和社会工作专业学习期间，选择的硕士论文题目"是转型时期的中国社会福利制度"。做博士论文的时候，我把关于社会福利制度的研究主题限制在农村领域了。因为民政部门主管农村的社会福利，对这个领域，我比较熟悉。

而选择农村福利这个题目，从国家的宏观意义出发，有更加综合的考虑。当时，中国经济以前所未有的速度飞速发展。以经济发展为中心，国内生产总值的增长成为关注的焦点，经济自然成为全国范围内最热的研究领域。社会发展的受重视程度和经济发展的受重视程度相比要弱；而农村的社会发展，和城市的社会发展相比更弱。农村社会福利制度体系的建设，基于一些特殊的原因，受到的关注尤其可怜。不可否认的是，中国面临一些问题。正如某些学者分析的，中国正经历"经济和社会发展之间一系列两难问题的挑战，如高速增长的GDP与社会进步之间的平衡；既要保持东部地区的强劲发展势头，又要促使东、中、西部共同发展；既要推进城市化，又要从各方面反哺农村；既要缩小贫富差距又要维持经济活力与效率；既要深化改革又要保持社会稳定；既要开放国内市场又要维持国家的独立性；既要跟进市场竞争又要关心困难群众的生活问题，等等。解决这一系列两难问题都不能只顾一头忽视另一头，而是要求统筹兼顾，实现又快又好的发展"①。

① Zheng, Bijian (2004), China's Peaceful Rise and Opportunities for the Asia – Pacific Region, In China's Peaceful Rise, Speech of Zheng Bijian, Washington: Sept. – Oct, p. 23.

一些研究已经触及并验证了这些发展的不协调。第一个不协调就是城乡差异明显，城乡之间的收入差距越来越大。1996 年，城市居民平均收入是农村居民的 2.27 倍，而 2005 年已上升到 3.22 倍，2006 年达到 3.3 倍①。2005 年出版的联合国人类发展报告的中国部分显示，全国收入最高的 10% 的人口中，93% 来自城市；而收入最低的 10% 的人口中，农村居民占了 98.7%②。第二个不协调是区域间差距明显，各省间居民收入差距相当大。2003 年，沿海省市，如福建、上海两地城市居民年均收入分别达到了 14867 元和 13883 元，而中西部省份，如贵州、四川两地的城市居民年均收入才分别达到 6520 元和 6559 元。2003 年，东部经济发展较快地区，如上海、北京两地的农村居民人均收入已分别达到 6654 元以及 5602 元，中西部地区的贵州以及甘肃农村居民人均收入刚分别达到 1565 元和 1673 元③。第三个不协调是农民属于收入最低的人群。贵州省的城市居民人均收入在全国排在末位，而全国范围内的农村居民人均收入水平还低于贵州省的城市居民人均收入。这种收入差距直到目前并没有缩小，反而在 10 年间迅速加大。2013 年 1 月，国家统计局第一次发布了过去 10 年间的基尼系数官方统计，2013 年的基尼系数为 0.45。而 30 多年前，即 1978 年，农村的基尼系数是 0.2124，城市是 0.16。

在经济发展不平衡，特别是城乡之间经济发展不平衡、收入差距大的时候，不能不审视农村的社会福利体系。十一届三中全会召开以后，我国农村地区开始了经济改革，已经取得了巨大的成效。过去的 30 多年，农村有了翻天覆地的变化，农民的生活水平有了很大程度的提高。1978 年开始的农村经济体制改革，实

① 汝信、陆学艺、李培林，2007，《2007 年：中国社会形势分析与预测》，社会科学文献出版社。

② 李实、白南生，2005，《中国人类发展报告 2005：追求公平的人类发展》，中国对外翻译出版公司。

③ 李实、白南生，2005，《中国人类发展报告 2005：追求公平的人类发展》，中国对外翻译出版公司。

施了家庭联产承包责任制，农村家庭脱离了原来的集体生产单位而独立分户自主经营，这种生产力的释放带来了经济作物高产丰收。但是，由于集体经济衰落和社会组织逐渐解散，原有的农村社会福利体系瓦解。集体福利体系的瓦解具体体现在如下几方面：首先，许多地方集体经济衰落，支持农村福利和服务的基础不存在了，因此许多自助统筹的福利项目被取消，涉及原本由集体资助的对部分人的救助和服务，比如对五保户、军人家属、烈士家属、残疾和复员退伍军人的支持。其次，伴随人民公社的解体，集体生产单位的解散，包括社会福利管理在内的农村层面的公共管理机构衰弱，新的社会管理机制没有建立起来，农村缺少公共服务。再次，过去曾经发挥过很大作用的农村社会福利体系逐渐消失或难以为继。比如，合作医疗制度在 20 世纪 80 年代时覆盖了 95% 的农村，到 2000 年时已减少到 5% 。最后一点，同样也是非常重要的一点，农村里的诸如道路、水利、医院、娱乐与运动设施等公共基础设施的建设基本终止，伴随着青年农民工的进城务工，一些地方的村庄呈现凋敝景象。

不仅原有的农村社会福利体系在衰落，另一方面，伴随着经济发展，农村社会出现了新的问题，农村和农民对社会福利有了更多和更新的需求。第一，农村人口的老龄化。全国老龄工作委员会（2006）指出，2005 年全国 60 岁以上的老年人口为 1.49 亿，而其中 74% 居住在农村。第二，农村儿童的教育与照顾问题。进城务工的父母大约在农村留下了 2000 万留守儿童。第三，农民的教育与培训问题。家庭联产承包责任制下，农民变成了个体生产者，再无集体资源支持他们去获得生产技术、管理、销售与运营等方面的技能与培训。第四，许多外出打工的农民背井离乡，许多农村家庭长期处在分裂的状态，不仅原有的中国农民享有的天伦之乐遭到破坏，而且，家庭中相互照顾支持的功能也难以发挥作用。第五，无节制的发展，利润至上，个人主义等对农村的破坏是无形的，也是影响巨大的。随着个人的经营与集体福

利的消失，原有的价值体系和伦理观念遭到挑战。农村自然环境遭到破坏，农民期望社会能够和谐、可持续发展。于是，研究农村福利的问题就显得很迫切。

三　研究背景

在我国城乡二元社会经济结构下，农村社会福利体系与城市福利体系截然不同。农村社会福利体系建设的出发点是保持农民的最基本生活水准。农村福利制度提出于1956年，并在1958年人民公社时期被建立起来。那时的农村社会福利的主要工作是建立国家救灾扶贫制度。1978年之前，基于当时的贫困标准，我国农村贫困人口为1.25亿。在人民公社时期，国家每年要救助5000万人次左右的灾民，以及将近4000万个家庭的城乡贫民。其余的贫困家庭则由村集体支持。改革开放之前，国家还牵头建立了集体经济资助的农村五保户制度，覆盖了近300万的孤寡老年人。农村合作医疗制度也牢牢地扎根于乡下。

当国家开始建设农村社会福利体系时，囿于当时的经济状况，并未给予农村足够的经费。农村的福利就是给予农民基本的土地保障，国家选择性地资助部分灾民，贫困救济则主要依赖村集体以及农民们的自助互助。农村也不像城市，由财政拨款提供免费医疗卫生服务，农村合作医疗仅仅是一种村民间的互助。国家针对军人家属颁布了社会优待政策，但资金仍然是从村民手中募集而来。当时的农村社会福利体系，在国家计划经济指导下，涉及优待抚恤、救灾救济、医疗健康、教育、养老等福利内涵，但是，本质上还是在土地保障的基础上，由家庭和集体支持的农民福利。

与之相反，城市福利体系涵盖的范围则要宽得多。城市的社会福利体系除了包括就业保障、收入保障、医疗卫生服务、退休养老金、家庭津贴、工伤赔偿、交通补贴，甚至冬季取暖补助等外，还根据单位的不同，拥有单位福利。单位福利包括食堂、托儿所、幼儿园、浴室甚至学校等。如果按照西方国家福利理论所示的福利国家模式的分类，可以说，城市福利体系偏于制度型福利模式，而农村的则偏于剩余型福利模式。此外，城市福利主要由工作单位提供，一旦人们就业，他以及部分家庭成员在其就业期间或者余生都会获得许多福利。与农村福利依赖农民自助以及村集体互助不同的是，城市福利有更多国家财政的支持。一份统计数据显示，计划经济时期，投入城市福利的资金是投入农村福利的 29 倍之多[①]。许多年来，农村在很大程度上为城市工业发展提供了资本积累，国家更多地关注工业生产以及城市居民。当国家的工业基础建立起来之后，建立农村福利体系以实现工业反哺农业就成了唯一符合逻辑且迫在眉睫的事情。

20 世纪 80 年代以来，面对市场经济条件下农民的福利需求，政策制定者以及研究人员对建立新形势下适合市场经济的农村社会福利体系进行了诸多讨论。基于当时对社会保障的了解和认识，作为社会福利的国家管理机构，民政部就建立农村社会保障制度进行了探索。作为这一制度的一部分，农村养老保险在 80 年代末被提了出来，并在几个省份进行了试点。以颁布《县级农村社会养老保险基本方案》为标志，民政部承担起了建立农村养老保险的责任。经过试行之后，该方案于 1995 年在全国范围内正式实施，到 1998 年底，全国 2123 个县中 65% 的乡镇施行了农村养老保险计划，并有 8025 万农村居民参加了该计划。1998 年，农村养老保险年度总保费收入达到 40.14 亿元，总支出则为 5.4 亿元。2000 年，农村社会养老保险金达到 160.62 亿元，50 万农村老人收到了保险金[②]。

民政部推动的另外一些社会保障项目也在地方层面进行了试点。基层的农村社会保障网在乡镇一级建立了起来。这个社会保

① 朱庆芳、葛兆荣，1993，《社会指标体系》，中国社会科学出版社。

② 张晓山，2001，《中国乡村社区组织的发展》，《国家行政学院学报》第 1 期。

障体系包括每个乡（镇）要建有养老院、社会福利企业、社会福利基金（或称之为互助储金，主要用于扶贫救灾）、对军属的社会优待以及五保户制度。1992 年，大约有 14500 个乡镇（占全国乡镇数的 1/3）建立了这一社会保障网。平均下来，每 100 个乡镇就建有 64 个养老院和 68 个社会福利企业。除了救济基金和救助制度，农村最低生活保障制度也于 1995 年建立，这一制度在教育和医疗方面还可为农村地区提供特殊的优惠政策。国家财政每年投入 1 亿元的资金用于农村扶贫工作，农村贫困人口由 1978 年的 2.5 亿减少到了 2000 年的 4000 万①。

农村的社会保障事业得到了发展，特别是扶贫工作取得了巨大的成就，但在 20 世纪 90 年代末，农村社会福利体系的建设计划却遇到了来自国家行政部门和学术界的多重阻碍。从 70 年代起，新自由主义思潮在欧洲和北美盛行，并席卷了西方世界。新自由主义反对国家的管理，特别是对国民经济和国民分配的干预，主张削弱国家在政府管理，特别是在社会福利政策中的职能，提出应减少国家的社会福利政策和支出，以进一步强化发挥自由市场和个人的作用。其时，中国正在向市场导向的经济转型，在改革中，建立适应社会主义市场经济的社会福利体系和社会安全网正在探索之际，新自由主义或新右派的影响波及中国，并强烈地影响到了中国的政策制定者和学术界。一些学者提出"普惠式福利计划是乌托邦式的，并会严重削弱国家的财政体系"，进而"严重削弱中国在国际市场的竞争力，因为单单仅是城市的福利制度已让国家背上了沉重的包袱"。一些言论更是将普惠式福利视作与"公民社会扩展以及政府力量收缩这一国际总体趋势"背道而驰的事物②。在这些思潮的影响下，强调农村社

---

① 多吉才让主编，1996，《救灾救济》，中国社会出版社。

② 陈平，2002，《建立集中统一的社会保障体系不适合中国的国情国力》，《内部文稿》第 15 期；《建立中国统一的社会保障体系是自损国际竞争力的短视国策》，《中国经济研究中心简报》第 14 期。

会福利体系的建立被认为将给国家财政带来负担，阻碍经济发展。

在那个不确定的时代，关于农村社会福利体系的建设，有多种声音。比如有些人认为商业运作的养老保险更切合中国农村实际。还有人强调，作为农村社会福利的一部分，家庭支持将仍然是农村养老的主要机制。其他农村社会福利计划，诸如互助储金以及救灾保险等，也有了争论。在西方新自由主义思想的影响下，有一种观点认为，在市场为导向的经济下，发展农村养老金计划不应由国家来牵头，国家应从社会福利负担中全身而退。在这些争议下，许多农村社会福利探索项目被搁置或取消。曾被民政部提倡推广的由村委会管理的农村互助储金会，被以妨碍银行金融体系的运作为由叫停。农村社会养老保险不再得到来自国家的任何政策或预算支持。与此同时，商业保险却得到大力推动。学术界以及政府很明显地确信，农村社会福利体系都将以某种方式阻碍商业以及资本市场的发展。在这一时期，农村社会福利政策被削减至只突出扶贫工作，谈不上完整的农村社会福利体系的构想。一些尝试的社会福利项目或明或暗地被取消。1998 年，国家将农村养老保险的责任主体由民政部转移至劳动和社会保障部。劳动和社会保障部与民政部不同，民政部在乡（镇）一级设有民政助理员，而劳动和社会保障部在乡镇一级并没有正式的工作人员，等于没有腿来开展农村社会养老保险工作，这导致农村社会养老保险项目搁置和中断。

1982 年，我大学毕业被分配到民政部工作，见证并经历了这个过程。民政部曾是中国最早投入农村社会保障体系研究的牵头部门之一。一位老上级率先召开了许多农村社会保障专题研究会议。比较著名的有 1986 年的沙洲会议，这次会议决定在农村经济较发达的地区，试行以社区为单位的农村养老保险。我和我的同事们一起，被吸引进农村社会福利体系建设的探索中。1998 年，当农村社会保障体系建设，包括养老保险项目中止以后，我

开始反思农村社会福利体系建设以及由此引发的问题。

农村社会福利体系建设的起伏不仅折射出福利意识形态的冲突，同时也反映了国民经济的发展状况和民众呼声的变化。2000年以来，国家颁布了一些方针政策，提出关注民生，建设和谐社会等，一系列新的关于改善农村民生的福利项目在各地也逐渐发展起来。过去30年的经济增长为建设农村的社会福利制度打好了经济基础。1978年，一个农民的纯收入仅为136.6元；到了2007年，全国农民的人均纯收入已达到4140元。一些沿海省份农民的收入更高，如浙江省就达到了8265元①。国家关注民生，标志着政策方针的改变，而经济增长是福利制度建设的先决条件，这一切使农村福利制度的重构成为可能。

虽然对民生的提法和经济状况有了变化，但是依旧不能肯定的是，决策者和研究者对于社会福利制度建设的认识已经清晰明确。更不能明确的是，对于农村社会福利体系的构建是否已经全力以赴。因此，有必要从分析农村社会福利的发展实践入手，对相关问题做一个讨论。

四　架构及方法

本书旨在考察中国农村社会福利体系的发展历程及其本身的意义。

我将探索中国社会福利制度，特别是农村社会福利制度的主要脉络与框架。我主要正面阐述中国农村社会福利制度的形成与发展，中国农村社会福利的主要内容、要素以及特征。从历史发展的角度看中国农村社会福利制度的形成、作用和构成，分析中国社会福利模式的作用以及试着解答中国社会福利模式发展中遇到的问题，探索社会福利思想理论的一些基本问题。

---

① 国家统计局，2008，《中国统计年鉴（2008）》，中国统计出版社。

本研究基于社会政策的视角。作为一门在西方发达国家建立起来的专业学科，“社会政策”这一概念有双重含义：首先是作为学科的社会政策；其次是这一学科所研究的对象，社会政策本身。后一重意义上的“社会政策”被界定为：一种政府的有意干预，其目的是实现一定的社会福利目标，其内容或方式是在国民中实现资源的再分配。[①] 社会福利体系则是一系列社会福利政策和制度的集合，这些制度共同决定了一个国家人民的福利利益和国家的性质。本研究是在社会政策框架下，对中国农村社会福利制度的考察。

社会政策不是一个价值中立的学科，它确守社会公正的原则，并基于这个出发点，评判国家福利政策与举措。西方学者认为，“社会政策已然成为现代政治的核心任务，关于社会政策的一个经典论断是社会政策能促进社会更公平公正”[②]。社会政策是将我们的社会组织起来的基础，其也暗含在我们每天的选择之中。正如鲍多克（Baldock）所指出的：“不见得你会在面对社会正义或社会再分配相关议题时保持中立、无私或冷淡。”[③]

关于社会政策的原则与价值观也一直存在尖锐的争议。因为有许多人攻击“价值中立”，甚至有的学者质疑或否认社会公正的存在。例如，有人为的设计何以确定社会公正的说法，或者怎能保障社会公平正义等的质疑。因为强调“市场的自发规律”，也有“看不见的手”最公正的论述。但是，这里要强调几点：第一，本书从社会政策学科的基本角度，从社会公正的社会价值出发，研究社会福利。第二，在这个基点上，本书所涉及的福利经济，也一定是政治经济。如果是政治经济，就

---

① Baldock, John, Manning, Nick, Miller Stewart, and Vickerstaff Sarah (Eds.), (2003), *Soial Policy*, Oxford: Oxford University Press, p. xxii.

② Baldock, John, Manning, Nick, Miller Stewart, and Vickerstaff Sarah (Eds.), (2003), *Soial Policy*, Oxford: Oxford University Press, p. xxii.

③ Baldock, John, Manning, Nick, Miller Stewart, and Vickerstaff Sarah (Eds.), (2003), *Soial Policy*, Oxford: Oxford University Press, p. xxii.

一定和经济、文化、社会等诸多方面的发展背景有关。本书把中国农村福利放在历史的大背景下，讨论国家、社区、集体、个人、市场等诸多因素共同的作用，并在此框架下对中国农村福利体系进行分析和研究。

本书是对中国农村福利的一个系统的、多维度的综合性分析。本书的研究不是限定在艾斯平—安德森[①]的资本主义国家的福利模式中，它超越了发达国家以及资本主义国家的范畴。本书是在历史的、文化的、经济的、社会的、政治的大框架下，从建设性的角度对中国农村福利体系所做的研究。研究领域覆盖了农村所有的福利项目和整个农村人口，而非对某一特定区域或局部地区的个性研究。因此，它的合成，也应该是中国社会福利主要特征的浓缩。

按照时间维度，本书大致涉及三个阶段。第一阶段，阐释中国社会福利传统遗产的组成；第二阶段，评估社会主义建设下的社会福利建设和构成；第三阶段，对社会主义市场经济下农村社会福利体系的重构做一个考察。中国当下的社会福利体系是建立在传统的福利思想与实践基础上的，这些思想与实践包括：儒家思想，中央政府的严格控制、管理与干预，集体组织网络以及强有力的家庭支持作用。这些历史遗产渗透和影响着当代社会福利体系，并对当代社会福利体系的存在起着支撑作用。计划经济时期（1949～1978），农村社会福利体系建设属于农村社会主义建设的一部分，社会主义是中国社会福利制度的核心和基础。这一时期农村社会福利的构建体现了社会主义原则。中国选择社会主义的道路和社会主义制度，并在中央计划指导下，管理农村生活和建立农村社会福利体系。这是第一次对中国农民的福利做了一次规划，虽然是最底线的标准。社会主义市场经济的发展给计划

---

① Esping - Anderson, Gosta (1990), *The Three World of Welfare Capitalism*, Cambridge: Cambridge University Press.

经济的福利体系带来动荡和剧变。家庭联产承包责任制的实施，集体经济的解散和人民公社的解体，给原有的农村社会福利体系带来巨大的冲击。市场经济下的农村社会福利体系如何再建构，伴随着村级自治（诸如地方选举与草根民主等）等民主政治的出现以及后来农村出现的农民生产的再集体化、经营的再合作化和中国福利制度有什么关系，二者怎样相互影响，它们怎样从不同的侧面阐述了福利的政治、社会和经济的含义及关联？本书将探索这些问题的内涵。

对中国农村福利发展的历史及现实情形的追踪梳理，使我认识到，中国福利体系展现了一种西方福利资本主义之外的不同的社会福利体制，且这种体制也有别于艾斯平—安德森所提到的东亚模式。在对中国福利供给体系久远历史及其新近变化考察的基础上，本书力图识别出中国社会福利支持系统的塑造因素。中国历史上的社会福利体系主要是由国家福利、社会福利和家庭福利等构成。中国传统农村福利体系的这些构成因素，不同于当代西方国家的福利由国家、社会和市场这三部分组成，带有明显的中国特色。

中国传统的福利思想及实践多半在古典著作中能够找到，此方面我花了较多的时间。古典著作中对福利本身的具体讨论很有限，但是，和福祉有关的资料很多很杂。与灾害救助相关的观点[①]、农村社区结构[②]、农村社会发展[③]、经济生产[④]、文化建设

① 孟昭华、王明寰，1986，《中国民政史稿》，黑龙江人民出版社。

② Hsiao Kung - Chuan (1960), *Rural China*, *Imperial Control in the Nineteenth Century*, Seattle and London: University of Washington Press.

③ Hsiao Kung - Chuan (1960), *Rural China*, *Imperial Control in the Nineteenth Century*, Seattle and London: University of Washington Press.

④ Fei, Xiaotong (1968), *China's Gentry*, *Essays in Rural - Urban Relations*, Chicago & London: The University of Chicago Press; Myers H. Ramon (1970), *The Chinese Peasant Economy*, *Agricultural Development in Hoper and Shantun*, *1890 - 1949*, Cambridge, Massachusetts: Harvard University Press; Gamble D. Sidney (1963), *North China Villages*, *Social*, *Political*, *and Economic*, *Activities before 1933*, Berkeley and Los Angeles: University of California Press.

等内容和论述，帮助我梳理出传统农村福利的来龙去脉以及组织体系。过去50多年当代中国农村的福利体系可以在政府相关部门的文件档案中去寻找。在相关部门的管理机构和信息中心，存有相关的政策文件、备忘录、政策草稿和其他未出版的一手资料。在文献回顾部分还涉及中国农村福利的发展、改革以及政策制定、国际社会政策和福利国家研究等一些研究报告、历史文献与学术著作。也有相当多的出自大陆、台湾以及香港学者之手的关于中国福利体系的中文版资料。它们为我提供了切切实实的综合性和细节性兼具的宝贵资料。英文文献也为我提供了研究中国农村福利的不同视角以及批判性观点，这显然有助于我对中国的案例进行多角度的观察和分析。

为完成这个研究，我也做了大量的实地调查。那段知识青年下乡插队的经历让我深刻地认识了农业，理解农民的感情，了解农村的生活。到民政部后的工作，塑造了我的基本立场和态度，那就是脚踏大地，走入基层。为完成本研究，我在2003、2004年，走访了北京、上海、浙江、江苏以及山东五省市一二十个村庄，进行了农村养老社会保险的调查。此次调查中，我访谈了来自民政部、直辖市以及省一级的政府相关部门的官员，还有乡镇一级负责农村养老保险的基层官员。我走入村庄和农民家庭，调查了解农民的福利状况。也召开过小组会议搜集信息，广泛征求来自官员、院校研究人员、村委会成员以及村民代表等的意见。资料来源渠道广泛，包括各级政府、乡镇工厂、村自治组织以及普通的村民家庭等。2007年，我参与了另一项与农村社会福利制度相关的课题，即农村社区建设的实地调查，该调查地域跨度更广，包括天津、山东、江苏、江西、河南、湖南、四川、重庆、云南等省市。这个调查帮助我认识了社会福利的综合情形以及社会福利与社会发展、建设、管理、治理之间的关系，还有影响农村社会福利体系构成的综合因素。与之前的调查一样，我每到一个省份，都要去乡镇召开小组会议或者到农户家中访谈。实地调查使我直接了解到农村社会福利的实践，理解了农民的需求，考察和评估了农村福利的效果。

形势发展变化很快。当我最初决定开始中国农村社会福利体系的研究时，农村社会福利的相关政策和措施制度几乎是停滞的甚至是倒退的。在我前往剑桥大学学习的这段时间里，中国农村的社会福利实践出现了跳跃式发展，相关研究及评估也开始大量出现。在我的研究进行的同时，中国政府颁布了一系列农村福利政策与措施。例如，继新型农村养老保险后，2005 年启动了新型农村合作医疗制度，逐渐实现了对农村人口的全面覆盖；建立了扶贫最低生活标准；2007 年颁布了农村社区发展计划，具体包括社会服务、医疗健康建设、职业培训、环境卫生改善、文化体育娱乐的发展以及安全保障等。中国农村社会发展的新趋势与本研究主题紧密相关。我需要作出说明的是，本书的研究试图为读者呈现作为一个整体的中国农村福利的轮廓。对特殊的社会福利领域，诸如医疗健康或者教育等等，我未进行逐一的详细的讨论。本书并不力图概括所有的政策文件和法规，而要展示的是宏观的画卷及趋势。

本书初始虽着手中国问题，但因为在英国书写，面对的是西方社会和学者，在写作时往往必须考虑西方读者对中国的认知程度。本书相当的篇幅是对中国背景的基本阐述和诠释。这个基本阐述非常必要，而且回国后，我对这个认识也越发地加深。因为，随着社会经济的飞速发展，我们中国人更聚焦于向前展望；对自己很近的过去，前 50 多年的历史轨迹已经生疏或者说是漠视了。而这种清晰的回忆，能帮助我们从过去走向未来。

五　章节结构

本书分为五部分，共包括十六个章节。

第一部分为导论有三章。第一章介绍我为什么选择中国农村社会福利研究的主题和这个研究将要涉及什么问题。第二章将从社会政策的角度介绍社会福利的概念，福利制度和福利国家的发展、内涵、范畴、特征和福利思想等。这些基本的概念、观点、原则等是我思考中国社会福利体系的理论出发点。第三章阐述西方以及中国学术界对中国农村社会福利制度的研究现状。本研究在此基础上，凝练出中国农村社会福利体系研究的主要相关内容。

第二部分包括三章。主要是分析新中国建立以前中国农村的社会福利实践。第四、五章呈现由家庭、社区、国家和传统思想支撑的中国传统的社会福利体系。中国历史很大程度上就是一部农业史，因此，中国福利史也可说就是一部农业福利史。“天下大同”“天人合一”构成了中国传统文化的价值观、生活理想与态度。“仁政”体现的是国家为百姓的生计负责的态度。在这些前提下，“常平仓”的出现是一种福利举措。中国农村社区的组织网络起到了传送福利、凝聚福利的作用。中国的乡绅阶层在福利思想的传播和福利组织成立方面起到了重要的作用。中国家庭不仅是个经济互助组织，也作为福利供给的基本单位而存在，成员间的关系因福利维系得更为紧密。这一切构成了一个完整的农村社会福利体系或网络，奠定了中国现代社会福利制度大厦的传统根基。第六章描述了鸦片战争到新中国成立这段时期，各界为中国农村面貌和农民生活改善所做的各种尝试，这包括外国慈善组织的渗透和新举措，学者改变农村的新思想、知识和方法在中国农村的实践，也包括民国时期国民党对福利章程的启用和共产党在农村进行的土地革命。

第三部分主要阐述在中国农村社会主义建设的基础上农村社会福利制度建立的过程与内容。第七章介绍新中国诞生后进行的农村社会主义改造，其奠定了农村社会福利制度的基础。第八章描述中国农村社会主义福利制度建立的过程。在中央计划经济体制下，中国政府建立起了一个覆盖最广大农村人口的新型社会福利制度。它包括土地保障、集体劳动收入、救灾救济、互助互济、五保户、合作医疗制度、义务教育以及农村基本建设等方面。这是一个低水平的保障，国家并未给予太多资金的投入。第九章讨论这个农村社会福利制度与城乡二元社会经济结构的关系。

第四部分谈论计划经济体制改革后农村社会福利的相应改革。这一部分有三章。第十章描述了当时中国农村的贫困状况及对贫困人群展开的社会救助。第十一章探索了与市场经济相适应的农村社会保障体系。个人家庭联产承包责任制实施后，人民公社解体、集体经济衰弱，农村社会保障制度进行了尝试，设置了中国特色的互助储金会、养老保险、福利工厂，开展了生产自救及以工代赈等。在新自由主义思潮侵袭下，中国农村社会福利制度建设的一些探索在 1998 年遭遇质疑后停滞。第十二章例举了农村社会养老制度的个案研究，论证农村社会福利制度的再建构。城市化、工业化和现代化引发了农民对福利的需求。中国较为发达的东部地区探索建立了具有现代特征的社会福利措施，具体表现是上海、浙江、江苏以及北京等地区实施了农村社会养老保险制度。

第五部分的四章从不同的角度分析了中国农村社会福利体系的管理和服务传送机制，并探索了福利与政治、经济的关系。第十三章通过对农村社区建设的考察，分析了农村社会福利体制的管理机制、服务传送和农村组织体系在福利体系中的作用。各地采取不同的方式发挥村级自治、志愿组织等在农村社区福利传送中的作用。第十四章探讨了农村社会福利体系与政治之间的关系，基层民主对福利制度的制定所产生的具体影响。第十五章分析了农村经济新集体主义和合作主义的产生并讨论了福利的集体主义。集体主义是古今、中外福利思想的一个契合点，它如何在农村社会福利的实践中体现其内涵，是本书重点关注的。第十六章为本书的总结和思考。中国传统的福利思想，传统的社会组织网络和家庭结构等，以及社会主义制度，构成中国农村社会福利制度的显著核心特征。然而，中国仍处在现代化的进程中，经济体制和社会还在继续转型与发展，农村社会福利体系也处于不断探索和调适的阶段。西方发达国家社会福利的先进管理方式，是可以借鉴的有效的技术和方法。但是西方的做法不是标杆，在学习的时候，全盘照搬会陷入西方福利国家所遭遇的困境中，造成福利制度的停滞和不可持续。因此，本书强调了影响中国农村社会福利模式的关键要素：中国的历史传统、社会主义制度和现代社会的新管理机制，这三者的有机结合，才能使中国的社会福利制度合理、有效、可持续。

第二章

社会福利思想和制度

社会福利、社会福利制度以及福利国家模式等诸多概念与研究在二战以后的西方国家发展起来，一直到今天形成了社会政策学科。而关于社会福利的实践则应该追溯到更早的20世纪初。这一章将从社会政策学科的角度，对福利国家的形成和国际社会福利模式的研究路径做一个简要的回顾。这些概念和理论是研究中国社会福利模式，特别是中国农村社会福利的出发点和立脚点。明确了福利社会和福利国家发展的路径，可以让我们全面地、深入地把握社会福利的历史脉络和发展趋势，进而更科学、理性地思考中国的现实。如果可能的话，总结中国社会福利的理论、经验、制度和范式，也可以丰富中国社会政策的研究，同时给国际社会提供一些经验，探索世界范围内可持续的福利制度。

一　福利的解释

福利一词，英文称为Welfare。Welfare，顾名思义是追求良好的和满意的（well）生活（fare）。还有另外一个描述人类福利的词语——Wellbeing。依旧从字面上理解，还是讲人类很好的（well）生存（being）方式，我们把它称为福祉。在牛津简明词典中，福利被描述为安康、幸福或者安康幸福的物质和社会先决条件。社会福利通常有两方面的含义：一方面，是个人福利的总和，是关于人类的普遍福祉；另一方面，是一种社会福利提供的方法。在社会政策教科书中，福利的具体内容通常根据提供的方式被分为三个部分：①社会福利，通常与集体提供或者获取福利有关；②经济福利，指通过市场或者正式的工作获取福利；③国家福利，指通过国家行政管理机构提供的福利[①]。如果分析社会福利的提供方法，那么就涉及福利制度以及福利国家。福利国家已经存在于所有的工业化国家[②]。追溯福利国家的诞生是理解福利制度和思想的前提。

二　福利国家的诞生与发展

英国的济贫法可以说是近代国家干预福利的萌芽，是福利制度和福利国家诞生的前奏。14、15 世纪的英国，由于圈地运动，大量失地农民被迫沦为乞丐或流浪汉。最初，修道院和医院给流浪的乞丐提供衣服、食物和住所[③]。但是越来越多的流浪乞丐涌入城镇，打破了贵族资产阶级的生活。在后者的要求下，地方政府采取措施解决这些问题。16 世纪，英国政府出面干预。1536 年法令是英国政府的第一个公共援助计划，宗教让位给国家行政[④]。16 世纪 30 年代，教会和慈善机构受政府委托向贫民发放救济[⑤]。英国王室在 1601 年颁布了《伊丽莎白济贫法》，把贫民流浪者收容在习艺所中，把惩罚作为救济，同时伴有污名化。1834 年的济贫法修正案发布，英国政府管理部门开始给习艺所的贫困者提供

---

① Pierson, Christopher (1991), *Beyond the Welfare State? The New Political Economy of Welfare*, Cambridge, Polity Press, p. 6.

② Taylor - Gooby, Peter and Dale Jennifer (1981), *Social Theory and Social Welfare*, London: Edward Arnold, p. 4.

③ 陈良瑾、夏学銮、王青山，1994，《中国社会工作总论》，载《中国社会工作百科全书》，中国社会出版社，第 3 页。

④ 陈良瑾、夏学銮、王青山，1994，《中国社会工作总论》，载《中国社会工作百科全书》，中国社会出版社，第 3 页。

⑤ 黄素庵，1985，《西欧“福利国家”面面观》，世界知识出版社，第 30 ~ 46 页。

服务[①]。

许多学者追根溯源，认为现代福利国家是19世纪80年代德国总理俾斯麦所制定的社会政策的产物。工业革命带来的失业、贫困等社会问题推动了德国等国社会保险立法以及相关社会政策的相继出台。1883年，德意志帝国国会通过了一项提案——针对所有产业工人的国家疾病保险计划。德国社会保险出台的原因在于社会矛盾增加，工人阶级要求改善生活条件[②]。19世纪末，德国颁布了疾病、工伤和养老三项社会保险法，率先在西方国家建立起社会保险制度。这一里程碑式的事件，标志着现代社会保障制度的开始，也预示着福利国家萌芽。之所以说它是政府干预福利的开始，是指政府通过立法来推动社会保险的发展。“社会保险制度带来了一种与《济贫法》完全不同的社会保护方式，也没有《济贫法》的污名化的效应……但是，无论如何，它不会为非工人提供福利。”[③] 即德国的社会保险是一种与就业和收入挂钩的社会保险体系。社会保险基金由雇主和雇员各自按照一定的比例缴纳，政府在年金不足时提供一定的补助。德国的社会保险是为劳工而设，由雇主和雇员共同负担，并不是国家对全体国民提供基本福利。德国的社会保险法对许多西方国家产生了影响。之后直至第一次世界大战前夕的30年间，有17个来自经济合作与发展组织的国家先后尝试了由国家赞助的工人补偿制度。欧洲经济合作与发展组织13个国家中的11个开始支持健康保险并为退休金立法。克里斯托弗·皮尔森（Christopher Pearson）将这一时期（1880～1914年）称作福利国家的诞生期[④]。

---

① Denney, David (1998), *Social Policy and Social Work*, Oxford: Clarendon Press, p. 7.

② 谢圣远，2007，《社会保障发展史》，经济管理出版社，第77页。

③ 哈里特·迪安，2009，《社会政策十讲》，岳经纶等译，格致出版社，第23页。

④ Piearson, Christopher (1991), *Beyond the Welfare State? The New Political Economy of Welfare*, Cambridge: Policy Press, p. 102.

战后，英国奠定了福利国家的基石[①]，里程碑事件是二战后最初几年内，劳工党政府发布了《贝弗里奇报告——社会保险和相关服务》[②]。二战后，世界范围的福利制度在发展，许多西方国家都实行了强制性的社会保险。英国是一个非常典型的例子，它首先在二战后，宣布自己建成了“福利国家”。20 世纪 40 年代，威廉·贝弗里奇提出英国要消灭“五大恶”（five giants），即五个严重的社会问题：贫困、疾病、肮脏、无知和懒惰[③]。贝弗里奇有关战后重建的制度设计报告，让英国建立了全面而综合的全民保险计划和国民健康服务体系（NHS），并且显著地增加了国家教育、住房和其他形式的社会福利供给。福利国家把社会福利扩大到了全体公民并有了更多的福利内容。

第二次世界大战后的十年里，不仅英国，整个西方工业国家的福利制度都在迅速发展，公共社会支出和福利供给增长很快。加拿大的玛希（Marsh），荷兰的范里金（Van Rhijn），法国的拉罗克（Laroque）和英国的贝弗里奇一起，普遍相信应当让国家来关注公民，并承担福利责任。20 世纪 50 年代至 70 年代是福利制度在欧洲、北美洲、大洋洲等国家最繁荣发展的时期。60 年代到 70 年代中期，在经济合作与发展组织国家中，社会支出的增长非常迅速，主要国家的公共支出特别是社会支出（教育、健康、收入维持和其他福利服务）占到 GDP 的 1/5～1/3[④]。

1945 年后的 30 年，被视为福利国家的黄金时期[⑤]。皮尔森

---

① Glennerster, Howard and Hills, John (Eds.) (1998), *The State of Welfare, The Economics of Social Spending*, Oxford, Oxford University Press; Backman, Guy (1991), *The Creation and Development of Social Welfare in the Nordic Countries*, Finland: ABO University.

② Beveridge Report (1942), *Social Insurance and Allied Service*, London: HMSO.

③ Beveridge Report (1942), *Social Insurance and Allied Service*, London: HMSO.

④ OECD (1985), *Social Expenditure, 1960 - 1990: Problems of Growth and Control*, OECD, Paris, p. 14.

⑤ Pearson, Christopher (1991), *Beyond the Welfare State? The New Political Economy of Welfare*, Cambridge: Policy Press, p125.

说："这一时期带来了：其一，迅速的初始改革，基于'共享的公民权'思想，创立了更为综合性、更为普世的福利国；其二，在扩张的福利国家体系下，政府承诺为福利的迅速膨胀以及覆盖范围的扩大提供更多的资源。"贝克曼同时指出，这一时期还催生了"斯堪的纳维亚福利模式"①。即指北欧国家发展出更为全面综合的社会福利制度。北欧模式的基本特点是把市场经济"按劳付酬"的原则和社会福利国家"按照需要得福利"的原则相结合，又把充分就业和收入的平等分配作为福利国家的主要准则②。北欧福利制度的显著特征是，通过财富积累以加强福利国家建设，政府承担更大的责任，建设综合的社会福利制度，包括国家健康服务、教育、抚育儿童、赡养老人等计划。例如，国民有权享受国家提供的免费的健康服务，资金和服务均来自公共资源，即来自国家的税收。同时，国民有权享受国家税收支持的免费教育，学校被称为"人民的学校"③。福利国家建设项目包括公共养老金计划和为老年与儿童提供的照护等社会服务。北欧国家的社会支出此时增长最快，在发达国家中处于前列。凯恩斯主义的福利国家带来了经济增长的动力和人民生活的富足。通过社会政策的制定，国家支持了不同生命周期和不同代际的个人与集体的劳动力再生产④。

1955 年，"福利国家"一词第一次出现在牛津词典中，其被定义为"特指这样功能的政体：国家的每一位社会成员应有

---

① Esping - Andersen, Gosta and Korpi, Walter (1987), From Poor Relief to Institutional Welfare States: The Development of Scandinavian Social Policy, in Erikson, Robert et al. (Eds), *Scandinavian Model*, New York.

② 杨伟民，2004，《社会政策导论》，中国人民大学出版社，第 172 页。

③ Henrik Munk & Viola Burau，2009，《丹麦福利国家的社会包容：理想和现实之间》，载高鉴国、黄智雄主编《社会福利研究》第 1 辑，中国社会出版社，第 209～226 页。

④ Jessop, Bob (2000), From the KWNS to the SWPR, in Lewis, Gail (Eds.), *Rethinking Social Policy*, London: Sage Publication, p. 174.

的生活水准都能得到保障，同时国家为所有人尽可能地提供最有利的条件”①。虽然，巴尔（Barr）认为，给福利国家下精确的定义很难（原文：福利国家这一概念是对精确定义的蔑视）②。甚至蒂特姆斯也说：“我现在已经不会像20年前那样迷恋于使用‘福利国家’这个难以定义的抽象概念了。”在学术界，关于成为福利国家需要什么样的基本条件还一直在争论当中，但是有一些条件已然明了，即“在收入、医疗、住房及教育方面国家提供最低标准的保障”③。“福利国家”的概念特指能接受如下原则的政府：它愿意出面保证其所有居民均能享受最起码的生活、健康和人身保障，以防偶发事件（失业、生病、伤残和死亡）④。“福利国家是这样一种国家形式，在其中有组织的权力被有意用来（通过政治与行政）修正市场力量所带来的负面影响，具体方式如下：其一，为每个人及其家庭提供最基本的收入保障，这与他们的市场价值或者他们的财产无关；其二，提高个人和家庭处理特定‘社会应急事件（如疾病、年老以及失业）’的能力，降低导致个人和家庭风险的几率，缩小不安全的范围；其三，保证全体公民（不管他们拥有何种社会地位或属于什么社会阶层）都能享受到国家承诺的最好的社会服务。”⑤

福利国家可以通俗地解释为由国家提供最低水平的福利保障，以满足其公民的经济和社会的基本需要。在狭义的定义中，

---

① Kuhnle, Stein (1981), Welfare and Quality of Life, in Selskab (Ed.) *Nordic Democracy*, pp. 399 - 418.

② Barr, Nicholas (1998), *The Economics of the Welfare State* (third edition), Oxford: Oxford University Press, p. 6.

③ Baldock, John, Manning Nick, Miller Stewart, and Vickerstaff Sarah (Eds.) (2003), *Social Policy*, Oxford: Oxford University Press, p. 18.

④ KuKnle Stein (1998), The Scandinavian Type of Welfare State, 载中华人民共和国国务院发展研究中心、挪威王国驻中华人民共和国大使馆合编的《当代挪威与中国》。

⑤ Briggs, Asa (1969), The Welfare State in Historical Perspective, in C. Pierson and F. Castles (eds.) (2000), *The Welfare State Reader*, Cambridge: Polity Press, p. 18.

福利国家指国家负责确定保障的主要福利服务（经常限定于卫生、教育、住房、收入维持和个人社会服务方面）的标准。广义上，福利国家被认为是：①国家的一种特殊组成；②一种独特的政治结构；③一种特定的社会类型[①]。比如，我们谈北欧社会民主福利国家和美国的自由主义福利国家模式，实际上已经包含了以上三个方面的内涵。

三　福利制度

在社会政策的著作中，有的把福利制度称为“welfare system”，我们翻译为“福利体系”；有的把福利制度称为“welfare regime”，后者更接近我们翻译的“福利体制”。这些都属于福利制度的研究范畴。

评价不同的福利国家，要根据其不同的福利制度来判断。福利制度和福利国家之间有密切的联系，不同的福利制度决定了不同的福利国家；反之，不同的福利国家有不同的福利制度。不同的福利制度包括不同的福利因素或者内容，有的仅仅是救助体系，而有的包括教育、住房和医疗体系等；也包括提供的方式各有侧重，有的福利制度提供的方式以国家干预为主，有的强调市场的作用，而有的则强调传统的家庭作用。

1. 蒂特姆斯的分类

在社会政策的范畴里，对人们有机会接触和使用的社会福利有几种描述：第一种是普遍主义基础下的福利；第二种是选择型（selective）的福利；还有一种是通过职业获得福利，这就是“与收入相关或挂钩的福利”，即以贡献性（contribution）的方式获

① Pierson, Christopher (1988), *Beyond the Welfare State? The New Political Economy of Welfare*, Cambridge: Polity Press.

得福利。蒂特姆斯也相应地把社会福利划分为三种类型，即国家、财政和职业提供的福利体系。蒂特姆斯说："在今天和未来的关于福利国家的讨论中，诸多论点都聚焦在普遍主义的服务和选择性的（selective）服务这些原则和目的上。"① 威伦斯基（Wilensky）和勒比奥克斯（Lebeaux）② 也是早期使用"剩余型"与"制度型"福利模式这两个概念的学者。

（1）基于普遍主义的、制度型的社会福利制度

蒂特姆斯这样解释普遍主义："采取普遍性原则的基本原因是，在服务使用者不会丧失任何地位身份、人格与自尊的原则和方式下，把服务提供给全体人民并让全体人民接受服务。在使用公共服务的时候，接受社会供给的人不产生劣等自卑、贫困被救济、羞愧和污名的意识，不把自己归因为已是或将会变成'公共的负担'。"③芬兰社会政策教授西比拉（Sipilä）和安托宁（Anttonen）这样概括普遍主义："普遍主义是一个多维的概念。第一，它保证所有公民都能享受到福利和服务。第二，它使全国公民都能享受到统一的福利和服务。第三，普遍主义意味着大多数公民依靠并在需要时能享受这些福利。第四，普遍主义意味着公民有享受这些福利的合法权利。总而言之，没有税收支持的话，普遍主义难以实现。"④

因此，"普遍主义"在社会福利中所指的是平等地给予全体公民一种获得福利分配的成员资格。而保证这种资格能够获得的

① Titmuss M. Richard (1968), *Commitment to Welfare*, London: Allen and Unwin, p. 128.

② Wilensky, Harold. L. & Lebeaux, Charles. N. (1965), *Industrial Society and Social Welfare*, New York: The Free Press.

③ Titmuss M. Richard (1968), *Commitment to Welfare*, London: Allen and Unwin, p. 128.

④ Sipilä, Jorma; Anneli Anttonen, & Teppo Kröger (2009), A Nordic Welfare State in Post - industrial Society, A global perspective. in Powell, J. L. & Hendricks, J. (Eds.), *The Welfare State in Post - industrial Society*, Dordrecht: Springer, pp. 181 - 199.

方式就是建立一种覆盖全体社会成员、让所有人得到实惠的福利体制。“普遍主义”更指西方福利国家服务提供的原则，基于这个原则提供福利服务而形成的福利国家，构成了福利国家的一种类型或者模式。与普遍主义原则对应的福利体制被称为机构或制度型模式（the institutional model），即指覆盖一国（community，国家疆域）所有人的福利机制。

制度型福利模式是社会政策领域的一个综合性概念。制度型福利模式有一种很强的制度承诺，是一种基于国家设计的、通过再分配形式和福利设施，给全体公民提供社会保障和社会服务的社会福利制度。制度型福利模式的特征是“国家有一个体现集体主义精神的来保障全体人民最低生活水平的社会责任”[①]。制度型福利制度“强调福利覆盖全部的人口，是普遍主义性质的福利，体现了对人民福利的制度型承诺。它将在原则上，对全部的至关重要的分配领域尽到福利提供的义务”[②]。

在一个制度型福利国家里，国家的再分配功能通过税收来实现，居民们缴纳所得税就意味着他们已经为公共支出作出了贡献。西方发达福利国家的社会福利支出比重也是各不相同的。正如早先所述，覆盖所有社会成员的制度型福利体系相对会需要更多的公共支出。

（2）基于选择性的剩余模式的社会福利制度

“普遍主义”的对应概念是“选择性”，即对部分人，特别是特殊困难群体提供福利和服务。“剩余型”模式基于经济个人主义、企业自由和市场原则，其将国家福利限定在最低限度的福利与服务传递上。它倡导首先并主要通过市场或家庭来满足基本需要，国家的责任就是当家庭或者市场“正常”的支持出现失效时

---

① Bäckman, Guy.（1991）, *The Creation and Development of Social Welfare in the Nordic Countries*, Finland: Tampere University, p. 6.

② Pierson, Christopher, and Castles, G. Francis（Eds.）（2000）, *The Welfare State Reader*, Cambridge: Polity Press, p. 156.

提供一个紧急的“安全网”。由此，公共福利显示出高度的选择性。经过家庭财产调查后获得低福利的受助者广泛地被贴上污名化标签。与之相对应，“制度型”福利模式基于保障、平等以及人道主义等概念，拥抱一种普惠的、基于权利的、非污名化的国家福利，并将其看作“官方正式的”职能。

选择性福利模式的分配需要对个人或家庭的财产和收入状况（means test）进行调查，界定确实需要帮助的个人和群体，比如根据家庭状况（穷人、单亲父母）或者年龄（老人），给予减免费用的服务或现金补贴。家庭财产调查作为手段，用来区分给予服务和非给予服务的公民。鉴于伊丽莎白济贫法时代的救济有惩罚的含义，和改造有关，所以受救助者被贴上了标签，接受救济的穷人被隔离与羞辱（stigma）。因此，有学者解释“选择性”政策是一种根据破坏完整性并带有羞辱性的调查来决定申请人是否合格的政策[①]。与选择性福利模式相对应的是剩余型的福利模式，即在个人福利需要满足中，国家扮演的只是“剩余的”角色。只有在家庭和市场两大服务提供主渠道失灵、个人的某些福利需要不能得到有效满足时，国家才介入提供福利服务，起补救作用。国家的服务是有弹性的、可变的、暂时性的，常取决于其他二者，一旦二者恢复功能，国家则撤出相关福利领域，此模式亦被称作“残补式”或“补救型”模式。因为救助的多为社会边缘人，有的学者在更早的试图给福利国家模式做的分类中，称其为“边缘型”（marginal）模式。

（3）与收入有关的模式（贡献模式）

还有另外一种区别于“普遍主义”福利模式的是“与收入挂钩”的福利模式。它根据每个人的出资贡献，即投入多少来决定（故有人称其为贡献模式）。这种模式通常表现为有工作

① Rothstein, Bo (1998), *Just Moral and Political Logic of the Universal Welfare State*, Cambridge University Press, p. 21.

的人由企业和个人缴纳的社会保险的形式。也有学者把这种模式归为社团主义的（corporatist）或者所谓的互惠型（reciprocal）福利模式。

根据普遍主义的原则和目的，西方福利国家可以划分为不同类型的福利体制，北欧国家呈现了具有“普遍主义”特征的制度型的福利模式，而美国、英国则表现为“选择性”的剩余型的福利体制。蒂特姆斯试着对“剩余型”与“制度型”福利模式进行区分，并分别用美国和斯堪的纳维亚作为例证。巴尔（Barr）在其著作中谈道：“像美国这样的‘资本主义’国家通常都会有一个收入支持体系，社会服务相对其国家人口和收入而言则要小得多（尽管其也提供广泛的公共教育）；像瑞典这样的‘社会主义’国家通常和福利国家具有高度的关联。”① 普遍主义原则下的制度型模式在北欧国家得到了较为充分的展现。蒂特姆斯为斯堪的纳维亚国家贴上了制度型福利国家的标签。多年以后，丹麦教授艾斯平－安德森（Esping－Andersen）和瑞典教授高比（Kopi）重新评估了不同的福利国家模式，用社会民主的福利体制概念来解释或者替代“制度型”的社会福利模式②。二战后到20世纪70年代，基于普遍主义原则的斯堪的纳维亚福利国家兴起，因此这个时期被称为社会民主时代。

2. 艾斯平－安德森的分类

20世纪90年代，艾斯平－安德森（1990）出版了《福利资本主义的三个世界》，书中提出了关于福利模式的另一种分法。根据非商品化（或译为去商品化）、社会福利的分层化程度以及

① Barr, Nicholas (1998), *The Economics of the Welfare State*, Oxford: Oxford University Press, p. 41.

② Esping－Andersen, Gosta & Walter Kopi (1987), From Poor Relief to Institutional Welfare State: The Development of Scandinavian Social Policy. In Robert Erikson, Erik; Jorgen Hansen; Stein, Ringen & Hannu Uusitalo (eds.), *The Scandinavian Model*, New York: Sharpe, pp. 39－74.

国家对公民权利的保障程度这三个指标[1]，他将福利国家分为三种类型：自由主义、保守主义（法团主义）和社会民主主义福利国。艾斯平－安德森的福利资本主义的“三个世界”理论[2]在国际福利国家类型学的研究中变得非常流行，为从事社会福利国家和制度比较研究的学者广泛采用。

艾斯平－安德森有关福利资本主义三个体制的分类是福利体制研究中最有影响的一个分类模式，他利用统计指标区分了不同资本主义福利国家的绩效。艾斯平－安德森采用了三个指标：第一个是社会的非商品化程度。非商品化意味着在公共福利体系的支持下，个人或者家庭即使处于劳动力市场之外仍然能够以社会可以接受的生活标准生活。各国的非商品化程度是通过对于各国在养老金、病假津贴和失业保险津贴这些方面的统计数据而得出的。这一非商品化的指标显示了福利国家制度在多大程度上区别于市场资本主义的模式。因为在市场资本主义的体系中，劳动力是商品，而福利国家体制则通过社会政策来保证公民的社会权利。第二个指标是社会分层化和社会团结程度。它反映了社会的开放度、等级性和各阶级力量的对比。福利国家制度是在社会分层基础上建立的保障体系。社会津贴的给予与社会等级（社会的各阶级阶层）和职业都具有密切的联系，同时津贴的发放彰显了社会的团结和凝聚度。第三个指标是国家对于公民社会权利的保障程度。这一指标可以通过国家社会津贴的给予程度表现出来，它与国际福利制度运作的立法有关，涉及各国社会开支的高低、社会保障体系的覆盖率和社会津贴给付的普遍程度。基于这些指标，艾斯平－安德森给出了自由主义、保守主义和社会民主主义这三个福利国家的范式。

---

① 林卡、陈梦雅，2008，《社会政策的理论和范式研究》，中国劳动社会保障出版社，第132页。

② Esping－Andersen, Gosta (1990), *Three Worlds of Welfare Capitalism*, London: Polity Press.

（1）自由主义的福利体制

在自由主义的福利体制里，市场机制成为调节社会利益的主要杠杆。这些福利体制国家的社会非商品化程度非常低，收入再分配机制作用很小。在自由主义的福利体制中，社会政策的作用小，公共支出水平较低，福利津贴一般需要资产审查。因此，这些国家具有剩余主义福利模式的因素，支持选择性或资产审查型的制度。自由主义的福利体制国家包括美国、加拿大，某种程度上英国和爱尔兰等这些具有自由主义传统的盎格鲁－撒克逊国家。

自由主义福利体制国家通过调控和减免税收政策来鼓励市场运作，国家收入的社会转移程度很低，对于福利需求人群的社会保障程度很低，社会保险计划非常有限。一般来说，处于自由主义福利体制中的福利国家不是提供高水平的社会保障，而是让人们投入商业保险。例如，美国的福利体制基于社会救助，缺少普惠型的津贴。美国的福利体制并不存在全民基本养老金计划，公共医疗保险的覆盖面非常有限。加拿大的体制也侧重于社会救助，社会保险的覆盖面和普惠型的津贴非常有限。英国具有社会保障项目的设置，但是其受自由主义的传统和撒切尔主义的影响，反对国家福利的理念和主张福利私有化的倾向强烈①。自由主义福利体制国家中资本的力量十分强大，市场力量的影响十分强大。就社会分层而言，工人阶级的组织和左翼社会力量相对薄弱，工会的组织化程度不高。市民社会中，具有高度自主性的个人（不是家庭和社区）构成了社会基础。在这些国家，因为主导精英集团对发展公共福利服务持怀疑态度，因此，民间慈善群体被看作弥补福利市场化所导致的种种缺陷的有效手段，志愿者也被认为是一种展示个人自立和道德良心的手段而得到提倡②。

---

① 林卡、陈梦雅，2008，《社会政策的理论和范式研究》，中国劳动社会保障出版社，第133页

② 林卡、陈梦雅，2008，《社会政策的理论和范式研究》，中国劳动社会保障出版社，第134页。

（2）保守主义福利体制

保守主义的福利体制具有法团主义的传统。具有这个福利制度特征的国家主要是具有权威主义传统的欧洲大陆国家，包括德国、法国、比利时、奥地利等。保守主义福利体制支持社会保险或基于缴费的福利津贴和养老金。这些国家的社会保障体制以职业化为特征，以社会保险为支柱。这些国家的收税水平不低，公共社会支出水平较高，社会再分配效应高，但是它不能在不同的收入群体中进行有效的经济资源的再分配。同时这一模式缺少普遍的津贴计划，因此，也就降低了社会政策在这些国家中的平等效益。艾斯平 - 安德森认为，这些国家具有比自由主义福利体制国家相对较高的非商品化程度，因此一些西方学者称其为“社会资本主义”社会。保守主义的福利体制注重社会身份、等级和阶层隔离。这一体制具有很强的职业地位和等级分化特征。在这个体制中，人们强调法团主义原则，把社会政策的主要功能看成是社会控制①。这个福利制度模式带有强烈的合作主义（corporatist）色彩，主要强调社会伙伴，即资本（工商业利益）、劳动（工人利益）和国家（政府利益）之间的政策协商②。同时这个模式强调家庭和社区的社会照顾责任而不是公共服务。

（3）社会民主主义福利体制

社会民主主义福利体制国家包括瑞典、挪威、丹麦、芬兰等北欧国家。这一模式被概括为北欧模式或者斯堪的纳维亚模式。由于瑞典在这一模式的形成和发展中起到了主导作用，因此这一模式也被称为“瑞典模式”。艾斯平 - 安德森认为，社会民主主义福利体制仍然是资本主义的，但却以较高的非商品化程度为特征，支持普遍主义的福利供给。这个体制强调公民权理念，主张

① 潘屹，2011，《西方普遍主义福利思想与福利模式简析》，《福建论坛》第 10 期。

② 哈里特·迪安，2009，《社会政策十讲》，岳经纶等译，格致出版社，第 36 页。

通过建立制度化的、保障公民基本社会权利的“福利国家”体系，来实现社会公正的目标[①]。社会民主主义的福利体制基于共同的理念，即社会公正、社会团结、民主参与。社会民主主义体制包含了劳方、资方和国家三方会谈等各阶级的民主参与和谈判的政策制定机制，体现了平等、关心和合作的精神。社会民主主义的福利制度发展了以普遍主义原则为基础，以社会津贴为主要特征的社会保障体制。例如，在养老金方面，这个福利体制的国家给所有的公民（无论在劳动力市场之内还是之外，即无论是有职业还是无职业），支付由国家提供的“基本养老金”。尽管这个社会福利制度中包含社会救助和社会保险计划，但是其普遍主义的社会津贴计划已经是这一模式区别于其他模式的主要特征。政府也为低收入或者无收入者提供住房津贴，使之可以享受低房租甚至免费居住的福利待遇。同时，政府给社会中的每个儿童提供儿童津贴和儿童照顾津贴，给妇女提供家庭津贴。政府，特别是地方政府在广泛的公共服务领域为公民提供各种福利服务，例如给老人和儿童提供社会照顾服务（包括家政服务、儿童看护和老年人照顾等）。政府对社会服务进行大量的财政投入。这个福利体制模式十分重视充分就业和高生产率。

3. 其他分类

以后关于社会福利制度的研究产生了更多的分类方法，出现了不同于蒂特姆斯和艾斯平－安德森的社会福利体制分类方式。它们试图把资本主义体系做出更加细致的分类，并且把发达国家以外的福利存在现状也以体系分类的方法表现出来。其中比较著名和有影响力的有以下几种。

---

① 潘屹，2011，《普遍主义福利思想和福利模式的相互作用及演变——解析西方福利国家困境》，《社会科学》第 12 期。

哈里特·迪安[1]的分类是按照意识形态的不同来区分的：第一类是社会自由主义的制度，第二类是社会民主主义，第三类是保守主义，第四类是保守自由主义。金斯伯格（Ginsburg）提出了资本主义福利国家的四分法，即法团化的市场资本主义福利制度（如美国），自由主义的集体主义福利制度（如英国），社会市场经济的福利制度（如法国）和社会民主主义的福利制度（如瑞典）。

人们对福利制度理论不仅作了扩展，还把福利制度按照地域特点作了分类，基本上概括了福利资本主义三个世界以外的领域，即南欧模式、苏联和东欧的社会主义福利模式以及东亚模式。例如，德国学者斯戴芬·莱布弗里德（Stephan Leibfried）提出在欧洲存在四个福利模式，即北欧福利模式、"俾斯麦国家"模式、"盎格鲁－撒克逊国家"模式和"Latin Rim 国家"（南欧国家）模式。这四个模式代表了四种社会政策对福利制度的分类，即现代型的、制度型的、剩余型的和辅助型的福利模式[2]。

社会福利体系即一系列社会福利制度的集合，这些制度共同决定了国民的福利利益。参与这些体系、制度、政策的是社区网络及寓于其中的家庭、市场、慈善及志愿部门，国家提供的社会服务与福利、国际组织及协议也逐渐成为其一分子[3]。

四　福利与意识形态

意识形态一词在 1789 年法国大革命后出现，最初是用来反

---

① 哈里特·迪安，2009，《社会政策十讲》，岳经纶等译，格致出版社，第 36 页。

② Leibfried, Stephan (1993), Towards a European Welfare State, in Jones, C. (Ed.), *New Perspectives on the Welfare State*, London: Routldge.

③ Baldock, John, Manning Nick, Miller Stewart, and Vickerstaff Sarah (Eds.) (2003), *Social Policy*, Oxford: Oxford University Press, p. xxi.

击当时占统治地位的习俗、传统、迷信和神秘宗教思想。社会政策学者乔治（George）和韦尔定（Wilding）解释了福利意识形态：“意识形态是客观公正地从经验中汲取的理念。这是科学的理念和新方法，给政府提供合理的信息，以制定改善社会的政策。”①

马克思认为，不是人们的意识决定了历史的进程，而是生产过程的矛盾决定了历史的进程和人们的意识形态。“不是人们的意识决定人们的存在，相反，是人们的社会存在决定人们的意识。”②“福利理论并不诞生在真空的世界，它们围绕着资源、权利、地位的布局与配置，和社会的政治斗争有紧密联系。”③社会福利模式的形成必然和意识形态息息相关。围绕福利的权利、分配、拥有、需要等话题的争论一直没有停止过。

不同的福利制度基于不同的思想政治基础。对于现今存在的不同福利制度，一直有包括社会学、政治科学、经济学和社会管理在内的各学科基于意识形态的激烈争论。对社会福利制度的分析的一个重要方面，就是对被冠以各种主义的名称的辨析。不同的福利制度确实可以被划分为或者属于不同的意识形态范畴。

社会政策以达到社会公正为目的，产生出了社会公正、公民权利等议题，并由此带来不息的争论。这些争论反映了人们所处的地位及所拥有的政治、社会、经济立场，折射出人类的思想意识。所以，社会福利制度和意识形态有密切的关系，因此，社会政策学就有了福利意识形态这个专业词语。一个国家的社会政策制定决定了社会福利制度的属性，而社会政策必须以一定的价值

① George, Vic and Paul, Wilding (1994), *Welfare and Ideology*, London: Harvester Wheatsheaf, p. 40.

② Marx, Karl, Preface to a Contribution to the Critigue of Dolitical Economy, in *Marx and Engels Selected Works*, one volume, Laurence and Wishart, London, 1970, p. 180.

③ O'Brien, Martin and Sue Penna (1998), *Theorising Welfare: Enlightenment and Modern Society*. London, Sage Publications, p. 1.

理念为指导，必须考虑到意识形态等因素。人道主义、互助、合作、公正、公平、保障和公民权利等价值规范，为人民在福利问题上进行评价设立了价值前提①。

关于意识形态的辩论主要集中在福利国家社会立法背后的动机上。历史将福利国家的发展归功于对社会正义的追求。社会正义是什么？这一问题涉及政治以及道德哲学。“一个关于社会正义的理论讨论对于所有当代政治哲学而言都是极为重要的。”② 罗尔斯（Rawls）导出了社会正义的两大基本原则：其一，“平等自由原则，包括机会的平等以及收入与财富分配的平等”；其二，“若不平等有益于少部分幸运群体愿望的实现并将之最大化，那么不平等就被允许存在”③。巴里（Barry）、米勒（Miller）、克里克（Crick）、罕布什尔（Hampshire）以及卢克斯（Lukes）等认为，罗尔斯的理论很好地总结了正义这一概念是如何在西方文化传统中被使用的，并且这种典型的使用方法本身也已成为西方的主要文化传统之一。但西方学者也批评了罗尔斯的这种理论，认为实验并不能为其理论的真理性提供支撑④。英国社会正义委员会认为，一个更为实用的目标就是找寻一些强制性的方法，促使我们的社会更公正，即对每一公民体现平等的价值。所有的现代国家都基于某种程度的平等或者平等地对待其所有公民这样一些信仰⑤。

---

① 林卡、陈梦雅，2008，《社会政策的理论和范式研究》，中国劳动社会保障出版社。

② Plant, Raymond, Lesser, Harry and Taylor - Gooby, Peter (1980), *Political Philosophy and Social Welfare*, *Essays on the Normative*, *Basis of Welfare Provision*, London: Routledge, p. 124.

③ Rawls, John (1971), *A Theory of Justice*, Cambridge, Mass.: Harvard University Press, p. 150.

④ Plant, Raymond, Lesser, Harry and Taylor - Gooby, Peter (1980), *Political Philosophy and Social Welfare*, *Essays on the Normative*, *Basis of Welfare Provision*, London: Routledge, pp. 131 - 133.

⑤ Commission on Social Justice (2000), What is Social Justice? In Pierson and Castles (Eds.) *The Welfare State Reader*, Cambridge: Polity press, p. 54.

当人们贫穷、患病、缺乏教育、缺乏基本的就业机会或个人成就时，他们的自由以及权利就很有可能被限制。英国正义委员会相信，“人们在本质上都是社会生物，他们需求的满足以及潜能的发挥都依赖于别人，他们从他人处要求自己的权利，同时，他们也很愿意去认知他们对别人负有的责任”①。

对于社会正义而言，福利国家的核心是反映社会团结。“社会团结在我们生活的方方面面都很重要，或者至少对我们期待中的生活而言是如此。家庭以及亲属关系、社区生活、工会活动以及社会运动的政治认同等，只是团结在社会安排中起作用的一部分例子。这些或其他集体活动都无可回避地带有团结的特点，而非分裂。”② 社会团结就是全社会愿意增强凝聚力，成为一个整体，在民族国家遭遇经济和社会风险与危机的时候，能够共同面对、抗击，而不把每一个个体排斥在外。

社会公正、社会团结在公民权理论提出后得以实现。马歇尔（T. H. Marshall）为公民权下了一个总括性的定义，即“公民能拥有的一个完全的社会成员的资格或地位”。在其公民权与社会福利相关的名著中，马歇尔指出，社会政策正由针对救助穷人以及工人阶级，转变成面向所有公民。接受社会福利是社会中每一个人的社会权利。也可以说，社会福利的普遍覆盖以及平等对待所有公民体现了社会政策的核心所在——社会公正，同时也传递着社会团结的价值。根据马歇尔提出的社会立法中的“公民权”思想，北欧国家建立了普遍覆盖的、统一支付的福利项目。这一模式更贴近于贝弗里奇设计的模式，而非俾斯麦的社会保险模式③。

---

① Commission on Social Justice (2000), What is Social Justice? In Pierson and Castles (Eds.), *The Welfare State Reader*, Cambridge: Polity Press, p. 62.

② Crow, Graham (2002), *Social Solidarity, Theory, Identity and Social Change*, Buckinham: Open University Press, p. 1.

③ Esping - Andersen, Gosta and Korpi, Walter (1987), From Poor Relief to Institutional Welfare States: The Development of Scandinavian Social Policy, in Erikson, Robert et al (Eds.), *Scandinavian Model*, New York, Sharpe.

社会民主主义福利制度折射了社会民主主义福利思想，其中一种思想认为福利国家的形成是一个政治民主进步的过程。传统的社会民主主义者认为资本主义自诞生以来就对工人阶级有着严重的剥夺，资本主义社会的阶级结构加剧了两极分化，但国家干预部分的扩展改善了工人阶级的处境，创造了更多的公共就业机会；同时，新的社会团体要求政治参与。西方学者认为，“此时社会力量平衡的对比发生了变化，减弱了产业经济所有者的实力，并增强了民主选举政府的力量”①。他们这样解释民主：“民主包括目的和手段。被称为民主的社会应该是：主要的目的是保证有对不公平与不公正的限制，给社会的所有成员提供机会以确保自身的优势……手段则是，至少在原则上，有机会参与管理社会。因此，评判一个社会是否民主有两条标准，第一，如果社会是不公正的就不是一个民主的社会；第二，如果一个社会，社会成员不能参与管理就不是一个公正的社会。”② 因此，正如皮尔森所说，“福利国家是一个政治动员的产物，它体现了资本主义逐渐转型的社会民主政治事业的成功”③。这就是为什么一系列价值观和原则，比如，社会公正、社会团结、社会融合、集体主义等是社会民主主义福利制度的思想基础。

但是，并不是所有的人对这些价值体系都认同。比如，新自由主义批判了社会民主主义福利制度的政治、经济和哲学思想。新自由主义崇尚自发规律信仰（belief in the spontaneous）：秩序产生于没有计划。如福利国家制度认为贫困、失业和疾病是可以避免的，因此对每一个问题制定了相应的对策，新自由

---

① Pierson, Christopher (1991), *Beyond the Welfare State*? Cambridge: Polity Press, p. 25.

② Allardt, Erik & others (1981), *Nordic Democracy, Ideas, Issues, and Institutions in Politics, Economy, Education, Social and Cultural Affairs of Denmark, Finland. Iceland, Norway, and Swenden*, Copenhagen: Det Danske Selskab, p. 35.

③ Pierson, Christopher (1991), *Beyond the Welfare State? The New Political Economy of Welfare*, Cambridge: Polity Press, p. 28.

主义认为这限制了自由市场经济，是乌托邦的信仰。“最小福利主义”的原则成为自由主义福利制度政策制定的主导思想。新自由主义的政治哲学拒绝社会公正的可能性，完全反对社会权利的观点，把公民的社会权利和政治权利严格地区别开来。它们蔑视每一个试图发展社会公正的概念，因为市场的结果是意外的，不可能不公正，除非受有目的的行动影响。新自由主义的福利制度倡导个人自由，反对国家对个人生活的过多干预。新自由主义也反对工会的合法地位。新自由主义思潮认为，政府机构和专业权威在服务提供上的无效限制了自由市场经济的发展。新自由主义强调市场的作用和个人的责任。新自由主义坚持市场对于大多数人而言是最好的分配机制这一理念。市场中的关系是自由自主的，自由意味着没有胁迫。它们认为市场应从政府的干预中解放出来。高比例的税收政策遏制了企业和成功者创造福利的积极性；这样的政策助长了懒惰，破坏了竞争，导致人民习惯于依赖政府而自己不负责任；这种政策还会造成福利供给的过剩或不足，并且大部分给了不需要的人等等①。其基本的伦理原则是个人主义而不是集体主义。新自由主义的哲学、政治经济学思潮质疑社会民主主义的福利国家制度的合理性，并对其可行性给予致命打击。

传统上，福利意识形态的一些主要流派包括：马克思主义（新马克思主义）、新自由主义（社会自由主义、新保守主义）、社会民主主义、中间道路、第三条道路等，后来有女性主义、绿色主义等，还有的又分为后现代主义、后结构主义。这些思潮在不同的时期都不同程度地影响着社会政策，进而影响着社会福利制度。例如，女性主义对社会服务的影响，绿色主义的生态观点对可持续发展社会政策的影响。

---

① George, Vic and Paul, Wilding (1994), *Welfare and Ideology*, London: Harvester Wheatsheaf, p. 15.

不可否认的是，一个国家的政治态度和意识形态话语的偏向，决定着一个国家的福利制度构成。当一个思潮在某一时期占主导地位时，就决定着社会福利政策的制定和福利模式的形成与变化。

例如，北欧国家的社会福利体制，直接受到了社会民主主义福利思想的影响。社会民主主义的福利制度提倡社会公正，强调公民的社会权利，折射出团结、融合和集体主义等思想[①]。这些福利思潮在三个方面影响了福利国家的制度：第一，国家通过社会政策和经济政策干预市场经济，国家“纠正了市场的错误”[②]；第二，国家通过税收重新分配经济财富，通过再分配政策体现福利；第三，建设福利国家，通过财富积累，加强国家的福利建设，比如制定国家健康项目、教育体系、抚育儿童和照顾老人的计划等等[③]。西方社会民主主义认为，体现公民社会权利的福利国家是资本主义向社会主义的平稳过渡。依据这个设想，奋力朝这个道路前进，就是向一个平等的、物质更丰富的社会迈进[④]。

而美国的社会福利制度，则更多地偏向新自由主义。在新自由主义影响下，美国的社会福利制度有以下几个特征：第一，限制在救济贫困上，而不是以公民的社会权利为导向。第二，以社会力量和民间组织提供救助为主，而不是建设以国家干预为主的社会福利制度。第三，在宏观社会政策上，强调个人的责任、市

---

① 潘屹，2011，《普遍主义福利思想和福利模式的相互作用及演变——解析西方福利国家困境》，《社会科学》第 12 期。

② Jessop, Bob (2000): From the KWNS to the SWPR, in Lewis, Gail (Eds.), *Rethinking Social Policy*, London: SAGE Publication, p. 173.

③ Henrik Munk &Viola Burau, 2009,《丹麦福利国家的社会包容：理想和现实之间》，载高鉴国、黄智雄主编《社会福利研究》第 1 辑，中国社会出版社，第 209 ~ 226 页。

④ Pierson, Christopher (1991), *Beyond the Welfare State? The New Political Economy of Welfare*, Cambridge: Polity Press; George, Vic and Paul, Wilding (1994): *Welfare and Ideology*, London: Harvester Wheatsheaf.

场的作用，商业保险占很大比重。这些特征表明：第一，福利政策不具备保障公民基本的社会权利的属性；第二，国家不承担保障公民基本社会福利、干预福利分配的责任。新自由主义福利思潮导向的结果是：在国家并不保障全体公民基本的福利权利的前提下，总体追求保障经济利益最大化（好的投资环境要求社会保障降到最低以减少成本）[①]。在新自由主义思潮的趋导下，放任资本主义会出现另外一个结果：全球资本肆意扩张，一味追求经济利益，无休止地对资源占有以及掠夺导致对环境的破坏；甚至自然规律（或者自然法则）的驱动不可避免地导向强权的世界，全球范围内帝国主义以及法西斯主义的产生。

20世纪70年代以后，在美国里根和英国撒切尔的推动下，新自由主义在欧美盛行，并席卷西方世界。在福利领域的新自由主义也被称为里根—撒切尔主义，因为推崇极右的思潮，也被称为新右派。在新自由主义思潮影响下，西方的福利国家出现了所谓的改革。撒切尔和里根的新右派势力极力修改福利国家的社会政策，削减政府社会支出，鼓励福利的个人主义、市场化和私有化。英国的社会福利制度受里根—撒切尔主义等新自由主义和新右派的影响，削弱了国家对福利分配的干预。新右派为了阻止自70年代以来经济不景气导致的滑坡，企图让社会政策沿着商业的轨迹更加有市场效率[②]。新右派不仅强化市场导向的经济进程，还提倡私有化；认为福利国家是对抗生产的，提倡新的个人主义；为满足经济驱动和保护私有化的需要，制定新的政治经济规则支持私有化，在福利的剩余模式上确立了商业标准；把福利国家转型成以“家庭财产调查”为基础和救济，以及社会保险为主的国家。在全球范围内，自由主义模

① 潘屹，2012，《国家福利功能的演变及启示》，《东岳论丛》第10期。

② Evans, Mark & Cerny, Phil (2003), Globalization and Social Policy, In Nick Ellison and Chris Pierson (Eds.) *Development in British Social Policy*, Palgrave Macmillan, pp. 19 - 40.

式的福利国家在增加[①]。在新自由主义影响下，西方国家对福利的改革包括：第一，提倡名义上福利的多元化实质上的市场化和私有化，倡导市场、个人、第三部门等多方提供福利支持。第二是去机构化，即让居住在医院中的老人及慢性病人返回社区。去机构化意在解决长期住院的资金困难，但是却把公共的福利资源拍卖（如英国在铁路私有化之后，拍卖国有养老院），把国有福利资源私有化。第三，名义上去官僚化，实际是福利的去国家化，减少国家的责任，出现了福利降低标准、项目削减等。第四，是市场化，把人民的福利推到市场。第五，强调福利的个人责任，国家的责任逐渐退出。总之，在福利多元化的倡导下，公共福利机构趋向私有化，国家摆脱福利责任，并退出公共服务领域，加速了福利的市场化和强调个人责任[②]。这种思潮也进入并在很大程度上影响了中国社会福利制度的建设和发展。

因此我们看到，福利的意识形态对福利制度的产生和变革有重大的影响，甚至决定着人类福祉的方向。最近一二十年来，在欧洲国家，出现了关注生活质量，进而提升社会质量等新的福利思想。这些思想对人类社会单纯地追求经济的发展，忽视社会的再分配，忽视社会权利与民生福祉的改变，以及以破坏环境和社会价值体系为代价的增长提出质疑，而重新强调社会福利、生活

① Pierson, Paul (Ed.) (2001), *The Politics of the Welfare state*, Oxford, Oxford University Press; George, Vic & Paul, Wilding (2002), *Globalization and Human Welfare*, London, Palgrave; Lewis, Jane (2003), Responsibilities and Rights: Changing the Balance, in Nick Ellison (Eds.), *Development of British Social Policy* 2, Palgrave Macmillan.

② Esping – Anderson, Costa (1996), *Welfare State in Transition*, *National Adaptions in Global Economies London*, Sage Publication; Clarke, John (2000), A World of Difference? Globalization and Study of Social Policy, in Lewis, Gail (Eds.), *Rethinking of Social Policy*, Sage Publication; Fink, Janet, Lewis, Gail & Clarke John (2001), *Rethinking European Welfare*, Fink, Janet, Lewis, Gail & Clarke John (Eds.), *Rethinking European Welfare*, Sage Publication.

的品质以及社会团结、社会融合以及凝聚力等等。这些思想给福利制度的发展指明了新的方向。

五　福利国家制度的内在机制与因素

1. 国家

国家对社会福利制度的干预是福利国家诞生的根本因素。国家干预程度的强弱与范畴也决定了社会福利制度的不同，所有围绕福利制度的意识形态的争论也是围绕着国家等因素进行的。

二战后，国家对福利的干预表现为国家对福利收入的干预，以及国家行使再分配的权利以达到社会公正。几乎所有的关于福利制度的研究都涉及公民权。艾斯平-安德森说："很少有人否认马歇尔的社会公民权利的议题是福利国家的核心思想"。因为"社会公民权利理论是国家行政战略的结果，这个行政战略意味着贫困不再是一个个人问题，而是社会的（国家的）问题"①。因此，现代社会中，国家对福利的干预程度和福利国家制度的性质有很大的关系。如北欧直接称对人民福利负责的福利国家为人民的国家。社会主义国家就是通过国家制度的建设来保障公民的基本社会福利。国家通过税收和再分配机制建设福利制度。基于公民权理论、普遍主义原则的制度型福利，国家起核心作用。

虽然，现在的福利理论有了新的发展，社会投资理论重新解释了福利制度的作用，即国家的福利制度建设，不仅仅限于公民权和再分配范畴，还有对人力资本的投资。但是，社会投资理论只是更进一步解释了国家福利的作用和功能，让更多的人了解并使得国家对福利的决定性作用取得更多的支持，而没有动摇国家

① Colin Crouch, Klaus Eder, and Damian Tambini (Eds.) (2001), *Citizenship, Market and the State*, Oxford University Press.

对福利制度的作用。

2. 市场

每一个人在其人生的某个阶段，都有就医和接受教育的需要，但并不意味着这些服务完全由国家提供。在国家干预福利制度形成以前，市场、社会和家庭等一起承担着福利供给的功能。历史上这些东西并不总是被当作公共服务来提供的，许多人使用经过购买取得的各种形式的“私人”医疗和教育服务。

市场可以作为国家福利制度的补充。在许多国家，即使是以公共医疗和公共教育系统为主导的国家，也可以利用不同的机制筹资和提供服务。市场机制提供了更多的服务资源。国家只能给公民提供基本的福利保障，市场可以弥补国家福利资源的不足，丰富福利服务的种类。市场提供了更多的服务选择。每个国家都有更富有的人更有条件选择有个性的、多样的，或者水平更高的服务，比如让病人去私立医院就医，让老人进入私立养老院和让孩子上私立学校等。市场和国家的福利服务机构还可以形成竞争，在一种良性竞争机制下，可以相互促进，提高服务的管理和输送质量。准市场理论也是要很好地发挥市场的作用，即在国家主导的社会服务传送体系内，形成准市场服务。所谓准市场，就是进行内部市场管理，提倡竞争择优，提高效率。

当然，在西方国家，也有提倡主要的国家公共社会服务领域由市场主导，反对国家的福利计划和福利制度。这一般发生在新自由主义思想影响下的福利国家。例如，以社会化的名义，大力提倡私有、市场、社会提供的服务。在美国这个世界上最富裕的国家，人均医疗支出很高，但是其中只有很小的一部分属于公共支出，人们通常依赖私有部门或者市场或者社会提供的服务。而实际上，市场只能保障一部分人（高收入的人）的一部分福利项目。

在欧洲社会政策研究领域，学者对主要的国家福利制度由市场主导的做法采取了批评的态度。例如，欧盟的就业和社会包容总司做过一个研究，如果社会支出中公共支出的比例低，而社会或者私有支出高的话，福利的效率不会很高。因为私有部门提供的福利资源和服务，只是供一部分人自由选择。作为一个国家的社会福利制度应该保证所有有需求的人，私有服务似乎是有选择的服务和补充的服务。同时，西方社会政策学者认为，市场或者私有部门提供的服务不能保证质量。因为，市场提供的服务是营利性质的，会出现在福利上尽可能削减投入，而获得最大产出的情况。如果在福利领域过分强调产出，就会出现以营利为目的，而改变福利的性质，同时也不能保证优质的福利服务。如果再排斥国家的检查和干预的话，那么服务的质量将会出现很大的问题。

要警惕在福利领域过分强调市场的现象。市场一旦非常强大，不再作为补充，而是十分或绝对强调国家机器中的官僚主义，渲染政府腐败，就是要弱化国家福利的功能，要求市场取代国家，取消政府的公共福利制度。这种纯市场化实际上更接近私有化，因为它强调自然法则，反对国家干预，是为少数拥有经济实力的集团服务的。

3. 社会

这一部分包括社会团体，例如社会非营利机构、非政府组织以及社会企业等，这是一个重要的福利资源。这是相对独立于政府、市场而提供社会服务以满足人民需要的第三方的力量。学术界也把这部分的社会力量参与形式称为公民社会。公民社会一般是以民主参与、分享信息、权力下放的行为方式表现的[①]。其实，社会力量，特别是社会组织更应该成为参与社会福利、提供社会服务的一支生力军。它的存在是帮助国家福利的发展，而不是削弱福利。

① 潘屹，2007，《慈善组织、政府与市场》，《学海》第6期。

社会力量在福利体系中，要和政府互动，协调工作。当国家承担了过多的福利责任和功能时，会影响福利的提供和质量，也影响国家经济效益的提高。社会团体、社会组织和社会企业，在社会福利发展中承担起了社会责任。在国际社会，相当数量的国际援助通过民间组织的渠道提供。在社会服务领域，社会企业在福利传送领域占有较大的比例。在国家管不过来或者一些政府不好出面的领域，社会力量发挥着作用，同时社会部门提供的服务会更加专业化、技术化。在北欧国家，社会力量还有开拓的作用，当经验积累够后，会推动政府制定出相应的政策。

社会组织要得到政府的支持才能生存，同时也需要掌握在市场中成长生存的本领。社会团体更应该组织更多的民间力量投入公共服务和社会建设领域，弘扬慈善，提高公民意识。但是，应该警惕以公民社会的名义来削弱国家的福利管理功能，警惕以公民社会的名义把国家福利私有化。

4. 家庭等非正式因素

在传统意义上，家庭应该是福利的第一提供者和最基本保障。但是，由于现代社会的进步，家庭的福利功能有了潜移默化的改变。首先，随着家庭规模的变小，许多家庭的福利功能正在消失。比如家庭的养老功能随着核心家庭增多而逐渐减弱。同时，由于家庭的分离和解体，许多人不能得到家庭福利或者无法依赖家庭。自由主义的福利制度模式，强调的是个人而不是家庭。另外在福利国家，国家在提供福利的同时，如果在家庭政策上失误，也会让家庭的解体加速。

近期，在西方发达国家，研究人员调查发现，在后现代化和后工业化时代，由于家庭解体，对于家庭已经很难定义。单亲母亲、非婚生孩子等增多，给社会福利带来了新的问题。家庭这一社会构成的有机细胞遭到了破坏，引发了新的社会问题，导致了社会支出的增长。同时，老龄社会的到来，也引发了重视家庭的呼吁。其实，在西方国家的不同福利制度里，家庭福利功能的作用是不同的。欧洲大陆的保守主义模式的一个基本特征就是强调家庭和社区的责任。

西方走过了一个弱化家庭的阶段，现在开始越来越重视家庭的功能，并且在不同的领域制定家庭政策，在妇女儿童福利领域、老年社会服务领域和其他福利领域中越来越以政策的手段凝聚和强化家庭、加强代际关系、促进家庭和睦。

六　小结

第一，西方的福利思想、福利制度与国家的发展以及由此而来的争论是社会政策研究的基础，它将提供一个研究中国社会福利体系的基本概念、理论基础以及思考分析的框架。西方福利思想的体系与脉络、基本理论框架将会给本研究以支撑，由此出发，我将思考分析中国农村福利。

第二，我们目前对于西方的经验和做法的介绍许多是七零八碎地搬来，并救火似地应急使用。我们以为自身没有的而西方拥有的，就是新的东西，就代表着未来，并且一旦借鉴就非常有用有帮助。其实，许多在西方流行的思潮和尝试遭到了国际社会政策界的质疑，甚至批判。因此，我们要分析西方社会福利体系的各个阶段的做法，把握国际社会福利发展的脉络，避免重复西方的错误。基于中国目前的经济社会发展阶段，本书对西方福利思想体系和福利制度的形成脉络进行梳理，并对中国社会福利制度未来的取向提出理论的思考和政策的选择。

第三，我们要在社会政策的框架基础上，出于促使其不断发展和完善的态度，研究、分析和补充中国的福利思想与模式。本书思考的是中国农村社会福利，乃至中国社会福利模式。本书基于国家、社会、家庭、市场在福利分配、福利资源调配和福利传送功能强弱的分析，思考中国农村福利的构成因素和各自的功能及作用；基于国际福利意识形态对福利制度的影响以及不同时期的改变，思考中国的社会福利思想的主要内涵以及在不同时期福利思想的发展变化和对中国农村福利制度的作用。本书涉及中国社会福利制度的逐渐确立、建立与再建构的过程，展现其表达的内涵，挖掘中国社会福利制度建设的轨迹和特征，探究其在国际社会福利国家模式中的意义。这个研究有理论的思考，也有实践的经验。

第三章

中国农村福利的特征与要素

这一章将分析国内外学界对中国社会福利制度的研究，特别是农村社会福利制度的研究，进而在前人研究的基础上，勾画出一个分析中国农村社会福利体系的视角和框架。对中国社会福利制度的研究，国际上从无到有，在中国从实践到政策，再到理论，是一个逐步深化的过程。社会福利制度从表面上看，是一个解决收入和服务问题、提高福利供给水平的措施。但是，在实质上，它涉及政治、经济、社会、文化等诸多因素，关系到国家的结构、制度和性质。

一　对中国社会福利体系的研究

1. 别于西方：文化与社会福利体系

作为东亚的一部分，中国区别于西方的是其文化与地域。国际上对中国社会福利的分类最初是从地域和文化传统上进行。在很长一段时间里，国际上在分析社会福利模式时，中国大陆基本没有或很少被关注，究其原因有两种可能：其一，认为中国社会福利的发展不如东亚其他国家或地区；其二，认为中国不属于资本主义系统。随着中国经济的改善，与中国当代福利相关的研究也在增多，这些研究将中国纳入东亚模式，称其为“孔夫子主义福利国家族群”的一员、“东方式福利”的个案、“生产性福利”的政体以及“发展性福利国家”模式。

1990年，艾斯平—安德森关于“福利资本主义”的分类并没有将亚洲国家考虑在内。直至1993年，在他关于全球福利制度的研究中，才将亚洲福利体系划入儒家模块，并与西方福利国家形成对比。而英国学者高登·怀特（Gordon White）则将中国作为亚洲的一部分，把“亚洲现象归入东方式福利模式”①。为了回应安德森的界定，中国学者林卡以《亚洲儒家福利族群》为题对中国香港、新加坡、日本、中国台湾以及韩国等进行了研究，中国属于儒家福利族群的核心部分②。这些研究强调，地域传统文化因素在塑造中国社会福利供给中发挥着重要作用。中国的福利体制具有明显的不同于西方国家的地域文化特质。

有些研究跨越文化视角，探寻起了社会福利与经济发展之间的关系。基于日本、中国香港、新加坡、韩国以及中国台湾的经验，一些研究者提出亚洲地区的福利有着某些共同的、区别于欧洲的特征。怀特在其研究中说道“亚洲国家的社会福利发展被作为经济发展政策的一部分”③。而霍利迪（Holliday）著名的《东亚社会政策研究》一文中，关于“生产性福利资本主义”或“生产性社会发展体制”的提法支持了这一观点④。同样，韩国学者权赫姝（Kwon Huck - Ju）将这些国家的福利体制称作“发展性福利国家”体制⑤。这些研究证明东亚地区的社会福利同样具有某些共同的特征，诸如中低水平的社会保障支出、高社会投资、工资中存在广泛的性别不平等（日本、韩国甚为典型）、中等偏

---

① White, Gordon (1993), *Riding the Tiger: The Politics of Economic Reform in post - Mao China*, London: Macmillan.

② Lin, Ka (1999), *Confucian Welfare Cluster, A Cultural Interpretion of Social Welfare*, Tampere: University of Tampere.

③ White, Gordon (1993), *Riding the Tiger: The Politics of Economic Reform in post - Mao China*, London: Macmillan.

④ Holliday, Ian (2000), Productivity Welfare Capitalism, Social Policy in East Asia, *Political Studies*, 48 (4): pp. 706 - 723.

⑤ Kwon, Huck - Ju (1999), *The Welfare State in Korea, The Politics of Legitimation*, London: Macmillan.

高的福利分层化程度、较低的退休金覆盖率、较高的个人福利负担以及较大的家庭福利责任。也有学者指出，这些共同的福利特征还包括都是“一个家庭福利体系、无关乎地位且带有几分‘剩余性’的社会保险、以及与职业相关的计划”①。简言之，其属于一种经济发展导向的体制②。因·高夫（Ian Gough）认为亚洲的生产性社会政策是成功的战略③。在这类研究中，中国也可以被视作亚欧的一分子。

2. 一个别于东亚的社会制度

将中国视作东亚的一分子固然好，但这一路径忽略了中国作为一个独特的自给自足的福利支持体，不仅已经走过了很长的历史道路，而且谁也无法否认中国“社会主义”的福利体制特征。当然，中国目前所处的发展阶段和东亚其他国家不同，社会主义的福利制度还很不完善。

有些研究为我们提供了关于中国社会福利的精细的比较研究，如黄黎若莲的著作《中国社会主义的社会福利》④，其关注了由民政部给予特殊照顾的老年人、穷人等弱势群体，并指出，中国的社会福利属于剩余型模式。这部著作呈现了中国的福利供给，并认为福利供给有限，与经济发展情形相关。黄黎若莲的研究明确了中国与亚洲其他福利体制的明显不同，明确指出这是一个对社会主义福利体制的研究。这一类的综合研究还有王思斌等主编的《中国社会

① Goodman, Roger & Peng, Ito (1996), The East Asian Welfare States: Peripatetic Learning, and Nation - building, in Esping Andersen, G. (eds.), *Welfare States in Transition: National Adaptions in Global Economies*, London: Sage, p. 207.

② Holliday, Ian (2000), Productivity Welfare Capitalism, Social Policy in East Asia, *Political Studies*, 48 (4): 717.

③ Gough, Ian (2004), East Asia: The Limits of Productivist Regimes, pp. 169 - 201, in Gough, Ian and Wood, Geof (eds.), *Insecurity and Welfare Regimes in Asia, Africa and Latin America.* Cambridge: Cambridge University Press.

④ 黄黎若莲，1995，《中国社会主义的社会福利：民政福利工作研究》，中国社会科学出版社。

福利》[1]。同类的研究还包括来自台湾、香港和国际上对中国社会福利制度特别是农村社会福利制度的研究，包括《中国大陆社会安全制度》[2]《权威与仁慈：中国的社会福利》[3] 和《村落的终结：羊城村的故事》[4]《高家村：现代中国的农村生活》[5] 等。但这些研究在农村经济改革开始之前就完成了，因此并未涉及中国福利改革最重要的时期。另外，周永新等人的研究《市场经济下的社会主义福利：广州社会保障改革》[6] 呈现了一个地方的福利改革。这些研究同样为我们提供了理解福利构成的多种视角。还有更多的研究从社会、政治、文化与经济发展等视角涉及中国农村福利，如《中国农民的终结：20 世纪末的乡村城市化与社会变化》[7]《村民自治相关的争议性辩论》[8]《农民工如何改变着中国农村》[9]《中国农村的转变》[10]《中国农村社会支持——基于十个村子的统计报告》[11] 等。这些研究从不同视角呈现了农村社会较为精细的轮廓，并就中国农村存在的各种相互关系进行

---

① 王思斌等主编，1993，《中国社会福利》，香港中华书局。

② 詹火生、杨莹、张菁芬，1993，《中国大陆社会安全制度》，台湾五南图书出版有限公司。

③ Leung, C. B. Joy and Nann, C. Richard (1996), *Authority and Benevolence: Social Welfare in China*, Hong Kong: Chinese University Press.

④ 李培林，2004，《村落的终结：羊城村的故事》，商务印书馆。

⑤ Gao, Mobo (1999), *Gao Village, A Portrait of Rural Life in Modern China*, London: Hurst & Company.

⑥ Chow Nelson W. S., Yongxin Zhou, Yuebin Xu (2001), *Socialist Welfare in a Market Economy: Social Security Reforms in Guangzhou, China*, Surrey: Ashgate Publishing.

⑦ Guldin, Gregory Eliyu (ed.) (1997), *Farewell to Peasant China, Rural Urbanization and Social Change in the Late Twentieth Century*, New York: M. E. Sharpe.

⑧ Kelliher, Daniel (1997), The Chinese Debate over Village Self - Government, *The China Journal*, No. 37, January.

⑨ Murphy Rachel (2002), *How Migrant Labour Is Changing Rural China*, Cambridge: Cambridge University Press.

⑩ Unger, Jonathan (2002), *The Transformation of Rural China*, London: Armonk.

⑪ Chang, Xiangqun and Feuchtwang, Stephan (1996), *Social Support in Rural China (1979 - 1991): A Statistical Report on Ten Villages*, London: City University, China Research Unit.

了探索，从各个方面介绍和展现了中国的社会福利制度特别是农村社会福利的组成、变化和相关因素。

以上所提及的是中国社会福利制度转型早期的一些相关研究。正因为这些研究在福利改革的早期完成，这些研究只涉及了部分福利项目，新改革举措的更新信息不可能包含其中。更要紧的是，改革后期中国社会结构经历了显著的变化，福利制度的建设受到了多元化意识形态的影响。

3. 中国社会福利制度本身的问题研究

20 世纪 90 年代，社会福利管理和服务部门由于工作的性质，做了相关的内部研究，给予了农村福利改革很大的关注，尤其是农村老年人支持以及扶贫。民政部门做了大量深入的农民社会保障体系的探索（那时所说的社会保障即我们今日所谈的社会福利）。那时的研究成果如《中国农村社会养老保险模式选择》（1991）①、《社会福利的变奏——中国社会保障问题》（1995）都提出了农村社会福利问题②，社会福利与社会进步研究所也于 1995 年发布了《关于农村社会养老基本计划的实证报告》。之后，该研究所开始定期出版一系列著作——《中国社会福利与社会进步年度报告》，主要就农村贫困的事实和数据进行发布，并进一步分析存在的问题，探索解决之道。那时，学术界还落后于政府部门内的研究者。比如，民政部所属的社会福利与社会进步研究所和《社会保障报》活跃在福利实施和实践的第一线。

那时学者更多地关心中国农村面对的新宏观问题。随着城乡二元福利体制进入市场经济时代，农村问题越发凸显且变得更为严重。相应的，大量研究农村问题的相关著作也多了起来。当时最为人所知的要数温铁军教授提出的“三农”（农业、农村、农

---

① 朱勇、唐钧，1991，《中国农村社会养老保险模式选择》，广西人民出版社。

② 朱勇、潘屹，1995，《社会福利的变奏——中国社会保障问题》，中共中央党校出版社。

民）问题。在《WTO 原则对我国农业的影响》（1990）一文中，温铁军预测，中国加入 WTO 后，全球化对个体农民的影响将会很严重。之后，温铁军进一步指出，两个关键因素导致了“三农”问题：其一，不断增长的人口与有限的可耕地面积之间的矛盾加深；其二，城市社会与农村社会之间的结构矛盾仍然存在。新中国建立 50 年来，农村人口由原来的 4 亿增加到了 9 亿，与此同时，可耕地总面积却缩减了①。几乎同时，陆学艺指出，1952～1999 年，农村每户家庭的平均土地拥有量缩减了 44%，每一个农村人口的平均土地拥有量则减少了 37%。农村土地已然失去了其保障农民基本福利的功能，这正是农民问题的根源所在。之后不久，两位学者出版了他们关于农民生活状况的报告——《农民调查》②。

农村与农民的现实状况引发了以地区、城市居民与农村居民间的收入差距为主题的更为深远的讨论。相当多的研究关注中国农村贫困、地区分化以及社会阶层化，而这其中大部分问题又同城市与农村间的巨大差异相关。比如，《城乡收入差距与农村社会保障制度建设》对社会阶层化、收入差距、地区差异等的研究，以及农村老年支持、农民工、农村基层医疗合作制度等与农村福利相关的主题研究。

伴随农民工成为城市建设的主要劳动力，与其相关的问题开始凸显。有关农民工问题的研究也逐渐涌现出来。在一系列的研究中，李培林教授的《农民工：中国进城农民工的经济社会分析》③，李强教授的《农民工与中国社会分层》④，郑功成教授的《农民工的权益与社会保障》⑤，卢海元教授的《走进城市：农民工的社

① 温铁军，2001，《重新解读我国农村的制度变迁》，《天涯》第 2 期。

② 陈桂棣、春桃，2004，《农民调查》，人民文学出版社。

③ 李培林，2003，《农民工：中国进城农民工的经济社会分析》，社会科学文献出版社。

④ 李强，2004，《农民工与中国社会分层》，社会科学文献出版社。

⑤ 郑功成，2002，《农民工的权益与社会保障》，《中国党政干部论坛》第 8 期。

会保障》等[①]讨论了农民工的社会权利以及社会保障问题。尽管农民工们在城市获得了一定的身份，也在城市进行了户口登记，但他们的家庭以及家庭成员却依然留在农村，他们的根还在乡下并且每年都要回家。可以说，作为农村居民，他们在家里有更为重要的事情。几个研究主题开始清晰起来，包括老年支持、医疗服务以及社会保障体系。之后，社区服务被提及的次数也越来越多。

2000 年，农民的医疗健康问题被提出来。这一时期，农村合作医疗萎缩，仅剩早期的 10%。学者们不禁发问：谁来为农民看病吃药提供社会保障？并进一步阐述了“政府与农村基本医疗保障制度选择”和“建立农村基本医疗保障制度”的迫切性[②][③]。学者们开始研究并设计中国农村基本医疗保险制度。

农村养老问题成为另一研究焦点。2000 年前后，相关论文及报告不断涌现。譬如，《现行农村社会养老保险制度的缺陷与改革思路》[④]《建立农民社会养老保险工作计划的经济社会条件的实证分析》[⑤] 等等。这一类研究从宏观上或技术层面上提出了农村养老保险的制度改革。

2000 年以后，关于中国社会福利体制的研究更多了，更丰富也更深刻。较为突出的包括郑秉文[⑥]、王延中[⑦]和郑

---

① 卢海元，2004，《走进城市：农民工的社会保障》，经济管理出版社。

② 王延中，2001，《建立农村基本医疗保障制度》，《经济与管理研究》第 3 期；王延中，2001，《新世纪中国农村医疗保障制度的发展方向和政策建议》，《中国卫生经济》第 2 期。

③ 朱玲，2000，《政府与农村基本医疗保障制度选择》，《中国社会科学》第 4 期。

④ 王国军，2000，《现行农村社会养老保险制度的缺陷与改革思路》，《学术季刊》第 1 期。

⑤ 杨翠迎、庹国柱，1997，《建立农民社会养老金保险计划的经济社会条件的实证分析》，《中国农业观察》第 5 期。

⑥ 郑秉文，2003，《养老保险“名义账户”的制度渊源与理论基础》，《经济研究》第 4 期；郑秉文，2003，《“名义账户”制：我国养老保险制度的一个理性选择》，《管理世界》第 8 期。

⑦ 王延中等，2001，2004，2007，《中国社会保障发展报告》，社会科学文献出版社；王延中，2004，《中国的劳动与保障发展问题研究》，经济管理出版社。

功成[①]等教授所从事的关于中国社会保障体系的研究。这些研究涉及劳动就业、收入再分配、城乡统筹发展等，不仅是对社会保障也是对中国社会福利制度的思索。其后，景天魁教授等的福利社会学的研究提出了“从小福利迈向大福利”[②]“社会福利的底线公平”等思想[③]，这些似乎和西方福利国家的福利思想的发展脉络有一些吻合，但是，这些思想是从中国的社会福利的研究实践中产生的，符合中国的社会福利事业的发展现状与趋势。

二　社会福利制度变迁的驱动因素

研究中国福利制度，需要对中国进行全面的审视，包括对福利制度本身的各种组成元素，如文化、政治、经济、社会，及这些元素在历史进程中的发展和作用进行考察。不仅仅从经济或文化视角考察，从社会政策视角对中国福利制度进行研究同样非常必要，本书聚焦于中国农村福利制度，将中国看作一个有别于亚洲其他国家和西方国家的整体。与此同时，我尝试去了解中国农村福利，并探究其对亚洲其他国家，甚至是对整个世界的意义。

本书的研究将覆盖中国农村各种不同的福利项目如何被建立起来，以及它们之间如何互相影响。另外，本书将 60 年来的农村福利发展历程分两个阶段进行剖析。事实上，当观察 60 年来福利发展趋势时，我们发现农村福利发生了巨大的改变或转变，有些改变很剧烈，如中华人民共和国成立时进行的土地改革将土地分给农民，以保障其基本生活。但当把农村福利放到更长的历史背景或更

---

① 郑功成，2002，《中国社会保障制度变迁与评估》，中国人民大学出版社；郑功成，2011，《中国社会保障改革与发展战略》，人民出版社。

② 景天魁、毕天云，2009，《从小福利迈向大福利——中国特色福利制度新阶段》，《理论政治》第 11 期。

③ 景天魁，2009，《底线公平：和谐社会的基础》，北京师范大学出版社。

宽广的视野中进行考察时，我们又发现在某些特定的地区，中国农村福利并未改变太多，例如，在中国传统的福利思想影响下，其表现出一种内在的延续性。在这些现象背后，到底是什么驱动着福利的变与不变？就此，我试图对中国福利的构成进行考察，识别出福利发生或未发生改变背后的影响因素。

根据现有的国际社会福利文献和国内的研究，我们可以从如下几方面分析一国社会福利制度变迁的驱动因素。

1. 文化元素

文化对福利国家的影响是明显的。无论是西方国家还是中国，这种福利文化根源既久远又复杂。基督教文化在西欧的扶贫传统中就发挥着至关重要的作用。譬如，英国早期的社会服务就是依据教会制度而提供的。而在中世纪，照顾病患、赤贫者成了领主、商人以及手工业行会的部分职责。这一实践随着封建社会的衰退以及修道院解散而慢慢被淘汰。1601 年，《济贫法》出台了一种替代性的制度，赋予英格兰和威尔士地方政府将部分地方税收拿出来帮助患病者、穷人以及无家可归者的职责（苏格兰于 1579 年通过了类似的法案）。基督教慈善团体济贫逐渐被国家行为所取代（但并未完全取代）。国家行为也由小到大、由地方到中央、由自由放任到强制、由零碎到复杂并相互关联，完成了发展[①]。中国的“仁政”“天人合一”等理念，“常平仓”等赈济措施，乡绅的作用，以及国家、社区、家庭等各自的作用，构成了中国福利文化的精髓，并在实践中发挥作用。

2. 经济元素

在福利国家研究中，就国民收入的再分配机制这一主题一直

① Barr, Nicholas (1998), *The Economics of the Welfare State* (Third edition), Oxford: Oxford University Press, p. 15.

未摆脱争论。因为，国家收入的重新分配与不断增长的失业人口和老年人口会改变经济结构，较好的福利制度需要较高的税收用以支付人数不断增长的退休人口的养老金。在社会支出有增无减的情况下，当某些福利国家遇到经济或财政危机时，不断增长的国债就成为繁重的负担。因此，大部分的福利改革正是以促使福利国家变得更具生产性、在经济上更有效率为主要目的。

艾斯平—安德森指出社会福利就是社会投资[1]。吉登斯持相同的观点，并对社会投资作了如下解释，“老福利国家寻求将人们保护起来不受市场的伤害，而社会投资国家则将人们变成市场中能力更强的行动者”[2]。所谓的社会投资就是人力资本投资。比如，在北欧国家，教育、日托及儿童津贴所需要的大部分资金都有国家税收的支持。社会投资可以说是一种致力于发展的社会政策。这种发展是一种可持续性的发展，与经济发展并不冲突。

全球化重塑着福利国家，借助资本、投资以及生产流动性的增强，全球化可以让贸易游离于管制之外。全球化要求“商业友好型环境”（低税收、低管制、低劳动成本的地缘政治地区）[3]。全球化背景下，新的“正统”就是保护国际竞争力处于中心地位。全球化对公共支出有着根本的敌意，对服务的公共提供极其厌恶，因为这会导致低效率、依赖，反过来，其强调金钱、经济、效率及效力的价值。全球化对福利国家的意识形态和制度有着直接的影响。“首先，全球化意味着资本主义对社会主义的胜利，因为全球化的经济价值与资本主义的是一致的。其次，全球化还不可避免地意味着单一民族国家将失去其大部分权力，用以

---

① Esping - Andersen, Gosta and others (2002), *Why We Need a New Welfare State*, Oxford: Oxford University Press, p. 9.

② Giddens, Anthony (1998), *The Third Way: The Renewal of Social Democracy*. Cambridge: Policy Press.

③ Clarke, John (2000), A World of Difference? Globalization and the Study of Social Policy, In Lewis, Gail, Gewirtz, Sharon and Clarker, John (Eds.) *Rethinking Social Policy*, London: SAGE, p. 203.

增强跨国公司的力量。"[①]"民族国家"与"福利国家"或福利体制与全球化的关系是社会政策的一个关注焦点。全球化创造了一个"无边界的世界"，在这个世界里，国家已不再是组织经济活动最好的代理者。跨国公司需要国家管制与干预少之又少的环境。商业公司更喜欢在社会保障和生产力方面投资较少的国家或地区，以实现利润最大化。可以说，全球化的新自由主义意识形态让国家和市场在福利供给中的角色接受了一次全球范围内的重新评估。全球化对福利国家的冲击体现在如下几方面：在健康服务方面，医疗健康领域的管理已然成为一个国际性话题；教育政策制定由一个公平问题变为一个"剩余性"问题；未来社会保障将变成经过私有化程序的养老金供给，并且很有可能国家的职能将呈现更多的"剩余性"特征[②]。当然，也会出现相应的应对全球化的行动，即制定新的社会政策。

3. 社会元素

社会即是其成员以各自优势为基础建立起来的一种相互合作机制。通常情况下其包含了相互矛盾的两方面：个人与团体之间利益的一致性与冲突。任何社会中的制度对个人的"生活机会"都有着深远的影响。这里所讲的社会元素包含社会理论、社会运动、社会变迁、社会网络以及社会组织。其中，政治意识形态、竞选与政治运动、选举平台等与福利国家的框架有着紧密的关联。福利国家仅仅是各党派政治家们用以重新分配社会风险的工具[③]。

正如巴里（Barr）指出的，"归纳社会理论的目的是为我们

---

① George, Vic and Wilding, Paul (2002), *Globalization and Human Welfare*. London: Palgrave, p. 6.

② George, Vic and Wilding, Paul (2002), *Globalization and Human Welfare*, London: Palgrave.

③ Pierson, Paul (ed.) (2001), *The New Politics of the Welfare State*, Oxford: Oxford University Press, p. 55.

提供一些原则，以帮助我们能在不同的社会安排中做出选择”[①]。区分如下三大类社会理论对我们区分福利国家会有所帮助：自由放任主义（libertarian）、自由主义（liberal）、集体主义（collectivist）。自由放任主义鼓吹不干涉主义的意识形态，崇尚个人自由、自由市场以及私有财产，对福利制度能将总体福利最大化的说法嗤之以鼻。自由主义这一社会理论在功利主义（实用主义）中找到了自身的哲学根基。这一理论的决定性特点是，通过对社会个体成员的研究实现对整个社会的分析。在生产、分配与交换的意义下，私有财产作为偶然事件而存在，即私有财产自身并不是作为一种结果而存在，而是作为实现社会政策目标的一种手段或方式。在特定情景下，收入分配作为国家的一种职能是合适的。集体主义理论呈现多样化的特征，包含马克思主义理论和民主社会主义理论两部分。这里所讲的马克思主义理论的哲学根基取自马克思本人，而其政治基础则来源于其他马克思主义作家。该理论根据社会成员与社会生产资料的关系界定出了社会阶级，并认为工业社会由社会阶级组成。私有财产仅仅发挥着有限的功能，根据个人需要来配置或分配资源应是国家的主要职能。社会民主主义选择的是一种处于中间的道路，他们从诸如托尼（Tawney）这类作者那里汲取了自己的哲学根基[②]。集体主义者一致认同平等的重要性。他们相信资源可为集体所用，结果是集体主义者普遍偏爱政府行为。

福利国家与社会结构之间的关系同样也很重要。社会发展需要福利国家。比如，西方产业工人最初由来自农村的流动劳动力组成，他们积极参加已有的工人运动，想从中获得更好的报酬并改善工作条件，在工会的领导下他们为实现自己的目标也做了积极的斗

① Barr, Nicholas (1998), *The Economics of the Welfare State* (Third edition), Oxford: Oxford University Press, p. 45.

② Barr, Nicholas (1998), *The Economics of the Welfare State* (Third edition), Oxford: Oxford University Press, p. 45.

争。福利国家正是在这些社会运动的基础上建立起来的，西方现代福利国家的建立无一不与这些工人运动有关。

同时，社会结构也带来了福利国家内部的变迁。主要的改变包括，经济合作与发展组织国家生育率暴跌，单亲家庭激增带来家庭结构破碎（这要归因于离婚以及婚外生子这二者不断增长的流行度）以及家庭平均规模缩减（单亲父母们和老年人相依为命独自生活的趋势越来越普遍）①。这些改变成为富足社会中福利国家所要面对的大部分社会张力或负担。

4. 政治元素

除了投票、竞选及运动等社会元素，一些政治理论也常被提及。这些理论被分入不同的福利意识形态。社会正义和国家构成了福利国家相关争论的核心。同时，不同的党派也有着不同的政治观点。

比如，斯堪的纳维亚的第一个社会民主政府经选举产生于1932年。事实上，社会民主党所得选票中42%的部分依赖于以农民为根基的农业党联盟的支持，因此，他们不得不在维护核心工人阶级选民利益（体现在福利改革和充分就业方面）与支持农业价格政策（其关乎农民的切身利益）二者之间做出妥协。虽然“社会改革是当务之急，并且社会民主党事实上也为发展完全的社会和工业公民权采取了长远的策略……但总体而言，其政治上的主要精力不可否认地集中于危机管理和经济援助方面”②。1933～1938年，社会民主党开始着手实施新的就业机会创造项目，根据地区生活成本对养老金进行指数化，向近90%的母亲发

---

① Pierson, Paul (ed.) (2001), *The New Politics of the Welfare State*, Oxford: Oxford University Press, p. 95 – 7.

② Esping – Andersen, Gosta and Korpi, Walter (1987), From Poor Relief to Institutional Welfare States: The Development of Scandinavian Social Policy, in Erikson, Robert et al Eds, *Scandinavian Model*, New York, pp. 46 – 47.

放产妇津贴、免费提供妇科及分娩服务，开展针对拥有众多孩子的家庭的住房项目，包括直接补贴以及贴息建房贷款等等[①]。这些紧密相关的社会政策在北欧国家发展起来，北欧国家也因此常常被看作一个联邦。它们共同的显著特征是民主社会主义思想造就了其福利国家特征。

在英国，工党赢得了 1945 年的大选，并以压倒性多数对加快建设福利国家表示了高度的衷心支持，英国在 1946 年至 1949 年三年之间初步建立起福利国家。失业、工伤、疾病以及年老等问题成为政府政策考虑的主题，英国政府从更广泛的人口中收取税收，并从中拨出一部分作为专门的社会保险费，用以资助一些保护公民免于这些风险的社会计划和方案。

20 世纪 70 年代，战后的福利资本主义开始衰落。哈耶克和弗里德曼成为古典自由主义传统的现代继承者，而玛格丽特·撒切尔和罗纳德·里根则追随新自由主义，并最终成为“新右派”的支持者。20 世纪 70 年代末，工党政府开始大量削减社会支出。保守党执政的 80 年代至 90 年代，以及 1997 年新工党执政以来，英国为我们呈现了关于福利国家广泛调整的一个稀有实例——其调整比大部分先进民主国家中所进行的调整来得更为广泛[②]。新自由主义意识形态要为福利国家所遭受的冲击负主要责任。新自由主义意识形态视福利国家为对自由的一种威胁，并认为福利国家要为国家之间不合理的资源分配负责。经济政策中的新自由主义路径几乎让福利国家的政策处方来了个“四脚朝天”，其优先考虑的宏观经济政策几乎陷于抑制就业和福利政策带来的通胀中。尤其需要强调的是，为了同时减少财政赤字和降低税收，货币政策要优

---

① Pierson, Christopher (1991), *Beyond the Welfare State? The New Political Economy of Welfare*, Cambridge: Policy Press, p. 123.

② Ellison, Nick and Pierson, Chris (2003), Developments in British Social Policy, In Ellison, Nick and Pierson, Chris (Eds.), *Developments in British Social Policy 2*, London: Palgrave, p. 6.

先于财政政策，因此，挤压政府支出成为必需的选择。解除管制位于议事日程之首，为使企业拥有更多的自由进行调整以适应全球市场的行情，保守党政府通过在特定领域引入志愿和私人部门服务、在其他领域引进“准市场”机制，对福利供给进行了重组。在1997年选举之前的几年里，保守党对聚焦于准社团主义模式的政党政策进行了校正。然而，他们的政策核心并没有在道德层面与国家干预形成对抗，因为那样会降低总体福利。对危机的预测以及节省的需要（在某些国家），使与综合性福利供给相随的政治经济压力迅速增加。

福利国家形式、规模各异，由不同的政治和经济力量支持，且追求相异的社会产出。任何先进的社会最终都会走向一个“小国家”，这样的预期似乎非常遥远，而排斥福利国家的这种想法很大可能会被证明不仅显得乌托邦而且更是一种社会退步[①]。艾斯平—安德森提出福利国家不能只顾承担起社会福利和集体供给的社会责任，而让经济自生自灭[②]。皮尔森（Pearson）说道，“无论被证明有多么的困难，社会主义者和社会民主主义者都必须面对如何将经济决策政治化的问题，并且他们不能再重复‘现实存在的社会主义’和‘现实存在的社会民主主义’的错误。福利国家所面对的这些困难中尤为突出的一点是，似乎集体性地遗失了政治勇气。哈贝马斯识别出了‘社会福利国家大众民主’的到来，其是伴随‘去政治化’过程而产生的”[③]。其实，福利国家的设立，最初是基于社会公正和平等的政治理念，在这个理念下产生的政治理想和政治机构，民主是实现其目的的手段，而现阶段的许多自由则是“去目的”的。

① Pierson, Christopher (1991), *Beyond the Welfare State? The New Political Economy of Welfare*, Cambridge: Policy Press, p. 216.

② Esping - Andersen, Goasta (1985), *Politics Against Market: The Social Democratic Road to Power*, Princeton University Press.

③ Pierson, Christopher (1991), *Beyond the Welfare State? The New Political Economy of Welfare*, Cambridge: Policy Press, pp. 218 - 219.

5. 制度元素

制度，在此有两种含义，一种是国家的政治经济制度；另外一种是福利国家的制度。二者有一定的联系，但不完全相同。倾向于社会主义社会制度和社会民主主义制度的国家，在福利国家制度的选择上，倾向于制度化的设计。资本主义制度的国家更倾向于自由主义的福利制度。

制度性福利类似于国家负责的类型。在制度上，一直有国家干预、市场主导、个人责任、私有提供服务程度大小的争论。对各种因素的不同强调和提供方式构成了不同的制度模式。不同的制度模式塑造出相异的福利国家类型。制度性福利常被用于描述个人与家庭收入、医疗照顾、住房、教育与训练以及社会服务等领域的政府行动。这些政府行动不仅包括直接提供福利及服务，还涵括了对各类私人福利形式的管理和补贴。这些私人福利形式包括雇主提供的职业福利，以及营利性机构、慈善机构、工会、社区组织、宗教组织和其他志愿性组织提供的各种福利，另外，家庭成员、朋友、邻里提供的各种非正式福利也属于私人福利范畴。制度性福利还应当包括一些代理机构的活动，这些机构——半自治政府机构、地区或地方政府等等[①]经常受政府和立法机构委托承担社会政策责任。

20 世纪 70 年代以来，西方福利国家开始向混合福利或福利多元主义转变。在许多地方，各种不同类型的志愿性协会、社区组织或非政府组织已然卷入到福利供给当中。社会企业，被表述为由某一特定社会目标驱使的企业，作为一股重要的参与力量，提供着各种产品和服务。它们通过商业竞争参与到福利供给中。社会企业能参与福利供给要归功于准市场理论。准市场理论意味

---

① Ginsburg, Norman (1992), *Divisions of welfare, A Critical Introduction to Comparative Social Policy*, London: Sage Publications, p. 1.

着，各类提供者包括私有企业必须通过竞争来获得提供社会服务的机会。

多元化的福利供给和服务传递过程中准市场方法的使用，提高了福利供给的专业性和有效性。其前提不是以削弱国家的基本社会制度或逐步演变为自由化的制度为前提的。加强国家的基本社会制度，强调国家的基本责任，加强对多元化福利供给的监督与管理是最近30年来国际社会发展中悟出的道理。

以上提及的塑造福利国家的各种元素将有力地支持我对中国福利制度进行深入分析。

三　小结

1. 西方：换个角度看福利制度

西方学者对中国的福利模式研究都是从他们原来的出发点和立场来分析的。西方的思想家和政策制定者试图找到解决福利国家危机之道，但他们都局限于从生产性福利的角度寻找思路。要解决福利国家的危机还必须参考相异的福利制度或体系，包括不同的文化背景和社会组织。仅从西方国家内部寻找答案，无异于将福利国家最初始的意识形态和西方之外的国家隔离起来，比如社会主义中国。

当我们对西方福利体系，特别是对其最近几十年来的发展进行回顾时，我们不难发现，伴随经济发展尤其是全球化以及福利国家的演变，其遭遇到了为数众多的挑战，包括变迁中的社会结构、不断增长的社会支出、经济与财政危机以及意识形态层面的攻击。最为重要的是，其目前仍身处困境。西方国家内部的许多讨论陷入了死胡同。但学者和政策制定者还在组织着永无止境的各种讨论。在相关政治讨论中，普遍主义已经陷入两难境地，作为一种原则备受质疑，其能否代言公民权同样被卷入到争论中。即使将社会政策纳入经济政策的范围（譬如社会投资、竞争性福利国家、多元福利经济），或者有各种不同的措施和方法（如准市场、社会企业）来解决经济问题、降低社会支出，福利国家作为一种沉重负担的事实并未改变，而且其已经很难再满足人们的福利需求。

2. 中国：从求助于西方到反省自身

中国的改革者时常求助于西方福利国家，希望学习它们的理论、经验和方法以建立自己的福利国家，以此提升人们的幸福感。然而，在本书中，我想表达的是：不同的文化遗产、社会结构、政治体制决定了中国需要一种有别于西方的新的福利制度，而且这种制度还必须是建立在中国历史传承之上的。

而国内目前现有的研究依旧处在发现问题和应急解决问题的阶段，还没有进入一个有关整体体系、有关福利思想、有关独特模式的研究。我们的研究还仅仅是一个开始：第一，还没有用已有的理论和思想框架去概括总结中国的模式；第二，还没有形成自己的理论体系和分析模式。因此，有必要，在中西前人研究社会福利的基础上，探索中国的模式。

3. 从新的角度探索

基于我在北欧和英国关于西方福利思想的学习以及在民政部门多年工作的实践经验，本书将对中国农村的社会福利模式的框架和内涵做一个探索。中国要对自己的社会福利制度做纵向历史的观察和横向系统的研究。我将分析各因素之间的关联性和历史连续性。

通过对中国农村福利发展的历史及现实情形的追踪疏理，我认识到，中国福利制度是一种西方福利资本主义世界之外的新的福利体制，且这种体制也有别于艾斯平—安德森等人所提到的东亚模式。在对中国福利供给体系久远历史及其新近变化进行考察的基础上，本书勾勒出中国社会福利体系支持系统的构成因素。

这些因素包括文化、历史以及政治社会与经济，即在收入保障、医疗、教育等福利内容背后，政治、文化、经济、社会等不同方面也对中国社会福利体系有影响。

本书将基于这个框架讨论中国农村的社会福利体系，并且讨论这些因素对中国农村社会福利的影响和作用。本书将提供一个具有中国特征的农村社会福利体系。

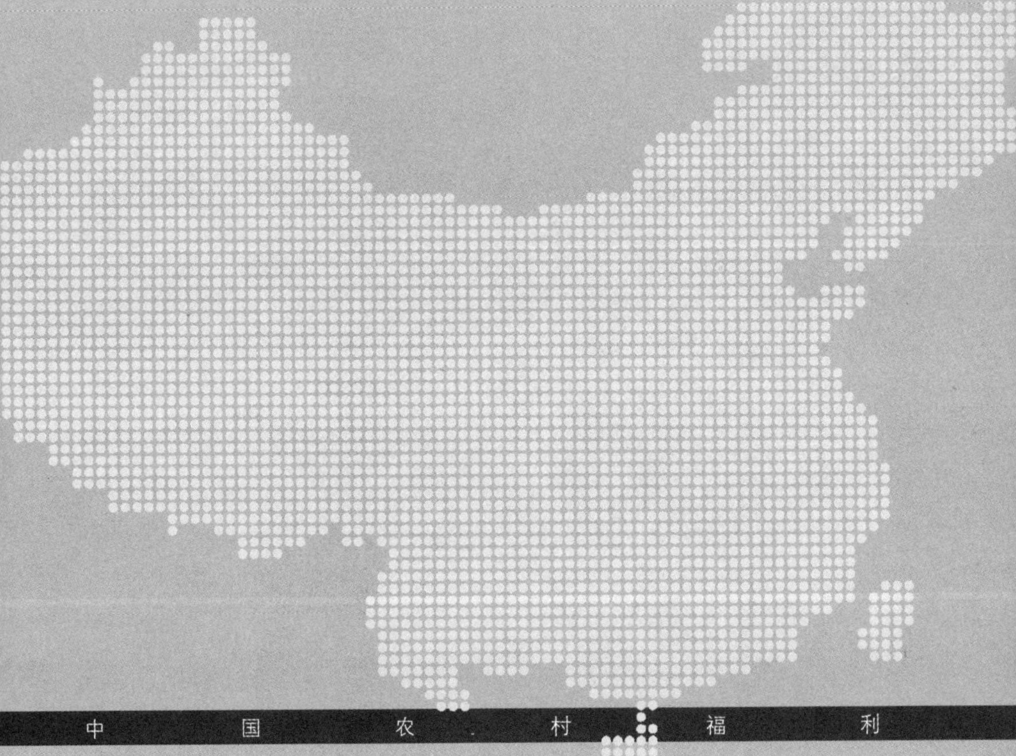

第二部分

传统农村福利

第四章

古代：家庭、社区

这部分将呈现中国农村社会福利的基础，即社会福利的传统制度框架。其中，前者主要体现在对家庭、社区、国家和政府各自承担的福利功能的分析上；而后者则着重于探寻支持福利实践的哲学根基——中国传统社会福利思想上。过去，中国一直处于传统的农业社会形态，农民也一直占中国人口中的大部分，这导致了中国的传统福利在很大程度上就是农村社会福利，其恩泽对象主要是农民。对渗透于传统社会福利制度的哲学思想以及家庭、社区、国家在社会福利制度中如何分工协作并各自承担着怎样的责任的分析，有助于我们更好地理解中国农村社会福利制度发展的历史，甚至可以理解为它们是今日中国社会福利制度可持续发展的内在动力。

一　家庭

在中国传统社会，家庭是社会与经济生活的基础，家庭而不是个人被视为生产与消费的基本单位。也因此，家庭发挥着基本的经济、社会和部分的政治组织的功能。个体间的等级关系被认为是社会秩序的根源，而家庭是基本的社会组织，这个认识至少可追溯至春秋末期的孔子①。

家庭由血缘、婚姻、收养等亲属关系构成，家庭成员共享家

---

① Naquin Susan and Rawski S. Evelyn (1987), *Chinese Society in the Eighteenth Century*, New Haven and London: Yale University Press, p. 33.

庭预算开支和财产。因此，一个农村家庭就不仅仅是一个社会单元，更是一个经济单元。一旦子女们结婚各自组成单独的家庭时，原父母家庭就要重组。父母通常与他们的子女及其家庭（长辈要和某个孩子，通常选择和一个儿子的家庭居住）住在一起。家庭事务通常由男性家长所控制，这些权力经由社会习俗和皇权法律规范合法化并具有神通广大的力量。男性家长控制着家庭的预算，为儿子们选择职业，安排子女们的婚姻，并可以随意对子女施以惩罚。当家庭的所有成员都为了一个共同目标而努力工作时，家庭就成为一个获得财富、提升社会地位的强有力的最好的组织①。

传统的中国家庭与西方的家庭明显不同。在中国，通常情况下，家庭结聚为更大的“家族”和“宗族”体系。这些更大的家族单位通常都有用于聚会的祠堂并且拥有宗族土地。根据已有的②研究，中国的宗族体系经历了三个阶段的进化：宗法式，存在于前古时期至春秋战国时期；世代大族式，存在于魏晋至唐朝时期；族权式，宋朝以后，祖祠建立，族长对家族有控制权。孤立无援的小家庭模式普遍存在于穷人当中，这些家庭中代际较少且关系也更为简单。富有的家庭则刚刚相反，它们娴熟地经营着农业经济，家庭结构大而复杂。正如费孝通指出的，一个家庭中同时拥有来自几代人的多个婚姻单元，或者说是“五世同堂”，这在中国传统社会系统内是很典型的③。事实上，就像费孝通所说，具有许多代的复合的婚姻单位，或者说“五世同堂”在中国传统的社会结构里是一个理想。中国的家庭规模远没有“五世同堂”那么夸张，或者说在实际中单个家庭较小。表 4－1 呈现了

① Naquin Susan and Rawski S. Evelyn (1987), *Chinese Society in the Eighteenth Century*, New Haven and London: Yale University Press, p. 34.

② 于建嵘，2001，《岳村政治：转型期中国乡村政治结构的变迁》，商务印书馆，第 32 页。

③ Fei, Xiaotong (1968), *China's Gentry*, *Essays in Rural－Urban Relations*, Chicago & London: The University of Chicago Press, p. 24.

中国家庭的平均规模随时间推移的演变过程。

表 4-1　历史上的每户家庭平均人口数

朝　代	统治年（朝代）	公元年	家庭规模
汉	平帝元始二年	2	4.87
三国		262	5.30
晋	武帝太康元年	280	6.57
隋	炀帝大业五年	609	5.75
唐	穆宗长庆元年	821	6.63
南宋	宁宗庆元二年	1196	6.71
元	世祖至元二十八年	1291	4.51
明	孝宗弘治四年	1491	5.85
清	高宗乾隆十四年	1749	4.89

数据来源：Chao，Kang（1986），*Man and Land in Chinese History, An Economic Analysis*，California：Stanford University Press；Fei，Xiaotong（1981），*Peasant Life in China：A Field Study of Country Life in the Yangtze Valley*，London：Routledge Kegan & Paul；陆学艺，1997，《社会结构的变迁》，中国社会科学出版社。

家庭成员间不仅分享财富、经济资源以及相互支持，还存在一种彼此照顾的义务，如赡养老人、抚养婴幼儿以及照顾遭受疾病和残疾的家庭成员等。在一个家庭中，女性通常是主要的照顾提供者，父母拥有掌管家庭事务的绝对权力。在大多数情况下，父亲或者父权主导着家庭内相关事务的决策权①。

中国的家庭关系被“礼制”即一套规范准则、惯例和社会习俗来调节。作为一个社会规范，“礼”被解释为五个主要的人类关系的行为准则，即“五伦”。具体解释为：①父慈子孝；②兄悌弟尊；③夫正妻从；④君慈臣忠；⑤朋友有信②。五种关系中三种涉及家庭：父子、夫妻以及兄弟姊妹之间的关系。

① 黄黎若莲，1995，《中国社会主义的社会福利：民政福利工作研究》，中国社会科学出版社，第 210 页。

② 兰州大学中文系，1960，《孟子译注》，中华书局。

这“五伦”的本质是“孝悌”，即孝顺虔诚。只要家庭的每个个体的行为都遵循“孝悌”原则，那么五种关系就会和谐相处。相互间的责任与义务使家庭成员紧密地连接在一起，这使家庭中发生冲突和摩擦的概率很小。在传统中国，每一种人际关系都或明确或含蓄地与五伦中的一种或多种关系有联系①。家庭中潜在的深层次的核心信仰是：母亲分娩忍受巨大痛苦，把孩子带到人世，同时父母将子女抚育成人做出了巨大贡献。抚养、照顾、保护子女是仁慈父母的责任②；作为回报，子女应当对父母报以感恩之心，并终身去报答这原始的养育恩惠③。

“礼”同样指一系列成套的仪式或规则，人们相信它所产生的强大力量，它能创建和谐的家庭关系。例如，孝顺就是这样的一种礼仪：子女们应该“回报”父母最初为抚养孩子们而付出的努力甚至牺牲④。另一套重要的仪式与祖先崇拜相关，许多家族都建立了祠堂以供拜祭奠祖先。在一些重大的日子里，宗族成员会聚集起来举行一些礼仪活动。例如清明节是为先人扫墓的日子，这是一个祭祖的重要节日；重阳节是尊敬老人的节日；中秋节，则是在满月下，家庭成员聚集在一起庆祝家庭的美满团圆和谐；最令人激动的仪式发生在春节，届时，家庭成员不管人在哪里都要竭尽全力返程回家，家庭所有成员再次聚集在一起，庆祝中国农历新年的到来⑤。

---

① Hugh, D. R. Baker (1979), *Chinese Family and Kinship*, London: The Macmillan Press, p. 11.

② Joy, C. B. Leung and Richard, C. Nann (1996), *Authority and Benevolence: Social Welfare in China*, Hong Kong: Chinese University Press, p. 17.

③ Lin, Ka (1999), *Confucian Welfare Cluster, A Cultural Interpretation of Social Welfare*, Tampere: University of Tampere, p. 52.

④ Fei, Xiaotong (1968), *China's Gentry, Essays in Rural - Urban Relations*, Chicago & London, The University of Chicago Press, pp. 112 - 121.

⑤ Lin, Ka (1999), *Confucian Welfare Cluster, A Cultural Interpretation of Social Welfare*, Tampere: University of Tampere, p. 53.

如果对中国家庭的福利功能做一个评价，首先与所有其他文化类似，中国的家庭在人类的繁衍中发挥着重要功能。然而，中国家庭的核心价值又有其独特性：家庭关系不是线性的，而呈循环状。这种循环状表现在父母负责将子女养大成人，反过来子女被期待在父母年老或遭受疾病时提供支持以报答养育之恩。孝道以及与之紧密相连的祖先祭拜很好地展示了这一特征。

其次，在中国，家庭成员组成了一个单位，在这个单位中，所有成员共享财富、收入以及分担风险。这个单位提供给每个个体一种归属感，一种抗拒孤独、战胜恐惧和征服困难的力量和信心。家庭通常会给予其成员以大力支持，譬如，当一个农民家庭的成员准备参加科举考试时，他会得到来自家庭中几代人的支持。通常情况下，若老一辈努力工作，扩大土地拥有量成为地主时，其下一代就会拥有更多的经济资源和机会进而获得更好的教育。尤其是女性，作为母亲或妻子，为整个家庭的利益做出了巨大的牺牲。当然，反过来，那些取得成就的家庭成员也会为了确保家庭的整体利益，而担负起一定的道义责任①。

再次，传统的家庭结构带有明显的等级特征。父亲是整个家庭的中心，丈夫是妻子的主人，哥哥姐姐则支配着弟弟妹妹们。比如，不像西方文化那样兄弟姊妹间直呼名字，在中式家庭中，弟弟妹妹不能对哥哥姐姐们直呼其名，而必须礼貌地尊称“哥哥”或“姐姐”。家庭成员拥有诸如让整个家庭富裕和繁荣的共同理想。通常，为了整个家庭的集体幸福，个人必须放弃自己的利益。中国的一句流行谚语——“舍小我为大家”，就反映了这样一种观念。许多中国人相信一个成功的大家庭毫无疑问会给每一个家庭成员带来好生活。这样一种观念积极的一面是家庭成员

① Huang, Ray (1981), 1857, *A Year of No Significance*, Yale University Press, p. 225.

间相互支持，而消极的一面则是个人意志得不到重视进而会损害个性。

最后，中国家庭的宗族体系对国家福利政策有深远影响。在许多方面，我们都可以看到国家常常被视为一个扩大了的大家庭。比如，中国人心中的家国情怀，把国家看成一个“大家”。进而，皇帝习惯叫他的人民为“子民”，而老百姓则习惯叫地方官员为父母官。因此，传统上，国家常常被视为在履行照看其人民的父母责任，而人民为他们获得的恩惠而给予国家的统治者极大的尊敬。国家从上到下分配福利给社会上的百姓，但福利分配的终点并不是个人，而是家庭。国家就像一个严父为他的子女承担起责任，同时也控制着他们的行为。本书会在下面详细论述国家的仁政思想，其在很大程度上控制着中国传统的福利制度。现代中国的福利制度没有其他国家或地区那么先进，部分原因可能是家庭在福利提供上，一直都在发挥着重要的作用。这种情形的一个优势就是凝聚力和社会团结增强，这是现代福利国家的基础，并且在当代社会可以适当降低国家支出。

二　社区

社区在福利提供中发挥着重要的作用构成了中国传统福利制度的另一显著特征。根据拜尔（Bell）和钮毕（Newby）的说法，社区即一种“社会网络”。“人们被组织在一个居住单元中，在此基础上产生关系网络，而关系网络又成了社区这种社会网络的基础。”[①] 中国的农村社区涉及如下方面的内容：村庄、地方志愿组织以及其他形式的社会单位。

① Bell, Colin and Newby, Howard (1972), *The Sociology of Community, A Selection of Reading*, London: Frank Cass, p. 5.

1. 自然的居住单位：村庄

村庄是中国农村社区最初的居住单位。一个或多个家庭组成邻里，并最终形成村庄。家庭中几代人在他们祖宗留下来的土地上谋生，同时家庭成员也承袭着他们父辈的社会地位。每个家庭都尽力与其近邻培养一种和谐的关系，以尽可能保持本地区的安全，并获得满足家庭成员需要的资源。在村庄内，人们之间普遍存在血缘关系，新搬来的家庭在村庄内的关系也因此会受到限制。新来的家庭如果在村里没有祖宗根基也没有土地的话，就很难在村里发展出很亲密的关系。

费孝通指出，中国农民选择在村庄聚居与中国农村经济的属性有关系①。中国的家庭通常拥有很小的一片土地，大部分农村人口投入到小农经济中。在分散的小农经济里，人们很难独自生存，必须聚居在一起。村庄也提供某种程度的安全保护。农民的农田与村庄本身也很接近，这种情形需要合作灌溉，毗邻而居可减少水利基础设施建设的成本并将灌溉的获益最大化。

在唐朝，村庄的管理通过村长的任命得以规范化，村长起到了类似于看门人或者治安官的作用。一百户以上的村庄可以有两个这样的“官员”②。1920 年后，村庄由 6 个或 6 个以上农民组成的委员会管理。每年村中的委员会通过选举，在村民中选出一个村长及其助理，而委员会成员则依据各家庭在村中的社会经济地位的高低来选出。村长必须通过特定的选举，根据财富、受教育程度以及做出决断的能力来选择。村长必须有文化，因为村长代表县官负责记录村里的土地交易情况。1920 年后，管

---

① 费孝通，1985，《乡土中国》，三联书店，第 4 页。

② Gamble, D. Sidney (1963), *North China Villages, Social, Political and Economic, Activities Before 1933*, Barkeley and Los Angeles: University of California Press, p. 11.

理经营能力成为村长选举的重要标准，因为随着田款（土地税）的增多，村长的责任也在增加。当然，也有一些村庄，每个家庭的家长轮流（时间通常为一年）履行村长的职责，来取代选举①。

村庄的水利系统导致了社区的合作或者协作。一些村庄发展出了多种水利控制系统，这就必须有更复杂的村庄管理制度。如迈尔斯（Myers）记载，在中国北部，许多村子同时用井水、河水以及降雨来实现灌溉。这其中一些井水是公共享有的，而另一些则是私人享有的，但邻居们也可以用它们。在毗邻河流的村子里，村民们建起了水闸并指派一些村民看守和控制灌溉系统。使用同一水闸的家庭构成一个小组——“闸”。在“闸”区范围内，依据特定计划表，每户在指定时间内可获取一定量的水。每一闸区选出管理者巡逻并维修水闸，而每个家庭负责提供额外的劳动力以疏浚水闸或修复洪水带来的破坏。水利控制系统的成功运作依赖“闸”内每户家庭间的协作，而非村领导②。从这方面来讲，水利控制就成了动员本地社区协作以及经营自己农田的核心问题之一。

另一种重要的社区组织形式是1880年后在农村普遍建立起来的庄稼看护联合会或者称青苗会。最初这种组织只为看护庄稼而成立，后来进一步发展并涉及农村事务的方方面面，包括社会、经济甚至政治。郡县赋税的增加以及村庄在学校、夜间巡逻、村民兵组织方面支出的增加，促使农民们成立了这样一种协会以守护特定区域的土地。村庄委员会决定分配村庄特定区域的土地，募集必需的基金来应对赋税及其他支出的增加。村民们认

① Gamble, D. Sidney (1963), *North China Villages, Social, Political and Economic, Activities Before 1933*, Barkeley and Los Angeles: University of California Press, p. 3.

② Myers, H. Raman (1970), *The Chinese Peasant Economy, Agricultural Development in Hoper and Shantun, 1890 - 1949*, Cambridge, Massachusetts, Harvard University Press, pp. 259 - 261.

为这些举措对于增加村收入是必要的。村庄支出的大幅增加发生在晚清及民国初期。村民们仔细守卫着庄稼，防止偷盗，保存收成，以付清估定的村庄支出[①]。以中国北方的宝坻县为例，村庄的村民几乎都加入了当地的青苗会，青苗会也几乎掌管了选派劳工和现金赋税等财政事务。

每个村子都有自己的行政系统、防卫力量以及福利系统。村民们意识到要有一个正式的协会来监管或看护村庄的边界，这会有利于村庄委员会评估每户村民所拥有的土地量。协会的职责包括：维护好村庄的寺庙以及隶属的土地，支持村庄学校，实施夜间巡逻，组织村民兵组织，组织祭神、娱乐以及其他需要资金支持的活动。这些活动的预算资金依据拥有的土地量、人口数或者牲畜，从村中各个家庭中收取[②]。通过这样的方法村庄就可以更好地经营社区资源，以强化地方团结和丰富村民的生活。

在许多地方，地方宗族慈善捐赠支持的农村学校为农民家庭子女提供基本的教育。这种类型的地方教育建立在私塾教师以及有教无类的原则上。那些科举失败水平稍低的文人成为这些私塾教师的来源。村庄的私人学校为所有村民开放——只要其有能力又勤于学习[③]。经由这种方式，村庄就可以从村民中发现并培养那些有前途的青年人，同时期待这些青年人学有所成能为村庄长远的利益服务。

---

① Myers, H. Ramon (1970), *The Chinese Peasant Economy, Agricultural Development in Hoper and Shantun, 1890 – 1949*, Cambridge, Massachusetts, Harvard University Press, p. 260.

② Gamble, D. Sidney (1963), *North China Villages, Social Political and Economic, Activities before 1933*, Barkeley and Los Angeles: University of California Press, p. 3.

③ Dwight , Perkins and Yusuf, Shabid (1984), *Dual Development in China, A World Bank Publication*, Baltimore and London: The Johns Hopkins University Press, p. 162.

2. 志愿组织

宋朝时期，来自陕西省蓝田的吕大钧（1031～1082）于1076年创建了《吕氏乡约》，这可以说是中国农村社区组织发展史上的一次重要创新。根据这个乡约，村民们可在四个方面实现互助：德业相励、过失相规、礼俗相交、患难相恤。患难相恤涉及以下几方面：火灾、水灾、失窃、疾病、伤害、死亡以及贫穷等[①]。

《吕氏乡约》规定了如下支持性行为准则：①社区为遭受水、火灾的村民提供救济；②在捕捉盗贼上相互帮助，并且遇到盗窃时需向同村其他村民以及官员报告；③组织村民探望患病者，确保重症者能获得医生诊断及药物治疗，为负担不起医药费的村民给予金钱方面的援助；④为有丧葬白事的家庭提供资金援助；⑤扶持孤寡老人群体，并向其亲戚、邻里和官方等告知相关情况；⑥通过适当方式为冤屈者伸张正义；⑦通过实物、现金或贷款等方式援助那些确实贫困的家庭或个人。村民们也可借予他们财产、家具、马车或其他工具。有能力帮助穷人而没有帮助的人会受到惩罚，而向他人借了物品造成损害或延迟归还的同样要受到处罚。大体上来讲，这个乡约中所有规则的运用早超越了蓝田的领域，因为村民们被要求无论他们居住何处，都要向有需要的人提供帮助。

乡约的参与人被一种平等的关系连接起来，同时该乡约的重点是患难与共。乡约中的一些条款规定参与者要有一定数量的经济资源。如第7条要求参与者需向贫困家庭或个人提供财产援助。乡约由约长领导，约长必须是备受尊敬的人物，同时设有两

---

① 牛铭实，2003，《患难相恤：论中国民间的自治与扶贫》，（香港）《21世纪》第4期；朱荣贵，1994，《儒家人文教育之现代意义》，（台北）《通识教育季刊》第1卷第3期。

名副约长，负责打理大部分日常事务，另设执行官，即一名“值月”处理杂事，值月每月由参约者轮流担当。所有乡约领导由参约者共同选举产生，而且这些领导某种程度上代表当地村民的利益[①]。每个村子都被要求备有两本册子，一本记载村民们的美德善举，另一本则记录着他们的过错。这样乡约就可根据相关条款及这两本功过书给予参约者奖励或惩罚。当然，村民们也可以终止乡约并退出乡约组织。

南宋时期，儒家学者朱熹（1130～1200）称赞了《吕氏乡约》并加入了更多的条款，如乡约成员每月聚会一次以共同讨论和研究乡约[②]。明清朝廷同样很欣赏这一制度，更有几位皇帝亲书了更多的条款[③]。乡约得到朝廷的赞许与支持，然而，这些很难改变乡约仅作为一种有限力量的志愿组织这一事实。朱熹指出，乡约的主要职能在于其教育性，依赖地方绅士在道德伦理方面引导普通村民。新儒家学派也有类似的看法，他们认为乡约的主要目的是通过这样一种方式来促进道德、善良以及正义的实现，而不用借助惩罚的力量[④]。

元朝早期，中国北部农村出现了另一种形式的社区组织——“锄社”。根据历史记载，这一组织的目的是在锄草繁忙的季节提供互助。参加了锄社的农民去帮助社里其他家庭锄草，该家庭相应地提供饮食。这样挨家锄草，经过大概十来天的周期，参加锄社的家庭基本都能完工。当一个家庭因主要成员身患疾病等无法参加锄草时，社里其他成员也会提供无偿的

---

① 沈延生、张守礼，2002，《自治抑或行政——中国乡治的回顾与展望》，http：//ccrs. org. cn，Chinese Rural Studies，8 月 19 日。

② 朱荣贵，1994，《儒家人文教育之现代意义》，（台北）《通识教育季刊》第 1 卷第 3 期。

③ 沈延生、张守礼，2002，《自治抑或行政——中国乡治的回顾与展望》，http：//ccrs. org. cn，Chinese Rural Studies，8 月 19 日。

④ 朱荣贵，1994，《儒家人文教育之现代意义》，（台北）《通识教育季刊》第 1 卷第 3 期。

帮助。这样就不会有未经耕作的秧田，以及谷物成熟时也不会无人收割[①]。正是这一组织形式的成功，至元七年，朝廷颁布了建立锄社的命令。每五户家庭组成一个锄社，懂得农业生产的年长者被选为社长，社长组织农民们开垦荒地、耕作、灌溉，当然也会搞些副业。这种锄社后来遍布中国南北。

在中国传统农村，“绅士”这一群体在地方社区中发挥着重要作用。“绅士”指的是具有较高社会地位（与普通民众相比），也因此负有一系列领导责任的阶层。费孝通说，绅士有时候也被称作“士大夫”[②]。现代有学者将绅士分成三种类型：学术卓著或拥有官阶者、富人和能人[③]。

学术卓著或拥有官阶的这类人通常考中科举但并不在朝廷中任职，这类人中还包括一些在乡下过安静生活的朝廷退休官员。对教育的尊崇深深地根植于中国文化，因为受教育是在政府部门谋取一官半职并由此获得威望、财富以及权力的重要前提[④]。对于普通富人而言，他们想成为世人眼中的绅士，必须经过几代人的努力从经济上的富有转变为在文化上拥有影响力。世人眼中的绅士必须是行为举止端庄、有修养，并且还必须是受到当地人高度尊敬的人。总体来讲，绅士的权力主要来源于他们高尚的品格和气节。除了拥有一些非凡的技能外，能人通常还拥有好的社会关系、财富或者受过更好的教育。他们通常不是当地村民选举出来的，他们的优势在于拥有关系、网络、公众认可，或在当地社区拥有较高的知名度。他们能上升到地方权威的位置完全是因为

---

① 孟昭华、王明寰，1986，《中国民政史稿》，黑龙江人民出版社，第66页。

② Fei, Xiaotong (1968), *China's Gentry*, *Essays in Rural - Urban Relations*, Chicago & London: The University of Chicago Press, p. 17.

③ 于建嵘，2001，《岳村政治：转型期中国乡村政治结构的变迁》，商务印书馆，第90~92页。

④ Perkins, Dwight and Yusuf, Shabid (1984), *Dual Development in China*, *A World Bank Publication*, Baltimore and London: The Johns Hopkins University Press, p. 162.

他们有较好的名誉，因此更接近权力核心并在社区具有影响力。总体而言，绅士因为自身的地位及教育水平，在中国农村社区的组织事务方面发挥了主要作用。晚清时期，包括其亲戚在内，全国绅士人数达到一百万人之众，占当时总人口的1.3%①。

绅士拥有政治、经济、社会特权，相应的，他们也被期待承担一些社会责任，提升普通民众的福祉并为所在社区的利益服务。对政府而言，绅士代表着地方利益；对普通民众而言，他们履行着半官方的职责。譬如，绅士负责调节民间纠纷，监督公共建设如修路、桥、寺庙等以及收税。在战争时期，他们还承担着组织农村地区自卫的责任。当然他们承担了一些行政性的工作，但这并不意味着他们就是政府的官方代表。绅士只是一个在志愿基础上承担着地方管理职能的社会群体。作为与政府联盟的地方领袖，他们向政府提供有关当地事务的意见和建议。通常情况下，政府与绅士分享共同的利益，并相互合作以推动社会进步，维护稳定。当双方利益不一致时，绅士会起相反的作用。他们会批评政府，甚至抵制政府的政策。然而，他们未曾成为中央政府的严重威胁，因为如果没有绅士与地方政府、广大农村地区及村民保持的良好关系，对中央政府而言会存在更多的困难。进一步说，由于绅士的地位高于宗族首领，绅士还可以调节普通农村家庭与宗族势力间的矛盾和争端。从这方面来讲，他们对保持农村地区的稳定起到了更进一步的作用。

在西方传统中，教堂是每个乡镇的文化或精神中心所在。然而在中国却不是。费孝通指出，“政治与道德相分离的原则是儒家思想的基本理念之一，这一原则也是影响中国权力结构的重要因素，这与西方政教分离有类似之处”②。绅士作为中国农村的

---

① 于建嵘，2001，《岳村政治：转型期中国乡村政治结构的变迁》，商务印书馆，第92～93页；沈延生、张守礼，2002，《自治抑或行政：中国乡治的回顾与展望》，http://ccrs.org.cn，Chinese Rural Studies，8月19日。

② 费孝通，1948，《乡土中国》，上海观察社，第39页。

一种道德与文化力量并不包含宗教身份的因素。他们不传教，倒是参与了中国哲学，主要是儒家的宣传。也因此，他们对农村福利的影响不是通过宗教活动，而是通过道德和管理方面的权威地位来实现的。乡约制度的创始者吕大钧就是典型的绅士，他也一直践行着绅士们所信奉的道德准则。

3. 保甲制度

保甲制度是另一种在中国农村地区管理中发挥着重要作用的组织形式，其以家庭或家族为基础。相对有系统的户口登记形式在秦朝（公元前221年）时就已出现。由郡（省）、县、乡组成的三级管理体制也是在秦朝时初步建立。宋代新儒学派改革者王安石创建了保甲制度。乡及以下的管理都经过保甲体系中的多层级的家庭来实现。保甲制度用来动员地方村民参与自身相关事务的管理，其主要功能是保障公共安全以及从农民那里获得金钱等形式的税收①。

保是一种治安单位。保的日常运作都由保长来负责。保长通常来自中低阶层的家庭并被委以重任：首先他要负责帮助收税；其次，他代表国家招募劳工、选择工程用手推车等。保长还被期望处理多种应急情况，诸如盗窃、洪灾、旱灾等；还有安排好季节性的工作，如制定看护庄稼的花名册。保甲作为一种自我管理的地方组织而存在。作为一种行政系统，保甲体系执行上级的命令，同时也是关注地方公共事务的合法组织②。

概言之，中国的乡村社会由一个高度结构化的社区组织网络所支撑。在中国传统社会，社区发挥了重要的福利功能；与此同时，社区的作用大于家庭的作用。家庭在村一级被联合起来共担

---

① 于建嵘，2001，《岳村政治：转型期中国乡村政治结构的变迁》，商务印书馆，第58～72页。

② Fei, Xiaotong (1968), *China's Gentry, Essays in Rural – Urban Relations*, Chicago & London: The University of Chicago Press, pp. 87 – 90.

生产活动（如锄草及灌溉）、实现共同的福利利益（如庄稼看护、防卫保障、教育）、维护共同的经济利益（通过税收、劳力等）。另外，村民们组织起来参与各种互助活动：以“乡约”和“锄社”为例，这二者都体现了村民间相互支持以及对病人和穷人施以援手的重要性。村庄具有自上而下的组织结构如保甲制度，同时还有多种形式的反映和保护村民利益的组织团体，这些机构民选领导，同时德高望重的乡绅在村庄中发挥着桥梁、疏导和指导作用。由此可以看出，中国农村很早就有了村民自治的雏形，从中可以看到中国基层民主的脉络和基础。这种村民自治的政治基础与当地的村民福利有密切的关系。

第五章

古代：国家、传统思想

一　国家

纵观中国历史，朝代多次更迭。朝代的更迭通常由农民叛乱引起。在中国历史上，农民起义通常由饥饿和贫穷导致。当饥饿和贫困笼罩在农村地区时，一场农民叛乱很可能就不远了。起义之初，农民一般以抢夺粮食为主要目的。这常常会引起连锁反应，引发更大规模的起义和叛乱。在有些情况下，叛乱能直接导致当朝政权被推翻。

饥饿与贫困常常由各种灾害引发。在中国，几乎每年每个省份都会遭受一些局部性的自然灾害。农业生产及农村生活经常受到冰雹、风暴、洪水、干旱、流行病、作物病害、虫灾、非季节性的霜冻以及地震等的影响。多种灾害就像事件链一样相继发生，如虫灾一般发生在旱灾后面，而流行病则与洪水暴发形影相随。这些灾害常常导致严重的生命财产损失、地方经济遭受重创以及灾民外移。虽然这方面的记录不多，但我们仍可以找到足够的数据描绘出一幅冷冰冰的图像。《中国救荒史》记载，1810 年 900 万人死于各种灾害，1811 年更是死亡 2000 万人，1846 年 2.8 万人，1849 年又是 1500 万人，1876～1878 年三年间死亡 1000 万人，1888 年死亡 350 万人①。

① 邓云特，1993，《中国救荒史》，商务印书馆。

灾荒救济是传统福利体系的重要内容。每当有大灾难如自然灾害发生时，国家就会介入，提供基本救济，以避免饥荒和混乱的发生。其实，传统中国是个农业国，普通民众的生计以及整个国家的富足都要依赖农村经济。中国传统福利制度的目的在于维持农村人口及农业的发展能力。因此，古代朝廷和国家都会对农业管理付出很多心血。中国农村土地制度的建立，是保障农民吃饱的前提。此外，中国在灾害救济管理方面有着悠久的历史，包括积极主动的事前预防和应急性灾后救济。灾前预防包括两个方面：努力提高农业产量以及建立粮食储存制度；加强基础设施，如灌溉系统、水利系统以及林业和土地改良开荒等的建设①。同时，国家设立粮仓，作为饥荒救济的基础。我将逐条解释在传统农村福利中国家的功能。

1. 土地和税收

几千年来，土地是中国民众的基本生存资源，也是国家税收的主要来源。隋唐时期，封建土地制度——均田制被建立起来。在这一封建土地制度下，当时存在的几种土地拥有形式合法化，包括私人所有制、政府所有制和非政府所有制。名义上，所有土地都是朝廷的，“普天之下莫非王土”，但是事实上，朝廷也不能随意剥夺私人的土地，因为私人拥有土地是他们的权利。政府的土地登记在朝廷或国家卫戍的名下。非政府组织、家族组织（宗族）、非营利机构（学校或大学）同样拥有土地。但总体上讲，地主所有制是主要的土地拥有形式。地主拥有绝大部分中国农村的基本经济资源——土地。这一所有制导致了地主与农民间的冲突和矛盾。清朝时期，在1770至1911年间，中国的人口由2.7亿增至4.3亿，农业用地由9.5亿亩增至13.6亿亩。这期间人均土地占有量从3.52亩降至3.16亩②。土

① 多吉才让主编，1996，《救灾救济》，中国社会出版社，第4~9页。

② 于建嵘，2001，《岳村政治——转型期中国乡村政治结构的变迁》，商务印书馆，第109~111页。

地资源压力的增大激化了地主与农民间原有的矛盾，使双方关系变得更紧张。

税收是封建时代中国政府筹集经费的主要方式。唐朝初期，存在三种类型的税收：称为租的土地税，以收粮食为主；户税，称调，收亚麻布；劳务税，称佣，收丝绸，丝绸以“绢”之名著称。唐朝后期，宰相杨炎建议采用只有两种基本税的税收制度，这就是有名的两税法，这适应了当时的经济发展状况。在这一税制中户税和劳务税被合并，按土地拥有量收税，而不是仅仅简单地以户为基础收税。1581 年，在明朝时期，张居正创立了新的税制“一条鞭法”。这种新的税制要求对全国范围内的土地重新清算丈量，将被遗漏的土地重新纳入征税范围，进而在全国范围内实现相对公平的税负。新税制试图推动地主们按其总土地量纳税。这次改革之前，税收按照土地拥有量征收，而劳役则按家庭的大小来分配。一条鞭法将役折算成役银，与田赋一同征收，简化了税制。这次改革将原来以实物征收的土地税逐渐转变为以银两收税，税收项目也被简化。地方官吏使用免费劳力实现个人商业利益的现象也得到杜绝。农民的负担减轻了，国家税收得到了增加，也刺激了经济发展。然而，随着时间的推移，旧的税制在一些地方得以复活，改革效果被抵消。清朝时期，这种情形导致了税制改革的第三浪潮——摊丁入亩。这次改革继承了一条鞭法，并最终确立了将土地税和劳役合并在一起的单一税制。

实行税赋改革的主要动机是减轻农民负担，同时也增加国家收入。从这方面来讲，这三次税赋改革都被期望增加财政收入，平均税负，进而缓和社会各阶级间的矛盾。前后相继的税收改革的另一目的是调节国家与农民、富人与穷人之间的关系。在许多地方，地主拥有大部分的土地。当农民有自己的土地耕种时社会通常是和谐的，但当农民失去土地时，社会动荡常常会随之出现。土地和课税制虽然在某些时期也制造了相当的张力，但它们还是为维持中国封建社会的长期稳定作出了贡献。

2. 粮食储存制度

储备粮食应对紧急情况的做法发源于古代：当供应充足时买入粮食，供应紧缺时卖出粮食，这样粮食价格就能维持均衡。经典书目《周礼》和《管子》中都有关于储粮原理和储粮策略的清晰解释。因此可以说，在中国建立封建制度之初，经营粮仓作为国家的关键职责就被普遍接受了。《礼记·王制》说："国无九年之蓄，曰不足；无六年之蓄，曰急；无三年之蓄，曰国非其国也。"一个粮仓里没有三年粮食供应量的国家已经称不上是一个国家了的说法在民间广为流传。粮仓制贯穿了整个封建社会，早在夏朝时就已经是国家财政体制的一部分。从周代开始，帝王们不仅强调国家粮仓的重要性，对如何维持地方粮仓也非常关心。随着粮仓制度的发展，粮仓的规模也在逐渐扩大。公元前 200 年，在汉朝早期，长安被选为新国都，首批粮仓就建在长安。这批粮仓由中央政府直接管理。在郡、县层面也建有地方粮仓。

粮仓制度中包含三种类型的仓库：常平仓、义仓（慈善或乡镇仓）、社仓（农村或社区仓），这些仓库各具特色。常平仓是国家的主要粮仓，世代相传①。隋朝时期（公元 589 ~ 617 年），义仓作为地方的分配点在各地建立起来。宋朝时期（公元 960 ~ 1279 年），基于地方社区的粮仓——社仓依靠地方居民的集体努力建立起来。清朝时，三级粮仓被统一起来，每一级的粮仓对应不同层级的政府管理。常平仓和义仓被建在州一级的城市或县里，村一级则建立和管理社仓②。社仓都建在乡下，但义仓也不都在城市地区。

---

① Hsiao, Kung - Chuan, (1960), *Rural China, Imperial Control in the Nineteenth Century*, Seattle and London: University of Washington Press, p. 144. 多吉才让，1996，《救灾救济》，中国社会出版社，第 17 页。

② Hsiao, Kung - Chuan, (1960), *Rural China, Imperial Control in the Nineteenth Century*, Seattle and London: University of Washington Press, p. 144.

萧公权指出，为了常平仓的储备，政府一年分两次采购，分别在夏秋两季的收获时节进行。这种做法将常平仓和其他两种粮仓区别开来。国家粮仓接受的捐赠主要来自富人[①]。义仓和社仓的储备粮主要依赖地方层面个人的捐赠。许多地方从每两担粮食中征收一斗来存入地方粮仓。义仓的个人捐赠者通常是镇上或市场上的商人，而社仓粮食捐赠者一般是村民。这几种粮仓之间更为重要的区别在于：常平仓是由朝廷官吏直接管理的国家粮仓，而义仓和社仓则由地方官吏主导，受朝廷监督[②]。

全国的粮仓结构并不是完全一致的。比如广西和陕西境内的社仓就以由政府控制而著称，因为这两省的社仓要么由常平仓转变而来，要么它们的储备粮由朝廷拨款购买。而且，义仓和社仓之间的区别时常也很模糊，这几种粮仓的名字经常被交换着使用，好像它们就是同义词[③]。就农村福利而言，农村的社仓是最值得我们去考察的。然而，要深刻理解社仓的功能和角色，我们还只能从详细解释整个粮仓制度的运行方式开始。

（1）常平仓

第一座常平仓建于汉宣帝在位时期（公元前 54 年）。当时颁布的条例规定，在州、县两级需建有一座以上的国家粮仓，由地方官具体管理。晋、隋、唐、宋、明、清沿用了这一规定。这些粮仓在公元 583 年被统一命名为常平仓。当时为了防洪旱灾，隋朝的创建者决定在新统一的帝国范围内，在适当地方建立起一批粮仓。唐朝的统治者沿用了这一制度，并做了微小的调整。在宋朝统治期间的公元 992 年，常平仓被调整为主要针对城市居民的灾害救助系统。那时常平仓还只是零星分布在首都，但到公元

---

① 王军，2002，《古代粮食仓储制度考析及启示》，《人民日报》7 月 13 日第 6 版。

② Hsiao, Kung - Chuan, (1960), *Rural China, Imperial Control in the Nineteenth Century*, Seattle and London: University of Washington Press, p. 145.

③ Hsiao, Kung - Chuan, (1960), *Rural China, Imperial Control in the Nineteenth Century*, Seattle and London: University of Washington Press, p. 145.

1020年时已遍布全国。明朝的创建者将地方储粮系统进一步扩展到州、县两级，直到最低的行政层级。普通百姓被鼓励捐赠粮食，并最终形成了传统。

运用政府财政拨款和其他资金采购的大米、小麦、高粱以及其他粮食被放入粮仓。这些储备粮中部分被借予贫穷的农民，必要时也以低于市场价出售。但无论支出了多少粮食，粮仓很快就会被重新装满。地方官员们每年都要做好粮仓的账目并上交中央政府。国内所有地方的配额都是固定的。1691年政府颁布条例，规定一个大行政区的储备粮为5000担，小一点的则为3000～4000担。每个时期每个地方的配额都在波动，这使全国的总储备粮在3000万～4800万担之间上下波动。

常平仓的经营依据详细的条例来执行。列举几条如下：储备粮收购在每年秋收后进行，可以在当地收购，也可以在价位更低的一些临近地区收购；如果市场供应出现短缺，例行收购可推迟至下一个农历年；为采购预留出专门的基金；地方绅士和富人被邀请为政府储备粮捐赠捐款，因此政府相应地颁发给捐赠了相当量的人以一个学术头衔——监生①。

储备粮一般有两种支出方式：平调（低于普通价销售）以及赈济（救济借贷）。为了防止腐烂，通常拿出30%（这一比例因省而异）在每年的春夏两季以低于市场价出售，在秋收后再补充回来。在饥荒时期，出售的粮食有可能会超过规定的比例。在市场供应过量时，出售的粮食比例相应降低或整个销售被推迟，直至供应过量的高峰期过去。每年的情形不同，储备粮出售价与市场的差价也会有所变化。在收成好的年份，储备粮以每担低于市场价0.05两的价格出售；在闹饥荒的年份，则以每担低于市场价0.1两的价格出售。根据朝廷的特别命令，价格可以降得更

① Hsiao, Kung - Chuan, (1960), *Rural China, Imperial Control in the Nineteenth Century*, Seattle and London: University of Washington Press, p. 146.

多，但是每担从来没超过0.3两。针对粮食短缺或没种子的农民可贷粮救济，但他们同样被要求在秋收后还粮贷。在山东、江南、广东以及四川等十省，粮贷不收利息。在收10%利息的省份，只要被报告当年粮食减产30%或以上，朝廷也会放弃这部分利息①。在唐文宗统治末期，常平仓里的储备粮足够支撑当时人口50~60年的时间。

（2）义仓（慈善或乡镇粮仓）

义仓首次出现在公元585年。在隋朝，作为一种非中央政府的粮仓，主要用来确保地方对自然灾害有更好的应对和准备，并且也提供灾后救济。根据《隋书》记载，公元594年，地方经营的义仓接收三种类型的粮食捐赠：高收入家庭捐赠1担、中等收入家庭捐赠7斗和低收入家庭捐赠5斗。当然，捐赠量的多少因地而异。义仓制度背后的含义是，义仓是属于地方民众自己的。朝廷鼓励捐赠，并对这一制度进行规范，以确保维持其基本生存能力。

清朝政府于1679年颁布的一部法令很清楚地解释了义仓和社仓的基本特点："地方官吏应当说服同僚、绅士、学者以及普通老百姓分别在农村、城镇和市场修建社仓和义仓，并捐赠粮食。捐赠者应获得适当的奖励。"随后，一些补充条例被不时地加上，加强了对义仓的管理。正如上文中所提及，常平仓由地方官吏管理，而义仓和社仓二者都由地方民众自己管理。朝廷经常强调城镇及农村的粮仓应专门为本地的农民服务。转移一地的储备粮为临近城市或城镇提供救济，以及将储备粮借予学者、士兵、朝廷官员或其他非涉农人员都是被禁止的。

义仓的管理受到地方行政与管理水平的影响。直隶省和山西省颁布了义仓管理与经营方面的条例：直隶和山西地区义仓的储

① Hsiao, Kung - Chuan, (1960), *Rural China*, *Imperial Control in the Nineteenth Century*, Seattle and London: University of Washington Press, p. 147.

备粮捐赠者应获得与其捐赠量相匹配的奖励，这与储备粮捐赠的相关规则是一致的。直隶和山西省规定，义仓应由仓长和一名助理共同管理。这两名管理者都是从学者和普通群众中选举出来并被公开任命的，获选条件是正直、明智，并拥有足够的财产，任期一般为三年一届。直隶和山西两省内义仓所存储备粮必须在每年春天贷出去，秋天收回来，并收10%的利息。减产30%或以上的贷粮者利息可被免除，减产50%或以上的则可推迟粮贷的偿还，直至下一年的秋收季节。

（3）社仓

社仓指的是建在农村地区的社区粮仓。清朝时期，社仓和义仓都被认为是地方粮仓，因此有时这两个词被互换着使用。

社仓出现在1168年间的宋朝时期，这可以说是朝廷在农村地区建立以灾害救济为主要目的的粮仓的最初尝试。朱熹建立了社仓的模型。1168年，他在福建省成功试验了他建立社仓的想法。1181年，他将试验结果告诉了孝宗皇帝，并说服其在全国范围内颁布社仓制度①。根据康熙皇帝1703年的一个诏书中所言，建立社仓最初的目的是对常平仓起补充作用，后者的储备粮并非一直都很充足。跟义仓一样，社仓这种地方粮仓是由地方居民负责的，其储备粮通常也是通过志愿捐赠获得。根据康熙皇帝的这条诏令，朝廷于1703年发布了如下决议："无论社仓建在何处，在某一农村地区捐赠的储备粮须就地储存在该农村地区，储备粮由当地诚实可靠的人来管理。在收成好的年份要加倍努力积攒粮食；在收成适中的年份将储备粮卖掉并换成新产的粮食；在收成不好的年份，储备粮作救济之用，救济量依每个家庭中需要救济的人数而变化。"②

① Hsiao, Kung - Chuan, (1960), *Rural China, Imperial Control in the Nineteenth Century*, Seattle and London: University of Washington Press, p. 551.

② Hsiao, Kung - Chuan, (1960), *Rural China, Imperial Control in the Nineteenth Century*, Seattle and London: University of Washington Press, p. 150.

社仓的主要特点包括：粮食由普通老百姓免费捐赠，由地方社区管理、朝廷官吏监督①。这一制度被反复明确规定。世宗皇帝在1729年的一个诏书中道："社仓由国家建立之初，其目的是帮助民众积攒自己的储备粮，以便他们能依靠自己的粮食资源，满足自己的紧迫需要。因此，每个社仓都要管理和保存好春天粮贷和秋季偿还的记录，并能通过利息获利。地方官员的唯一职责是对社仓进行监督和审计，他们不能滥用权力参与到粮仓储备粮接收与支出的工作中。"② 这些规定适用于所有建立在志愿捐赠基础上的社仓。这些规定能有效避免朝廷管理不善的问题。比如，有时候官吏们由于害怕朝廷而不敢将储备粮发给需要粮食的农民或者有时候贷给农民的粮食已经因为长时间放置而腐烂③。当社仓交由地方社区管理，这类问题通常能被很好地克服。

为激励社区有能力的富人们慷慨捐赠，朝廷制定了如下条例：每年的收获季节，地方官吏应主动说服绅士、学者以及普通老百姓参与社仓储备粮的捐赠。捐赠依据个人能力，无捐赠量限制，严禁强迫捐赠与欺骗征收的行为。绅士、学者以及普通老百姓捐赠时，要做好捐赠量的清算和记录。地方主管官吏要奖给捐赠10担或以上者以红丝带，捐赠30担或以上者奖予绶带（commendatory tablet）。如果一个人在数年之中捐赠量达300或400担，可请皇上赏赐他八品（the Button of the Eighth Rank）④。社长（仓长）及其助理从行为正直并且拥有足够财富

---

① Hsiao, Kung - Chuan, (1960), *Rural China, Imperial Control in the Nineteenth Century*, Seattle and London: University of Washington Press, p. 551.

② Hsiao, Kung - Chuan, (1960), *Rural China, Imperial Control in the Nineteenth Century*, Seattle and London: University of Washington Press, p. 151.

③ 牛铭实，2003，《患难相恤：论中国民间的自治与扶贫》，（香港）《21世纪》第4期。

④ Hsiao, Kung - Chuan, (1960), *Rural China, Imperial Control in the Nineteenth Century*, Seattle and London: University of Washington Press, p. 150.

的人中选出，任期三年一届。在社区成员的请求下，任期可再延长三年[①]。

储备粮被贷出后，有能力本息偿还的贷粮者必须按照规定完整偿还所贷储备粮及外加的利息。在闹饥荒的年份，利息通常会被减免。通过粮贷获得的利息可能导致储备粮大量增加，因此朝廷给每个省份固定配额，并规定剩余的储备粮须在青黄不接之时出售。在春夏两季青黄不接的几个月里，新的粮食还未成熟，而往年的粮食很快就被消耗完。地方政府在获得中央政府许可的前提下，出售粮食获得的款项可以用来资助灌溉或超出农民个人能力的农业工程。粮仓的两位管理者和地方官分别保存一份储备粮的详细账目，每个财政年向地方政府提交报告，地方政府又负责向中央政府报告[②]。除了运作粮贷以获得利息之外，社仓也会提供免费的储备粮救济弱势群体，诸如老年人、寡妇和孤儿。这部分的资金也通过社仓其他运营活动所得来补偿。清朝时期，虽然朝廷坚持农村粮仓属于地方社区并应由地方民众自己管理，但却对这些粮仓施加了相当的控制，即使是提供粮贷这样的例行程序也必须有官方的审查和批准。

上述细节显示出地方粮仓不仅受到地方政府的监管，还受到了中央政府相当程度的干预。粮仓制度并不是一直在所有地方都运行得很好，有的地方常常受困于腐败等问题。粮仓有时也会因为管理不善或社会失序而出现倒闭或濒临倒闭的情况。但粮仓都会重新恢复起来投入运营。当粮仓在灾荒之年不能给灾民赈粮时，灾民就会采取直接行动强行抢夺粮食，史料中有许多这样的例证。但历史也证明，粮仓制度在中国遭遇经济困难时提供了一个相当出色的粮食赈济网络。

---

① Hsiao, Kung - Chuan, (1960), *Rural China, Imperial Control in the Nineteenth Century*, Seattle and London: University of Washington Press, p. 150.

② Hsiao, Kung - Chuan, (1960), *Rural China, Imperial Control in the Nineteenth Century*, Seattle and London: University of Washington Press, p. 152.

(4) 对粮仓制度的评价

中国的传统粮仓制度对福利制度有如下影响：首先，粮仓的一个重要职能是通过降低粮价进而调控市场，保障农民的口粮和收入。在战争以及粮食收割间歇期，国家以低于市场的价格出售粮食以保民众不陷入饥荒。当粮价较低时，国家又以高于市场的价格购入粮食用于储备，以保证在市场波动的情况下农民也能有稳定的收入。其次，这一制度为穷人提供救济的同时有助于预防灾害，起到了储蓄保险的作用。再次，粮仓制度是一个救济体系，赈灾济民。最后，为军队提供了支持，并在战时保障了军队的紧急粮食需求。总而言之，在中国封建时期，粮仓制度显然为社会稳定作出了不可磨灭的贡献。经验显示：一个管理完善的粮仓制度本身就是危机时期维持稳定的最好方法之一，这使朝廷对农村粮仓给予了莫大的关切。宋朝时期，常平仓和社仓的有效运用，避免了一些一触即发的起义和暴乱。清朝的同治皇帝认为地方粮仓的缺乏是其手下无法抵抗来自叛军和土匪猛烈进攻的直接原因。农民们能从灾害中幸存下来，粮仓制度的作用不用多说。

从当代的福利视角去观察这一传统的储备粮制度，我们可得出如下结论。

第一，三个层级的粮仓网络共同构成了一个多元系统，这个系统协调着政府、商业机制以及个人三方面对粮食福利的供应。这可以说是目前大部分发达国家的社会福利制度的最基本特点，但在中国古代就存在了。常平仓受控于政府，它不仅赈灾还被国家当作一种经济调控的杠杆；义仓建在城镇，像一个商业组织运行着；而社仓由地方农村社区管理，在提供社会保障方面起到了重要作用。

第二，在大部分西方发达国家，由国家或者政府干预公民生活并提供社会福利的概念出现得很晚。历史上，福利基本是个人的事情。然而，在中国古代，由政府规制的救助福利体系就已经被实践着。在传统中国，国家在贫困救济方面扮演着一个高度干预性的角色。

第三，某些福利方面的政府规制（如三层级的粮仓制度）在中国最早出现在公元前54年，并在公元583年实现系统化。这种国家对社会福利领域的干预是目前所知的史上最早的。在1000多年后的1601年，伊丽莎白一世统治下的英国颁布了《伊丽莎白济贫法》，这是西方国家社会福利领域中最早的政府干预，而系统性福利制度的设计在二战后才出现。

中国为何在如此早的时间就采用了干预性的福利政策？这应当说是哲学思想、地理位置、人口、历史、经济以及社会等因素相互交错的结果。某种程度上，粮仓制度是对中国小农经济在面对自然灾害时所表现出的脆弱性的一种回应。与之对应，西方特别是欧洲福利国家的发展则是对资本主义制度导致的社会问题以及伴随社会问题出现的社会紧急失序的一种回应。

3. 治水以及赈灾

除设计用于减轻饥荒的粮仓制度外，古代中国也曾在其他与公共福利相关的领域进行了干预，尤其是在治水和灾害救济方面。最频繁和严重的灾害要数洪旱灾。根据《中国救荒史》记载①，在1766至1936年间，中国共发生了5258次自然灾害，其中就包括1058次严重的洪灾和1074次大旱灾②，平均每两年就要发生一次大灾害。另据《中国民政史稿》记载，公元1世纪至19世纪，发生了658起洪灾和1013起旱灾，它们造成了巨大的生命财产损失③。《汉书·王猛传》中记载，汉朝时期，持续几年的一次旱灾导致70%～80%的人口死于饥饿。政府意识到灌溉渠对于精细耕作农业、水的储存对于防洪、运河对于贸易和地方贡品运输的重

① 邓云特，1993，《中国救荒史》，商务印书馆。

② 孙绍骋，2004，《中国救灾史》，商务印书馆，第37页。

③ 孟昭华、王明寰，1986，《中国民政史稿》，黑龙江人民出版社，第176页。

要性，便形成了在水利控制方面倾注心血的悠久传统[①]。历史文献中记载了防洪防旱技术的出现。几千年来，朝廷修建了许多灌溉工程，在明朝初期大部分的灌溉工程又得到了修缮。当时，朱元璋命令州县官员们尽快上报灌溉设施状况，并安排了许多能工巧匠前赴监督和修缮。1395 年（明洪武二十八年）的一个统计资料记载，大约在两年的时间里，全国所挖水池或水库数达 40987 个，疏浚水道 4162 条，修建水坝 5058 座[②]。中国北方有着为数众多的水利系统为村落提供水源。18 世纪中叶，地方官吏们已成功动员村民们自己来修缮、改进和扩大这一系统。如此，官员们在这一系统中的主要职能是：监督管理灌溉系统，尤其致力于调解村首脑和村民间无法和平解决的冲突[③]。几千年来国家在水利控制工程方面的干预和指导大大提高了中国农村地区的公共福利。如果没有国家这方面的努力，农村经济可能不能发展得这么好，而洪旱灾的影响也会更严重。

即使水利预先控制方面的努力失败而洪旱灾来袭不可避免，国家也逐渐形成了一套灾害救助系统应对之，如提供紧急援助或为灾后农村社区重建提供支持。古代国家灾害救助系统有七个方面值得提及。

第一，国家除了以提供现金、食物以及其他资源的方式实现灾害救济外，有时也通过以工代赈这种创造工作机会的方式实现救济。公元 1593～1594 年，河南省内发生了影响 1870 万人口的重大洪灾。为了应对这次灾害，朝廷花费了近 110 万两银子来援助 1230 万受害者。之后，朝廷颁布了如下灾害救济条例：灾害过后，地方政府必须为那些无依无靠的民众，诸如寡妇、孤儿、

---

① Aziz, Sartaj (1978), *Rural Development, Learning from China*, London and Basingstoke: The Macmillan Press, p. 3.

② 孟昭华、王明寰，1986，《中国民政史稿》，黑龙江人民出版社，第 230 页。

③ Ramon, Myers (1970), *The Chinese Peasant Economy, Agricultural Development in Hopei and Shangtung, 1890 - 1949*, Cambridge, Massachusetts: Harward University Press, p. 261.

单身汉以及老人等提供保护和经济援助。不愿意帮助这部分灾民的地方官员将被罚打60大板[①]。以工代赈，顾名思义就是在修复被自然灾害破坏的公共工程项目中使用有偿劳工，帮助重灾区的人们共同重建他们的社区，并以这种形式刺激地方经济的发展。以工代赈的做法最早出现在齐国（齐景公在位时期，公元前547～前490年），当时常常需要在洪水过后修建道路。

第二，国家为保障灾民吃饱肚子，提供粮食救助。此项救助有两种方式可选：或者直接将粮食分发给灾民或者将灾民迁移至有粮食供应的地方。灾害之后常常伴随着物价波动，因此政府时常会高价买入粮食，并低价出售给灾民。诸如此类的灾害救济措施，我们可在《周礼》《孟子》和《汉书》等书籍中查阅到。

第三，除普通灾害救济外，国家也会采取慈善的形式对幸存者施以救助，如施粥、收容和现金救助。最及时和最普遍的做法是施粥。施粥开始于战国时期（公元前475～前221年），流行于汉朝。明朝时，政府设有专门机构负责施粥。施粥一般在室外开展，大街上临时修搭锅灶用以煮粥施粥。收容是另外一种常见的慈善形式：将无家可归的灾民收纳在国家赞助修建的福利房中，为灾民提供避难所。作为官方的救助制度，养济院等正式设立于南宋初年。国家修建了一系列的福利场所，如居养院、安济院、福田院和漏泽园等。政府通常会提供资金，帮助那些在灾荒中将孩子出卖的家庭把孩子赎回。这一措施在汉、魏、宋朝都有记录。除此之外，1711年清朝的康熙皇帝颁布了一条法令，设立专门机构负责从街上收容和收养婴儿。乾隆皇帝在1724年也向4676名穷人提供过粮食和救济。1783年，乾隆颁布诏书严厉斥责抛弃和溺死婴儿的行为[②]。

---

① 黄黎若莲，1995，《中国社会主义的社会福利：民政福利工作研究》，中国社会科学出版社，第213页。

② 黄黎若莲，1995，《中国社会主义的社会福利：民政福利工作研究》，中国社会科学出版社，第213页。

第四，国家制定控制植物病害和虫害方面的措施。比如，最早的蝗虫控制记录出现在《宋书》。东汉（公元25～220年）以来，几乎每个朝代都例行任命了一个官员专门负责虫害控制[①]，以及预防流行病的传播。

第五，安置灾民。每次大灾害之后，国家为了确保农民们回归到之前被他们抛弃的农耕地上，都会制定措施重新安置难民。国家在这一领域采取了如下办法：首先，部分或全部减免灾民的土地税以鼓励农民回归家园；其次，免税将空置土地交予农民耕种；最后，地方政府出资将农民遣返老家。这些办法最早出现在《周礼》中，之后被许多朝代践行。

第六，国家也会实施贷款计划，帮助农民在灾后恢复经济。从唐朝开始，借予农民现金用以购买农用家畜，已成为地方政府的日常活动。而从宋朝开始，农民可从政府获得贷款用来购买新种子[②]。

第七，提倡勤俭节约反奢腐的思想。对国家而言，提供灾害救济也是一种弘扬诸如节俭、节制等传统美德的机会。这种美德不仅关乎农业人口的生活，更关系到灾害救助的管理，因为其时常受到腐败的困扰[③]。古代诗人李商隐的诗句表达了这一观念："历览前贤国与家，成由勤俭败由奢"。

中国传统的救济管理系统在改善农村福利方面发挥了重要作用，而缺少纪律约束的君主专制政体则会导致朝廷内很高程度的腐败，这意味着灾害救济的效率时常会被损害。然而，根植于中国传统哲学的一个强有力的思想道德框架一直支撑着传统福利的发展。在本章的最后一部分，我将对展示了中国传统福利思想的主要哲学概念做简单的描述。

---

① 多吉才让主编，1996，《救灾救济》，中国社会出版社，第17页。

② 孟昭华、王明寰，1986，《中国民政史稿》，黑龙江人民出版社，第194页。

③ 多吉才让主编，1996，《救灾救济》，中国社会出版社，第14页；孟昭华、王明寰，1986，《中国民政史稿》，黑龙江人民出版社，第189～196页。

二　传统福利思想

2000年以前，在春秋（公元前770～前476年）战国（公元前475～前221年）时期，诸子百家的书记载了一些思想，其中最著名的当数民本（民众利益优先）、仁政（仁慈的治理方针）、大同（大和谐，理想或完美的社会）等思想。这些思想构成了儒家思想中的伦理道德部分。现在看起来这些思想反映了当时社会对“福利”这一概念的构想。

《尚书·盘庚》中记载了先秦的诸多思想：美德意味着好的治理，好的治理意味着对民众的支持。《礼记》中如是说：为了支持普通民众，第一件事是要爱幼；第二件事是要支持年长者；第三是要帮助贫苦之人；第四是安慰残缺的家庭；第五是要照顾病人；第六是要让富人们感受到宁静和安全。《孟子》中言：一颗充满同情的心是仁慈的开端。所有这些解释都有助于阐明民本和仁政思想[①]。

《礼记》中同时讲道：政治的最高理想是公共服务精神成为社会的普遍价值——大道之行，天下为公，选贤与能。大道即治理社会的最高准则；天下为公指政治权力（包括社会财富）属于全体社会成员；选贤与能指社会的管理者应由社会成员来选举，而道德和能力是选举的标准。这一理想提倡：权力和财富能在全国范围内得到平均分配；道德品质和能力不错的人被选举出来；人们之间能保持一种热诚和谐的关系；对待他人像对待自己的亲人一样；使老有所终，鳏、寡、孤、独、残疾者皆有所养。孟子还言道：“老吾老，以及人之老；幼吾幼，以及人之幼。”这些都是大同思想的具体例子。在一个践行大同思想的仁慈政府统治下，财富被共享；政治家因为其正直和能力而获得任命；普通民众之间相互帮助而不是以自我为中心或是自私的；同时，普通民

---

① 王思斌等主编，1998，《中国社会福利》，香港中华书局，第5页。

众拥有某种程度的福利保护。因此，根据儒家思想，一个仁慈的政府必须能带给社会和谐与和平。不仅如此，儒家还强调政府应积极运用自身权力，帮助普通民众。孔子言道，“不患贫而患不均”，即人们不需要担心贫穷，值得忧虑的是社会的不平等。这解释了政府的“仁慈政策”代表着什么。张岱年指出，中国传统福利哲学的精神就在“以人为本”（以人们的幸福为先）与“以和为贵”（和谐和和平是最有价值的）的观念之中①。《礼记》中提到，“人者，天地之心也”；而孟子也言道“天时不如地利，地利不如人和”。这些聚焦于“仁慈”和“善治”的观点代表着中国传统福利话语的核心哲学价值。

儒家思想是中国传统社会中占统治地位的哲学思想，尤其是在汉朝以后。然而，中国还有其他一些重要的哲学传统思想，并且各个不同的学派在不同时期发展出不同的福利思想。孟子学派提出的“兼爱”思想是其中最有影响的思想之一。孟子学派宣称，普天之下人人应相互爱戴，强大者不应欺凌弱小者，多数一方不应将自己的意志强加给少数人，富人不应侮辱穷人，高贵者不应在卑微者面前显得自大，智者不应欺骗愚钝者。除此之外，孟子学派还倡导：能者应多助人，财富应与他人共享，技者应善教人。如果这些训令都被遵循，则穷者有温，饥者有饱，而社会和谐也将大体上得到实现。在实践中实现“兼爱”思想的基础是，为了实现社会利益而适当牺牲个体利益。

在传统中国，农村社会是建立在家庭系统之上的，而家庭系统同时也形成了社会互动的政治和道德基础。同时，中国有“家国同构”的文化思想传统，小家构成了大家。在国家层面，学者和官吏提倡诸如“大同”，以及“正德、利用、厚生”等理想。“天下大同”的理念源自农村社会“乡田同井，出入相友，守望相助，疾病相扶持”的价值信仰。中国传统福利话语衍生于家庭和国家二者固

① 张岱年，1998，《谈谈中国传统文化》，《人民日报》（电子版）7月28日。

有的价值中：在国家层面，福利话语聚焦于仁慈以及皇帝的善治；而在家庭层面，实践中的福利话语则集中在追求同族人的幸福康乐[①]。大同的思想（great harmony）表达了一个对理想社会的向往，即综合了和谐、和平、协调、和睦等因素，展现了人与人的和谐，人与自然的和谐等等。大同和谐的社会包括天下为公、尊老爱幼、孝道平和，这些其实都是福利的内涵和核心价值。

道家的核心纲领为“道法自然”，道家反对人对自然的破坏，因此道家哲学中也包括反对国家的治理和对社会生活的干预。“无为而治，国家之幸”是该指导思想的主旨之一。庄子的哲学强调“帝王无为天下功”，其内在的深刻含意是人们不应将自己的意志强加于自然，也不应受自己的利益驱动破坏自然。道家思想的中心目的是在万物之间维持一种自然的和谐与平衡[②]。钱穆说：“天地是一自然，有物性，同时也有神性。天地是一神，但同时也具物性。天地生万物……万物虽各具物性，但也有神性，而人类尤然。”“‘性道合一’，‘天人合一’，人的文化与宇宙大自然之最高真理合一……也即是中国文化之终极理想。人的一切即代表着天。整个人生即代表着天道。”[③] 这些思想可以解释中国几千年来的文化，天人合一，人与自然和谐相处，没有造成对生态环境的破坏，从而保护了中华文明的延续和人民的持久安康。同时，道家教义也说，这种思想会给遭受痛苦的人带来一丝安慰，把人引向内在心境、精神和情绪的安宁。这也是一种精神层面的福祉。但是，道家不是枯寂的，道家也有一种享人间烟火的提升福祉的兴趣：吃甜美的食物，穿得体的衣着，住宜人的居室，有好的举止[④]。

---

① 钱宁，2002，《传统社会福利思想》，高等教育出版社，第 54 页。

② 张岱年，1982，《论中国文化的基本精神》，《中国文化研究集刊》第 1 期。

③ 钱穆，2011，《中华文化十二讲》，九州出版社。

④ Cai，Hanxian，2002，《中华文化对社会福利的贡献》，两岸四地社会福利研讨会论文。

佛教讲人生的最高目的，主张人人皆有佛性，只要勤修善行，都可以觉悟成佛，即“立地成佛”。佛教在向内心求福祉，不追求身外物质的同时还提倡人间佛教，利众生。佛教进入中国后，得到许多学人志士的推崇，中国也从中吸收了“圆融”和“平和”的成分。费孝通讲的所谓“和而不同，美美与共”，也来源于佛教思想。

至此，我们看到儒家的“仁义礼智信”，道家的“道属天，德属地，而仁属人，应中和之统”以及佛教的“大仁为天，小仁为人”都反映了共同的道德思想。同时从三家都涉及的尚“和”的思想，以及“天”“道”的观念，我们可以看出，三家在中华文明的发展进化中，已经发展得相互交融。我们也并不惊讶，从汉朝开始，儒家思想因为其浩然正气而成为国家的主导哲学，进而使儒家凌驾于其他哲学派别之上。在儒家道德思想的影响下，政府在福利领域的干预变得更积极主动。释和道家则是谈个人的修行、内在的宁静与外在的平衡和谐，三者分治，达到“治世、治身、治心”。与现代福利思想相比，三者关系到国家的治理观念和办法，个人的道德提升和身心调节，还关系到提升个人的幸福指数、社会和社区意识、生态平衡观念，以及与他人、与外在世界和与自然的和谐相处。释儒道三家是中国主要的哲学文化，三家不同，互为补充，和谐相处。

当然，在这里，我仅取中国传统哲学中福利思想的精华，滤去了许多中华文化中的糟粕思想与禁锢因素。

三　小结

总结第四、五章，中国传统福利体系和思想反映了如下特质。

第一，我们看西方现代的福利研究，通常是分析国家、市场和个人的作用，而对中国社会福利的研究，我们发现，由于中国最小的经济和社会单位是家庭而不是个人，所以在福利功能发挥上起作用的是家庭；由于传统社会轻商重农，而中国乡村社会的发展具有独特性，因此社区可替代市场。现代学者都说发现社会，我们看传统的中国农村社区，其有着非常活跃的社会积极因素，它们发挥着重要的作用，在社区组织中改善着农村福利。

第二，国家或者政府干预是中国传统的福利哲学思想并且是农村福利体系中的关键组成部分。在现代福利国家，政府干预的目的是矫正资本主义创造的不平等。在传统中国，政府干预的出发点是将社会风险最小化。虽然不是现代福利国家的制度设置，但是可以看到古代中国的政府对国民福利生活进行干预的想法和做法要更早。作为国家干预的实践，具有赈灾济贫特征的中国粮食仓储制度起源于汉朝（公元前54年），在隋朝（公元581～618年）和宋朝时期（公元960～1279年）得到发展和补充。

第三，在传统中国，政府干预的潜在哲学逻辑是仁政——一种仁慈治理的战略。这一哲学逻辑认为对普通民众而言，皇帝有一种父母责任，必须为他的子民们提供福利利益，而人们应该怀着谦卑和感恩之心接受这一恩赐。这显然区别于将福利看作每一个公民的社会权利的现代福利思想。这种公民权的意识是近代工人阶级斗争的结果。在西方国家，国家最初的干预是被迫的，英国是满足资产阶级利益的需要。起源于17世纪的英国济贫法应资产阶级的要求，把认为打扰了资产阶级生活的流入城市的乞丐、流浪者和罪犯等集中放入“济贫院”和“习艺所”，以接受劳动改造、强迫劳动的方式对其施以救助，这些人一旦逃出被抓回再打上烙印。德国的社会保险计划最初被评为“胡萝卜加大棒”政策，核心是维护资本主义工业体系的运转。而在中国传统哲学思想下，中国历史上的粮食仓储、治水等措施则是为了济贫赈灾。因此，在今天我们谈论国家福利提供的时候，不能笼统地讲国家的强权与垄断与否，要具体地看国家的立场、原则和性质。

第四，中国的福利哲学和社会结构都扎根于一种集体主义文化中，而这种集体主义文化对福利实践有深远影响。中国农村社区（村庄、邻里以及绅士阶层和家庭系统）是一个有机的具有综合性功能的构成。有组织的社区，在一个将集体共同福利比个人自由更有价值的道德框架下，保障着村民的福利。

第五，不同于西方社会，在那里，农村地区布满了各种教会。在中国传统农村地区，宗教组织寥寥无几，在普及道德说教和提升行为方面发挥重要作用的是农村的绅士阶层。这一阶层也涉入农村地区的地方治理、社会和经济方面的事务。因此，乡村绅士对中国传统福利制度的运行有着尤为重要的作用。

第六，最早的农村福利体系蕴含着一种基层民主的因素。村庄为农村社区的基本单位，其在水利灌溉、治安防卫、学校教育、地方娱乐的村民福祉方面起合作管理作用，而民主选举的村长、“闸长”以及自治组织、乡规民约等自我规范和自我教育等，都隐喻了中国农村福利的自治、民主等内涵。

第七，中国传统的福利网络是一个系统工程。首先，它从纵向上是有计划的、有预算的，比如粮食仓储制度、荒年和丰年的调剂制度。其次，它在横向上是互补的。国家、地方行政区、社区（村庄内的一些组织）、家庭以及邻里等的支持互助，形成了一个网络。这样就保证了福利制度的可持续、节约、有效。在这个组织体系下，社会福利不需要很高的社会支出。

当然，中国传统的农村福利思想和社会体制有许多问题。皇权下的等级森严，官僚体制中的官吏贪腐，底层农民的贫困、反抗以及官府的镇压和个人权利意识的压抑等等，都引发了中国传统社会的矛盾。

第六章

近代：传教士、民国政府和知识分子的探索（1840～1949年）

本章将主要讨论从鸦片战争到中华人民共和国成立之前（1840～1949年）中国农村的福利情况。在这个时期，西方国家开始实施带有现代福利制度特征的政策，例如大量不同的社会保险计划出现并发展，一系列法规设立。与此同时，中国正在经历从半殖民地半封建社会走向社会主义社会的复杂转变。这个时期在中国的福利史上非常重要，因为此间在以传统价值观念为中心的福利思想体系下，逐渐出现了一些具有现代福利构想的措施和机构。在西方，福利制度和福利体系通过政府立法来构建。当中国的封建制度最终被社会主义制度所替代，传统的福利观念开始被打破，中国的知识分子在探索更多能有效减轻农村苦难的方法实践中，开始认真尝试西方的福利理念和做法。没有对这个时期的讨论，将很难解释现代福利制度是如何在中国出现的，新中国的福利体系是如何建立的。这个时期是中国从传统福利体系向现代福利体系转变的重要时期，很少有书籍和文献对这个时期的中国福利进行直接讨论。关于这个主题的文献的断裂，可能是当时在那样一个全方位变革的时代复杂的环境和观念所致。本章利用有限的有效数据，试图对这个时期的福利思想和实践变革做个概述。

一　社会、政治、经济背景

官方推测，1840年中国人口有4亿。在20世纪之前，90%

的中国人是农民，他们在农村从事多种形式的田园劳动。80%的农民生活水平非常低。政府的经济政策主要与农业相关，多数在考虑农事。当时农业生产相对稳定，但是自然灾害发生得十分频繁。因为自然灾害，农民辛辛苦苦耕作的土地，常常会颗粒无收。当饥饿发生时，农民会背井离乡去逃荒，流亡到其他省份。农民从山东省迁往东北，俗称“闯关东”，从福建、广东迁往台湾和海外其他地方，这是当时最大的人口迁移活动之一。

在这个时期，世界的飞速变化开始对中国产生显著影响。18世纪中期，工业革命首先在英国开始。到1850年，英国的工业人口超过了农业人口。基于工业社会的新职业结构开始形成，同时一种新形式的都市家庭出现。现代国家的逐步形成，催生了关于权利和公民权的新见解①。这些变化推动了中国城市现代工业的萌芽。大部分新兴工业由官方或半官方机构创建，也有很多由外商提供资金。在1895年至1913年之间，40家外资企业和116家中资企业开始运营。在1894年，中国已经有10万名产业工人。到1912年，这个数字增加到66.1万。这些劳动力主要是从贫穷的农村地区迁徙到城市的农民②。

二　西方传教组织和慈善机构的进入

在这个时期，现代福利体系的一些基本要素开始在中国出现，其中的一个关键因素是西方宗教组织的进入。外国传教士一般很少关注中国的传统文化，伴随着传教使命，他们为发展现代教育和医疗体系做出了贡献，并为难民提供食物和庇护。

在中国，多种宗教和哲学思想共存的历史非常悠久。道教已

① Crouch, Colin (1999), *Social Change in Western Europe*, Oxford University Press, p. 21.

② Fairbank, K. John (1998), *Cambridge History of China*, *The People's Republic*, Volume 13 – 15, Cambridge: Cambridge University Press.

经有几千年的历史，佛教在大约 2000 年前被引入中国，伊斯兰教自唐代进入中国，至今有 1300 多年了。基督教进入中国的时间也是唐朝。19 世纪，基督教开始把包含现代科技创新、殖民主义、现代教育观念、政治权利的思想引进中国，取得了巨大的进展[①]。由于很多传教士有种文化优越感，“他们不能容忍中国文化”[②]“他们不想融入中国人的世界，相反的，他们的全部目的是把中国人带入他们的世界”[③]。另一方面，根据冯友兰的研究，在中国的文化传统里，和宗教比起来，哲学更受到重视。事实上，哲学扮演的角色，相当于在其他文化中宗教的角色。中国的哲学更重视伦理道德，启迪心智，关注理想的国家与社会多于增加知识和技能。在这种道德传统下，西方基督教被视作外国侵略的工具。西方文化也被认为是冒犯的，特别是其在男女关系方面的表现。因为它违背了中国传统文化价值观，违反了中国伦理规范。此外，西方教会和传教士占领了农村相当面积的土地，这引起了中国农民的愤怒，导致了中西方的激烈冲突。至 1900 年的义和团运动，中国人对西方势力的抗议活动发生了近千次[④]。

为了消除中国民间对西方基督教的消极负面态度，教堂和慈善机构的传教士开始将更多的注意力放在慈善事业上。根据毛泽东的文章《“友谊”，还是侵略?》，1844 年中美签订《望厦条约》后，美国教会、“慈善”机关在中国的投资，总额达四千一百九十万美元；在教会财产中，医药费占百分之十四点七，教育费占

① 滕兰花、梁刚毅，2000，《近代广西西方宗教的慈善事业评述》，《广西教育学院学报》第 3 期。

② Fairbank, K. Jokn and Liu, Kwang - Ching Ed. (1967), *China: The People's Middle Kingdom and U. S. A.*. Cambridge: Belknap Press of Harvard University Press.

③ Fairbank, K. John (1998), *Cambridge History of China*, *The People's Republic*, Volume 13 - 15, Cambridge: Cambridge University Press.

④ 苏萍，2001，《谣言与近代教案》，上海远东出版社；廖一中，1981，《义和团运动史》，人民出版社。

百分之三十八点二，宗教活动费占四十七点一[①]。

提供医疗服务是传教士表达善意，与当地居民和平共处的好方式。19 世纪下半叶，传教活动最有意义的成果之一就是在中国建立起了现代西医医院。1840 年后，西方医疗使团和传教士进入广东省。一位被中国文件记录为伯驾的英国医生，在广东修建了一座医院，三年内治疗了超过 1.5 万名中国患者。他的助手提道，在这些患者中只有三人愿意学习“真理”（基督教），没有人愿意接受洗礼。1855 年，另外一名美国传教士嘉约翰（John Glasqow Kerr）接替了伯驾的工作。到 19 世纪末期，嘉约翰治疗了 74 万名门诊病人，实施了 4.9 万例手术，培训了中国第一批西医医生 150 人。此时中国已经有 40 所医院和诊所，绝大部分都在城市[②]。这种传教医疗活动在农村地区也产生了一些影响。天主教在广西建立了医院、诊所、麻风病院和孤儿院，平均每年治疗 3.8 万名农民[③]。到 1922 年，传教组织已经在 326 个城市建立了 237 座医院，实施了 14.4 万多例手术，接诊了 3000 万门诊患者。教会和私人医院的病床数，超过了由政府管理的省市级医院[④]。

推动现代教育是传教士向中国人民表达善意的另外一个手段。到 1875 年为止，基督教徒在中国修建了 350 所学校，主要是小学，接收了 6000 名学生。到 1899 年，学校达到 1766 所，学生人数增加到 30000 名左右。这些学校为来自贫困家庭的儿童、孤儿、乞丐提供免费教育。除了教授宗教知识以外，学校还传授现代科学技术知识。1880 年之后，一些传教组织开始建立更高等级的教育体系。到 1920 年，已经有 16 所教会建立的大学，注册学

① 毛泽东，1991，《毛泽东选集》第四卷，人民出版社，第 1505 页。

② 董丛林，1992，《龙与上帝——基督教与中国传统文化》，三联书店。

③ 滕兰花、梁刚毅，2000，《近代广西西方宗教的慈善事业评述》，《广西教育学院学报》第 3 期。

④ 黄黎若莲，1995，《中国社会主义的社会福利：民政福利工作研究》，中国社会科学出版社，第 216 页。

生超过1600人①。截至1922年，传教组织在中国协助创立了小学、中学、大学共7946所，有211819名学生在这些学校里接受教育②。

和在城市地区的活动比较起来，传教士对农业的帮助要晚很多。教会组织建立了两所农学院（金陵大学农学院和岭南大学农学院），分别位于江苏省和广东省，传播现代农业技术。传教士格罗夫（G. W. Groff）毕业于宾夕法尼亚大学的农艺专业，1907年开始在岭南农学院任教。格罗夫还在教授小学、中学的农村学生园艺、农艺课程。同时他还修建了养牛示范场和橘子配种站。最终，农艺与文学、科学和社会科学一起，成了教学的四个科目之一。广东的基督徒在1893年建立了农民协会，向附近的农民分发橘子种子。金陵大学的农业课程最初由传教士裴义理（Joseph Bailie）筹划。1911年淮河洪灾，裴义理到灾区救援。他认为，仅仅给洪灾难民提供食品和现金是远远不够的，更重要的是教他们开垦荒地，重新自力更生。裴义理动员当地权贵在上海成立农会，1912年他在南京周边买了4000亩荒地，雇用难民用现代方式耕种。1923年，金陵大学收到来自美国的70万美元救灾资金用于实施防灾计划。他们利用这笔钱改进种植小麦和棉花的技术。截至1924年，至少有27名擅长农业的传教士在中国工作。其中有一位名叫芮思娄在康奈尔大学获得硕士学位的农业专家（John H. Reisner），1917～1928年在金陵大学教授农业课程。芮思娄将传教工作的重点转移到中国农村人口的困境上。另外一名传教士戴克（J. W. Decker）批评教会将80%的资金投入了人口仅占20%的城市，仅仅帮助了少数人。在芮思娄、戴克等人的努力下，越来越多的教会派遣传教士到乡下从事与农业相关的工作。

---

① 王忠欣，2004，《传教士与中国近代教育》，《教师博览》第1期。

② 黄黎若莲，1995，《中国社会主义的社会福利：民政福利工作研究》，中国社会科学出版社，第216页。

1926年，金陵大学农学院已经有来自14个省份，由15个不同的宗教组织资助的224名学生。1924～1925年，金陵大学农学院在江苏、浙江、安徽、河南、江西和山东省举办了145场演讲，前来聆听这些演讲的，绝大部分是农民。在接下来的一年，金陵大学的学生到河北、河南、江苏、安徽、湖北、江西和浙江省的121个地区，11余万人，主要是农民放送电影、举办展览、演讲和表演话剧。这些活动是为了向农民传授现代农业信息，展示包括种子改良、丝绸生产、病虫害防治和施肥等新方法。他们还涉及了更广泛的农村事务，比如向绅士、商人、地主讲授教育农民，解决人口问题，改善农村社会的方法。类似的教育活动在1926～1927年非常频繁。仅河北省平定县就组织了30场教育活动，总共有15万左右的农民参加。金陵大学的师生访问了10个省份，为成百上千的农民提供教育和帮助。他们传播先进的农业科技知识，促进农业生产水平的提高。遵照他们介绍的经验，农民的收成比没有获取这些知识时更好①。除了教育活动，金陵大学的师生在7省17个地区的2866户农民家庭中，开展了大规模的农村经济调研，并汇编成《中国农村家庭经济调研》一书。此外，该大学的职员还调查了2560户家庭的土地利用情况，这些家庭来自22个省份168个地区的16787个农场。这次调查结果以《中国的土地使用》一书出版。金陵大学开展了上百次的农村调研，在中国农村经济发展领域树立了权威。

国外宗教组织逐渐渗透到医疗、法律、出版、社会工作和农业教育等领域。其中一个最活跃和重要的组织是基督教青年会（YMCA），它在中国首次出现在1885年。布罗克曼（Fletcher S. Brockman）和里昂（David W. Lyon）是其在中国的创始人，因为他们尊重中国文化，因此被当地人接受。他们将工作的重心放在

① 刘家峰，2002，《基督教与近代农业科技的传播——以金陵大学农林科为中心的研究》，《近代史研究》第2期。

青年人身上，他们创建了学生组织，举行文化娱乐活动，致力于社会沟通、教育、福利服务、禁止鸦片使用和社会救济。基督教青年会的合作伙伴——基督教女青年会（YWCA）在中国也非常活跃。它为妇女提供托儿中心和社会服务，和其他传教组织一样，也为难民提供贫困救济，给孤儿、残疾人和老人修建庇护所[①]。

三　民国政府的政策法规

1905 年，孙中山建立了同盟会，其纲领是“驱除鞑虏，恢复中华，创立民国，平均地权”[②]。孙中山提出了“民族、民权、民生”的三民主义作为核心政治主张。在孙中山看来，民生问题主要与土地所有权相关。孙中山的计划是，国家从私人所有者手里购买土地，变成土地的唯一所有者，并设置租赁土地的价格和税收。这个政策将产生两个重要的结果，一是对失地农民进行土地再分配，二是为国家提供可靠的收入来源。

民国时期，农业依然在国民经济中处于支配地位。到 1933 年，乡村经济的净利是 187.6 亿元，占 GDP 的 65%。这是由占全国劳动力 79% 的 2.5 亿农民创造的[③]。在 1914 年到 1918 年间，中国农民平均每人创造 36～38 元；1931～1937 年，平均每人创造 38～39 元。1921 年，我国人口规模为 4.3 亿，耕地有 13.56 亿亩。到了 20 世纪 30 年代，人口规模增加到 5 亿，耕地面积达 14.71 亿亩。在 20 世纪的前 30 年里，人均占有耕地从 3.15 亩减少到 2.94 亩。土地被分割成小块，导致灌溉困难。尽管有传教

---

① Leung, C. B. Joy and Nann, C. Richard (1996), *Anthority and Benevolence: Social Welfare in China*, Hong Kong: Chinese University Press, p. 21.

② 孙中山，1956，《孙中山选集》，人民出版社，第 692 页。

③ Fairbanks, K. Jokn (1998), *Cambridge History of China, The People's Republic*, Volume 13 - 15, Cambridge: Cambridge University Press.

士的努力，但是种子改良、化肥和农药使用等现代农业技术极少渗透到中国的大部分农村地区。

土地的中心问题之一是所有权的巨大差异。在 1934 年到 1935 年间，有一个涉及 16 个省份 130 万个农民家庭的土地调查。调查显示，平均每个家庭占有 15.17 亩土地，但实际上 73% 的农民家庭拥有少于 15 亩的土地，占全部家庭 73% 的农户只拥有土地总量的 28%；有 5% 的农户拥有 50 亩或更多的土地，而这些农户拥有的土地占土地总量的 34%。大地主几乎从不自己耕地，他们将土地借给佃农或者雇用劳动力耕种。越来越多的地主离开农村，居住在城市。到 20 世纪 30 年代，大约 3/4 的地主离开了乡下，搬进了城市。50% 的农民被迫进入土地租借关系，30% 的农民是佃农，超过 20% 的农民是土地的所有者，他们将小块的土地租给其他人。在 1935 年，43.9% 的农民家庭欠债。

在 20 世纪 40 年代，政府增加了土地税，从农民手里购买了更多的土地①。政府通过上涨土地税、征收商业协会和村庄的税收、增加土地转让和抵押的税费、增加新的税种等方式来增加税收。土地税和附加税是农民的主要税收负担。家庭所缴纳的税款由拥有或耕种的土地总额决定。因此，以非农业收入为主的家庭比仅依靠农业收入的家庭缴纳的税款少②。根据 Chen Hanseng 的调查，在 20 世纪 30 年代早期，失地或无地农民大幅增加。中国的农村两极分化，强有力的地主阶级，从越来越多的失地农民那里得到了土地③。

---

① Fairbanks, K. Jokn and Liu, Kwang - Ching (Ed.) (1998), *Cambridge History of China, The People's Republic*, Volume 13 - 15, Cambridge: Cambridge University Press.

② Myers H. Ramon (1970), *The Chinese Peasant Economy, Agricultural Development in Hoper and Shantun, 1890 - 1949*, Cambridge, Massachusetts, Harvard University Press, pp. 264 - 266.

③ Ramon, H., Myers (1970), *The Chinese Peasant Economy, Agricultural Development in Hoper and Shantun, 1890 - 1949*, Cambridge, Massachusetts, Harvard University Press, p. 15.

1924年，孙中山宣告“民生问题的根本是粮食问题”[①]。他认为，农民的一大部分收入被租金、高利息、税收和不公平的价格交换拿走，所以农民几乎没有剩余来改善和扩大农业生产，提高生活质量。地主、商人、小工业主、高利贷者和官员构成了中国农村富裕、有权势的社会阶层。他们受到司法体系的保护，利用权力通过各种手段来累积土地和剥削农民。土地所有权呈现两极化，大部分农业利润被大土地所有者获得，而不是在农田工作的农民。农民在利润分配中所得越来越少，因此对扩大农业生产的再投资也减少了。加上农业技术和耕作方法止步不前，农民逐渐变得更加贫穷[②]。尽管饥荒、战争和土匪导致了一些土地的流失，但地主的剥削行为应为农民的贫困和土地流失负主要责任。地主的成分并不都是一样的，他们中的很多人没有居住在他们拥有的土地周围，而许多城市的商人、小工业主、官员也往往有相当多的农村土地所有权。在大多数地区，村机构“被地主无所不能的势力渗透”，税费、警察、司法和教育体系都是为这个阶层服务。地主通过税费、租金和高利息压榨农民，只给农民留极少的剩余，以应对不利季节和土匪时所需[③]。

1925年，国民政府的财政赤字达16亿元，到1928年这个数字增加到22亿元。在这种情况下，政府的财政收入主要用于偿还利息和应对赤字，财政储量被迅速耗尽。在这个时期，中国的

---

① Ramon, H., Myers (1970), *The Chinese Peasant Economy, Agricultural Development in Hoper and Shantun, 1890 - 1949*, Cambridge, Massachusetts, Harvard University Press, p. 16.

② Ramon, H., Myers (1970), *The Chinese Peasant Economy, Agricultural Development in Hoper and Shantun, 1890 - 1949*, Cambridge, Massachusetts, Harvard University Press, pp. 14 - 15.

③ Ramon, H., Myers (1970), *The Chinese Peasant Economy, Agricultural Development in Hoper and Shantun, 1890 - 1949*, Cambridge, Massachusetts, Harvard University Press, p. 16.

工业部门还很弱小，进口的外国商品威胁着中国已经疲软的经济，政府腐败广泛蔓延。大量的资金被国民政府用于消灭中国共产党的战争中。1929 年至 1930 年的国家预算中，军事开支占到了资金总额的 92%，而教育只占其 1.5%[①]。

这个时期的另外一个重要发展是现代法律体系的出现，特别是社会福利方面的法律。第一个类似的法律条款是国民政府 1916 年制定的《传染病预防条例》，1929 年颁布了《工厂法》（1942 年修订），1931 年颁布了《工厂管理法》，1933 年颁布了《工会法》（1943 年修订）。这些法律规定工人每日工作不得超过 10 小时，同时限定了工人的最小工作年龄及休息时间等。这些规定主要针对城市人口，其成为现代法律的第一批对象。这些法律也影响了那些因失去土地而到城市工作的农民。1929 年编纂的《民法》是另外一部发展社会福利的重要法律。在 1911 年之前，中国只有刑法和宪法，从来没有过民法。第一部民法《大清民律草案》由清朝政府于 1911 年颁布，但是在该法律颁布之前清朝就被推翻了。国民党颁布的《民法》是中国历史上第一次规定普通民众有哪些权利应该被保护、如何保护的法规[②]。例如在保护妇女儿童方面，《民法》禁止买卖、杀害、虐待妇女儿童，禁止强迫婚姻，规定妇女应享受平等权利等。尽管这些法律法规没有被完全执行，但权利和义务的新观点至少在理论上列出了国家和其公民之间的新关系[③]。1929 年施行的《县组织法》对于中国农村有更多的实践意义，它规定百户以上的村庄为行政村，百户以上的有商业市场的地方为镇[④]。根据这部法律，平均每个村的家庭

① 黄黎若莲，1995，《中国社会主义的社会福利：民政福利工作研究》，中国社会科学出版社，第 215 页。

② 吴坤，2002，《民法草案浮出水面》，《法制日报》12 月 24 日。

③ 黄黎若莲，1995，《中国社会主义的社会福利：民政福利工作研究》，中国社会科学出版社，第 215 页。

④ Gamble，D. Sidner（1963），*North China Villages*，*Social Political and Economic*，*Activities before* 1933，Barkeley and Los Angeles：University of California Press，p. 14.

数在 80～150 户。在财政方面，20 世纪 30 年代颁布了一系列关于农村合作社的法律，促进了农村信用合作社的迅速发展，让农村发展的资金更容易获得①。

在国民卫生保健领域，国家向普通民众提供非常有限的服务。1944 年的时候，在边远地区只有 3 家国立医院，分别坐落在重庆、贵阳和兰州。另外全国有 123 家省级医院和 38 家公立卫生诊所提供部分医疗服务。在基层，每个县有一家配有 20～40 个床位的卫生中心②。国家卫生体系明显不足，提供的病床数远远少于传教组织开办的医院。这也是这个时期建立国家卫生保健体系缓慢的部分原因。

1933 年，《申报年鉴》公布了全国福利机构的数量。根据统计，全国有 188 家贫困救助机构，其中 49 家由政府管理，66 家由社会管理，73 家是私人所有③。为了给公益事业、公共工程和救灾筹集更多的资金，中央及省级政府开始发行彩票。1918 年以后，省级政府以善后、济世、慈善为名发行了各类彩票。1933 年，中央政府在发行“黄河彩票”为水利控制工程筹资后，又发行彩票为通讯发展筹资。后来，黄河泛滥淹没了成千上万的村庄，数十万农民失去了家园。为筹集资金，救助洪水灾民，河北省政府在天津发行了“黄河水灾救济奖券”。该奖券发行了 20 万张，在北京的中山公园开奖。上述描述很清楚地显示了虽然民国政府制定了一些公共福利的规定，但这些规定十分有限，仍是头痛医头脚痛医脚的尝试，相互之间并不协调。因此，民国政府也和过去的大多数王朝一样，很大程度上依赖地方组织提供日常福利，尤其是在农村地区。

---

① 牛铭实，2003，《患难相恤，论中国民间的自治与扶贫》，（香港）《21 世纪》第 4 期。

② 黄黎若莲，1995，《中国社会主义的社会福利：民政福利工作研究》，中国社会科学出版社，第 215 页。

③ 孟昭华、王明寰，1986，《中国民政史稿》，黑龙江人民出版社，第 289～290 页。

四　农村自治组织的发展

1. 农村信用合作社（20 世纪 20～30 年代）

中国第一家农村信用合作社由“中国华洋义赈救灾总会”在河北省香河县创建。1920 年，华北五省遭遇干旱，梁士诒、汪大燮等人联合十四家组织成立华北救灾总会，与六国在华使馆（包括美国、比利时）组织的国际统一救灾总会合作。1922 年，当华北再次遇到严重的自然灾害时，救灾总会共筹集了 200 万～300 万元[①]的救济款。如果资金被分散到遭遇灾害的所有省份，效果就不会明显，所以救灾总会在北京召开了一个所有分支省份参加的会议。会议认为，救灾不如防灾，而救灾首先要做的是帮助灾区农民生产自救。《信用合作社经营论》的作者于树德被聘为指导员。会议就在香河县试行德国模式达成了共识。1923 年 6 月在香河县成立的第一家农村信用合作社是这次会议的成果。这是第一家旨在帮助恢复农村地区农业经济的非政府组织。它是一家基于地方互助原则，自我管理、精心组织和策划的信用合作社[②]。

在香河的实验以前，薛仙舟创办了以合作为原则的上海国民储蓄银行，在这个阶段信用合作社还没有在农村地区开始实践。香河实验之后，很多农民目睹了农村信用合作社带来的利益，希望这种形式能更广泛地发展。河北省唐县的管家佐村、定县的悟村、涞水县的娄村都建立了农村信用合作社。涞水县娄村的农村信用合作社坐落在北京的西北郊。当地农民李庭兰（音译）组织了这家信用合作社，参加的农民达到了 160 人。一年以后，这家信用合作社发展为有 6 个小组的组织。根据信用合作社的 24 条规

---

① 元：中国银圆。1933 年，中美货币汇率平均是 3.84：1（Gamble，1963：X）。

② 牛铭实，2003，《患难相恤：论中国民间的自治与扶贫》，（香港）《21 世纪》第 4 期。

定，每年对合作社成员家庭的资产分五等级进行评估。信用合作社将在评定的基础上，提供以下贷款：①种子、食物、牲畜饲料、犁、母猪；②马车、牲畜、农具、修建房屋；③还贷；④丧葬嫁娶；⑤管道、排水沟渠以及其他水利建设；⑥帮助商业、衣服制作等[①]。

到1932年底，信用合作社经过10年的发展，已经累积了总计8万元的资金，该资金利用率很高。在河北省，贷款总额累计超过了36万元。贷款中没有纠纷和诉讼事件发生，只有区区几百元没有偿还。同时上海银行、中国银行、晋城银行在10年间分别放贷8万元、2万元、5万元，允许城市资金流入农村地区。农民把自己的剩余资本放贷出去，合作社系统帮助农民把这部分钱产生的利息建成农民自己的基金。这种信用合作社的模式得到了国民政府的支持，国民政府制定了关于合作社的国家计划草案，后来在20世纪30年代又颁布了农村合作社体系的相关法律条款。农村信用合作社遍布华北，之后又扩展到长江流域。香河农村信用合作社一直持续到1937年日本侵略华北之时，它建立了类似机构的规章、运行和管理的样板[②]。

2. 农会

早在1890年，孙中山就倡议建立农会。六年后，康有为在“公车上书”中建议清朝政府向法国学习，建立农会。同年，实业家张謇出版了《农会议》，次年出版了《请兴农会奏》。在这些文本中，他详细解释了如何创建农会，如何筹集资金，农会的组织程序、功能及作用等。张謇和许多同代的人一样关注农会的发展，希望通过传播信息和扩张市场导向的经济体系来进一步发展

① 牛铭实，2003，《患难相恤：论中国民间的自治与扶贫》，（香港）《21世纪》第4期。

② 牛铭实，2003，《患难相恤：论中国民间的自治与扶贫》，（香港）《21世纪》第4期。

农业，并将这种方式视为对传统封建制度和农村经济关系的一种挑战[①]。在张謇这样的资本家的影响和压力下，光绪皇帝在1898年发布了各省府州县建立学校、农会和农报的上谕。1907年，清朝的农工商部草拟了《农会简明章程》。到1911年为止，全国已成立农会总会19处，分会276处。

1912年，新的国民政府颁布《临时条约》，要求每个县都建立农会。到1913年，中国大部分农村都践行了建立农会的要求。根据条约描述，农会的主要任务是传播农业知识，指导农民改进耕作，帮助救灾。一般来说，农会并不参与政治，农会关注的重点是农村经济的发展。例如，在湖南省湘江县，只有四种人可以加入当地农会：拥有农业知识、有耕作经验、拥有耕地或林地、在农业或与农业相关行业工作的人。因此，在实践中参与建立和管理农会的主要人员是地主和士绅[②]，而不是实际的农村劳动力。

中国共产党于1921年成立后，就开始进入农会，招募农村劳动力（农民）加入革命事业。随着中国共产党参与的增多，农会逐渐成为贫困农民的政治联盟。1921～1927年，农会迅速扩张，已经被动员成为一股政治力量，在中国共产党领导下发动农村革命。推动中国共产党参与农村政治的毛泽东说，“农民的主要攻击目标是土豪劣绅，不法地主，旁及各种宗法的思想和制度，城里的贪官污吏，乡村的恶劣习惯”[③]。中国共产党中央宣布农会不是一种职业组织，而是政治联盟。与此相对应的，农会掌握行政和司法权，建立农民武装，推翻族权和绅权。许多农会响应当时流行的“一切权力归农会”的口号。1926年湖南省已有

① 于建嵘，2003，《20世纪中国农会制度的变迁及启迪》，《福建师范大学学报》（哲学社会科学版）第5期。

② 于建嵘，2001，《岳村政治：转型期中国乡村政治结构的变迁》，商务印书馆，第150页。

③ 毛泽东，1991，《毛泽东选集》第一卷，人民出版社。

56 个乡村建立了农会，总共有超过 100 万的成员。成员中 8.15% 是有土地的农民，13.82% 是半拥有土地的农民，39.31% 是佃农，26.42% 是雇农，7.44% 是手工业者，2.21% 是小商业者，2.15% 是小学老师及其他人员①。

整个 20 世纪 30 年代，中国共产党和国民党都在围绕着农会的控制权斗争。国民政府在 1930 年颁布了《农会法》，试图夺回农会的控制权和限制这些乡村农会的政治势力范围。这些法规的主要任务是提高道德标准，促进技术改良，发展生产力，提升生活水准。这些法规的目标是提高民族意识和自卫能力。政治上协助国民政府实行土地政策，减少中国共产党的影响，促进地方自治。

1938 年，国统区有省农会 2 个，市农会 4 个，县市农会 715 个，区农会 3391 个，乡农会 28064 个，共有成员接近 3.5 万人。例如，湖南省 1935 年有县农会 55 个，区农会 393 个，乡农会 2533 个，共有成员 468639 人，占全国总成员的 13. 94%②。这个阶段，国民党依旧提出以传播农业知识为中心重组农民组织。事实上，国统区的农会大部分由农村的上层阶级掌控，主要是作为与中国共产党对农民领导权的竞争工具③。

五　知识分子的农村实践运动

面对中国农村的贫困落后现状，很多中国的知识分子开始投入对中国乡村问题的研究与探索中。他们吸收采纳西方思想，作为解决中国社会问题方案的一部分。梁启超、胡适等学者努力研究西方文化，引进他们认为与中国相关的观点，试图给中国开药

---

① 于建嵘，2001，《岳村政治：转型期中国乡村政治结构的变迁》，商务印书馆，第 152 页。

② 韩方明，2003，《重建农会：探索中国农民权益保护的新途径》，中国农民权益保护国际研讨会论文，海南海口。

③ 于建嵘，2001，《岳村政治：转型期中国乡村政治结构的变迁》，商务印书馆，第 204 页。

方。还有一些学者看到农村社会的动荡，引进西方方法并不能奏效，因此而感到不安，开始寻找本土的方法来解决社会问题和经济问题。这里例举两名知识分子的主要代表，他们在资本主义的冲击和中国农村社会的变革中探索，阐述自己的观点与思想，在中国农村社会传统中寻找解决方法。

1. 梁漱溟（1893～1988年）的中国哲学思想

梁漱溟是中国现代著名哲学家，他指出了当时的几种发展方式对中国农村不利。首先是战争、土匪、过度的税负和劳役带来的政治威胁，其次是外国侵略及国外商品涌入造成的经济威胁，再次是遗弃传统礼仪和习俗体现出的文化威胁。梁漱溟相信一个有生命力的新中国将会从旧中国的根中诞生，这个根就是农村。在他的《东西文化及其哲学》一书中，他比较了印度、西方、中国三个哲学和文化体系。他推断印度的哲学将终极目标作为最高价值，因此几乎没有实践意义。在梁漱溟看来，西方哲学很重要却在衰落。他写道，西方文化是人类对食物、住所、性的欲望的动物似的回应，西方文化的所有方面——对技术、科学、民主的信念和征服自然的力量都是建立在此基础上。与之对应的是中国哲学和文化，倾向于自然和人类关系的和谐，寻求建立和保持人们愿望与环境的平衡。这个文化追寻自我的满足和内在的幸福。梁漱溟认为，中国一定能通过利用这些原则，在自己的传统中寻找到一条新的道路。他认为因为城市生活受到了西方文化的影响，中国的文化精神只留存在了农村，中国的新生一定来自对农村的拯救。中国需要改革，这种改革必须从草根——乡村开始[①]。

梁漱溟坚持他提出的在农村确立人类生存基础的思想，因为中国有90%的人口都居住在乡村地区。他认为，“旧日中国既不

① 夏士清，1992，《梁漱溟生命化儒学对其乡村建设思想的影响》，《深圳大学学报》（人文社会科学版）第9卷第2期。

是西洋个人本位的社会，亦不是最近一些西洋人所企图造成之社会本位的社会，乃是一‘伦理’本位的社会。同时，它亦没有西洋中世纪封建社会或近代资本主义的阶级对抗”①。他以“伦理本位，职业分途”解释当时的中国社会。因此，面对遭到破坏和失调的社会，他提出文化是社会结构的主体的同时，也提倡借鉴西方的“团体组织”和“科学技术”两大工具。梁漱溟认为儒家思想不仅仅是一种理论，更是一种生活方式。根据孔子的例子，梁漱溟试图将他的乡村建设的农村发展理论付诸实践。他认为农民是中国社会的主流，他们更需要提供给初级教育而不是高等教育。农村发展概念的核心是中国农民的群众教育。教育的目的是唤醒农民意识和促进他们对社会福利的追求。为了更有助于乡村建设运动，1920年梁漱溟辞去了北京大学的工作，前往广东省，在一个乡建立了一所乡村学校。1929年，他到河南省建立了另外一所自治的农村学校。1931年，他在山东邹平建立了乡村建设研究院。他希望通过这些行动实现“乡村建设救国”的理想。他的研究院有三个部分：乡村建设研究部，研究乡村建设理论，制定有关计划、方案和政策；乡村服务人员训练部，负责训练乡建人才；乡村建设实验区。总体上，梁漱溟支持农村信用合作社运动和农业发展。他的理想看上去是建立一种基于人与自然关系的中国道德传统影响下的农村社会主义。

2. 晏阳初（James Y. C. Yan，1890～1990年）

晏阳初是一位接受过西方教育的学者，毕业于美国的耶鲁大学（本科，1918年）和普林斯顿大学（硕士，1920年）。晏阳初于1920年回到中国，在19个省份进行了一年多的调研。1922年，他开始在位于中国中部的长沙、北部的烟台和东部的嘉兴推行平民教育运动。1923年，晏阳初在北京创立并主持中华平民教

① 梁漱溟，2006，《乡村建设理论》，上海人民出版社。

育促进会。通过这个组织，他开始对出现在河北保定20个村庄的农村平民教育运动产生兴趣。访问保定后，晏阳初断定乡村文化实际上是中国文化的本质，这个文化的本质为未来奠定了基础。因此，晏阳初将他的平民教育运动从城市搬到了农村。在保定地区的京兆、清河和翟城村工作两年后，晏阳初在1926年选择了河北的定县作为实践和研究的地方①。

晏阳初认为人民是国家的根本，只有基础坚固，国家才能稳定（“民为邦本，本固邦宁”）。他强调农民应该是教育的主要目标，1929年，他举家迁入河北定县，开展农村平民教育，并致力于消除他认为的旧社会的四大顽疾——“愚贫弱私”。在他的感召下，数以百计的高级知识分子离开城市，到乡村与农民生活在一起。

晏阳初的乡村建设包含四个部分：文化建设、经济建设、卫生保健和政治建设。在晏阳初调查期间，定县有220个村庄没有任何医院和医疗设施。大部分村庄只有中医，每户平均每年花费1.5元医药费。一个村每年只能提供50元的医疗开支。晏阳初通过举办展览、讲座和播放电影来对农民进行公共卫生教育，包括如何改善水质、安装井盖、指定饮用水区域，以及实行节育等卫生措施②。晏阳初是20世纪40年代末成立的“中美乡村复兴联合委员会”的联合创办人之一，他在定县实行持续改进农村公共卫生体系的计划。晏阳初在每个区都创建了一个保健所并训练保健员。他从学校毕业生中为各村训练护士。每村配置一男一女。护士除负责给村民接种疫苗，训练助产士，传播妇幼保健知识外，还到农民家里宣传计划生育。这种乡村卫生体系类似于中国农村20世纪70年代出现的赤脚医生制度。二战后，他还将实践扩展到湖南、江西和四川省③。晏阳初从美国得到了290万美元

① 韩方明，2003，《重建农会：探索农民权益保护的新途径》，中国农民权益保护国际研讨会论文，海南海口。

② 吴相湘，2001，《晏阳初传》，岳麓书社。

③ 鄢烈山，2003，《平民教育家晏阳初的实践与精神》，《南方周末》7月17日。

的资金资助，有500万左右的中国人通过他的乡村体系受到了教育。晏阳初相信一个县的平民教育和乡村建设的成功经验，可以传播到其他县、省和整个国家，这样中国就能彻底改变。

梁漱溟和晏阳初在儒家思想的指导下拥有了相似的信念。他们的动机非常接近，在中国的道德和政治制度濒临解体的时候，他们希望努力提高中国农村人口的福祉来拯救中国。他们采用了类似的做法，包括平民教育和乡村建设。他们的主要差异在于，梁漱溟的成就是创造了一种在哲学传统基础上的农村发展理论形式，而晏阳初创造的是一种更实用的实现当地农村发展的体系。梁漱溟是一位伟大的思想家和理论家，晏阳初通过实践树立了一个样板。但是实际上，他们的思想和实践仅仅影响了非常有限的地方，因为他们没有意识到中国农村的阶级对立和土地问题等根本问题，也没有从根本上解决农村的贫困问题。

六　共产党的农村土地革命

梁漱溟和晏阳初试图通过让知识和哲学重回中国传统社会来复兴农村社会。与此相反，毛泽东领导下的农村运动是对过去的不合理制度的革命性摒弃，是对中国存在了数千年的农村土地制度的彻底变革。

1924～1937年，在中国，地主占农村人口的3.11%，却拥有41.47%的土地；富农占农村人口的6.38%，拥有19.09%的土地；中农占农村人口的24.02%，拥有25.87%的土地。然而，占农村人口61.4%的贫农只有20.77%的土地[①]。为了生存，农民必须向地主租借土地，将收入的大部分作为租金或者土地税上交。他们不得不忍受封建土地制度带来的残酷剥削。中国的农村

① 高明，2007，《从乡村建设理论看梁漱溟的儒家理想》，中国农业新闻网，2007年3月20日。

社会一方面，形成了土豪劣绅，如在广西凤山县，清末民初“凤山一彪五虎二十四豹”霸占良田；另一方面，农民穷困潦倒，仅1921～1923年，凤山县贫苦农民卖儿卖女的有135户202人[①]。

1927～1949年，新民主主义革命的实践实质上是一场农民革命。农民革命的根源在于土地问题。1921年中国共产党成立时，并没有认识到农民问题的重要性。根据马克思主义的原理，城市的工人阶级是最受剥削的阶级，因而是革命的中流砥柱。毛泽东意识到中国的特殊性——中国80%的人口是农民，城市工人阶级非常少。他在中国共产党的早期工作中，在一个多月里步行700多公里调查了湖南五个县的农村情况。由于这次调研和他自己的农村背景，他对农民生活的苦难有了更深刻的理解。1922年的中国共产党第二次全国代表大会提出了农民问题，这个问题在1923年变得更加突出。于是中国共产党通过了第一个保护农民利益的提案。毛泽东将调查发现做了汇报：占6%的地主和富农拥有80%的农田，而占80%的贫农却只有20%的农田[②]。毛泽东相信土地所有制度是不合理的，因此他在1925年发起了农民运动。

在湖南省，农民在农民协会的领导下进行了一系列的政治和经济斗争。首先，他们设立了粮食的“平价”。当时，地主掌握了大量的粮食，独霸粮食市场。他们把粮食转移到其他地方，造成本地粮食短缺的假象以提高粮食价格。农民协会组织农民与地主转移粮食的行为做斗争，迫使地主平价出售粮食。其次，农民协会设法减轻农民的经济负担。湖南省第一次农民代表大会通过了《地租问题决议案》和《取缔高利贷决议案》，将原来占产量50%～80%的地租减少到5%～30%。再次，农民协会重新测量了土地，平均佃权，帮助失地佃农得到农田，农民根据拥有土地的数量和质量交税，免除了过去不公平的税负。又次，农民协会

---

① 广西壮族自治区凤山县革命历史陈列馆现场参观。

② 毛泽东，1983，《毛泽东选集》第一卷，人民出版社，第26页。

没收寺庙和祠堂的土地，并分给农民。复次，建立了各种农民经济组织，例如农村借贷所、消费合作社等。最后，有的地方农民惩治地主并要求他们给农民提供物品。这项行动被称为“吃大户”。有一次，数千农民在一个富裕地主家吃了好几天①。那时，在广西的凤山县，已建立起苏维埃政府，平均分配了地主豪绅的土地。一些地方还创造出了“共耕”和“分耕”等模式。共耕为大家集体耕作，分耕为分田承包到户②。

1927 年，毛泽东根据他的深入调查，写出了著名的《湖南农民运动考察报告》。1927～1937 年，中国共产党发动和领导的土地革命，首先出现在井冈山区的江西苏区。1928 年中国共产党制定了《井冈山土地法》，这是新民主主义革命时期土地立法的开始。随后，《兴国土地法》于 1929 年制定。这两部法律使没收地主的土地合法化。1930 年，中国共产党为土地交易设立了两个代理，保证农民的个人土地所有权和土地交易的许可。1931 年，《中华苏维埃共和国土地法》颁布，旨在减少农民的租金和利息。20 世纪 40 年代，为了废除封建剥削制度，实现耕者有其田的目标，中国共产党颁布了土地使用方针，不仅承认了农民的土地使用权，更确认了土地的所有权。这就是中国共产党在 1947 年制定的《中国土地法大纲》。它宣布废除封建土地制度和没收地主土地财产，在各村根据年龄和性别平均分配土地，这样村民都有相等的占有土地的机会和平等的生活条件。

在毛泽东的领导下，中国共产党开展了轰轰烈烈的土地革命。毛泽东将社会阶级理论应用于土地问题中，是为了彻底推翻封建土地制度，给数以百万的农民提供土地。他所取得的成就，是很多有崇高理想的人不断尝试却没有取得的。毛泽东认为，这是能把中国农民从经济压迫中彻底解放出来的第一步。

---

① 于建嵘，2001，《岳村政治：转型期中国乡村政治结构的变迁》，商务印书馆，第 166～167 页。

② 资料来源：广西壮族自治区凤山县革命历史陈列馆。

七　小结

第一，近代中国，现代西方科学技术和慈善思想在中国的出现，虽然伴随着最初的文化侵略和宗教渗透，但也给中国带来了农村的革新技术和福利的新举措。19世纪下半叶传教组织迅速扩展，它们在中国建立了一批现代福利机构，对当地的福利和救灾做出了贡献。但是，他们仅仅惠及极少的地区，并没有涉及中国最广大的农村。

第二，孙中山提出了三民主义，指出中国民生的根本问题是土地问题，这是农村两极分化的原因。但是，孙中山的主张没能得到实现。民国时期的苛捐杂税给农民造成了更深重的负担。

第三，民国政府制定颁布了一些与社会福利相关的法律，包括中国第一个规定公民民事权利的法案。这些举措首次带来了全国范围内对福利体系的立法管理。但是，不能否认，民国时期的农民仍在极度的贫困之中。

第四，一些有影响力的知识分子参加了乡村建设。面对西方的大举进犯，他们相信依靠中国的传统哲学和伦理观念等福利基础，开展回归草根的农村运动，能够改变和复兴中国。因此他们在此信念引导下开展乡村教育、乡村建设，进行农村改革。他们为弘扬中国传统的福利思想，做出了积极的努力，影响了中国农村的福利和农村的建设，留下了宝贵的遗产。但是，他们没有认识到中国社会的阶级矛盾，没有关注土地的集中问题，因此也不能从根本上解决中国农村与农民的贫困问题。

第五，毛泽东领导下的中国共产党，引导农民开展革命，推翻地主阶级，废除了长达千年的封建土地制度。通过这场革命，土地问题解决了，农村不平等和社会不幸的根源也被摧毁了。

第三部分

计划经济的社会主义福利制度

第七章

福利的社会基础：社会主义改造与建设（1949～1979年）

1949年后，中国共产党领导的新中国为了做好向社会主义社会过渡的准备，开始进行大规模的社会主义改造。作为社会变革的一部分，国家的社会福利制度开始设立，以满足人民的基本需求。虽然社会主义建设的重点是城市工业化，但是考虑到农村人口的数量，中国共产党进行的最重要的社会改革还是在农村。在本章，我勾画出了计划经济时期农村变革的各个阶段，并讨论每个阶段社会福利发展的影响。

一 社会规划——农村的社会主义发展

1. 第一阶段：土地改革（1949～1952年）

1949年后，中国共产党实施了土地再分配政策。在1949年以前，这项政策已经在解放区实施，但是直到1950年6月《土地改革法》颁布后，这项政策才覆盖到全国①。毛泽东指出，由于帝国主义、封建主义和官僚资本主义的三重剥削，1949年占农村人口70%的农民都是贫农②。1933年，毛泽东发表了他的文章

① Waller, J. Derek (1976), *The Government and Politics of the People's Republic of China*, London: Hutchinson, p. 144.

② 毛泽东，1991，《在晋绥干部会议上的讲话》，载《毛泽东选集》第四卷，人民出版社，第1316页。

《怎样分析农村阶级》①。根据美国学者迪特里希·克雷格（Dietrich Craig）在《人民中国》一书中的阐述，“将农村人口划分为地主、富农、中农和贫农的标准是1947年土地改革法的一个重要特征。农业人口被分为五类：（1）地主：他们拥有大量的土地，自己不从事体力劳动，依靠放贷和剥削他人生活；（2）富农：他们拥有土地，但自己劳动，同时还雇佣农户、放贷并把一部分土地租给贫苦农民；（3）中农：他们自己拥有土地，但是自己劳动不剥削他人；（4）贫农：他们拥有小块土地或少量农具，他们不得不卖掉一部分土地来维持入不敷出的生活，或不得不租用别人的土地；（5）雇工：他们没有土地，不得不靠出卖劳动力和借债为生”②。基于这样的阶级划分，1936年60%的农民属于“贫农和贫下中农”——他们总共拥有的土地只占总土地量的18%。所谓的“中农”，包括1/3的农户，他们拥有1/3的土地。位于农村社会顶端的是富农和地主，他们占农村人口的10%，却拥有将近一半的土地。根据陈翰笙和魏斐德（Wakeman, Frederic）在中国北方所做的调查分析，地主和富农占农村人口的13%，拥有的土地占40%；贫农占农村人口的52%，但只拥有27%的土地。在中国南方，情况更糟：地主占农村人口的3%，但拥有的土地占总土地的47%；富农占农村人口的6%，拥有17%的土地；71%的农民是贫农，但只拥有16%的土地③。虽然中国不同地区之间的数字在一定程度上有所不同，但基本点却很清楚：农村社会的土地分配极为不平等。迪特里希说，“显然，存在一个巨大的经济鸿沟，它将大量

① 毛泽东，1991，《怎样分析农村阶级》，载《毛泽东选集》第一卷，人民出版社，第127～129页。

② Dietrich, Craig (1994), *People's China, A Brief History*, Oxford: Oxford University Press, p. 15.

③ Chen, Hanseng (1945), *The Chinese Peasants*, Oxford: Oxford Pamphlets on Indian Affairs, p. 22; Wakeman, Frederic (1975), *The Fall of Imperial China*, London: Collier Macmillan Publishers, p. 15.

的穷人与少数的富人分隔开来”[①]。

从1949年到1952年，中国共产党在农村推出了大规模的土地改革方案。土地改革的基本原则是“依靠贫农，联合中农，逐步消灭封建剥削，并逐步推进农业生产”[②]。第一步，国家征用地主和富农的土地，将其分给贫苦农民，以达到“耕者有其田”的目标。约有4660万公顷的土地被分给了3亿无地的贫苦农民，平均每个贫农分到0.15公顷[③④]。至1952年12月，土地革命完成。平均而言，在人口集中的中国东部和南部的农村，每个人都分到一亩土地；在中国中部，每个人分到两到三亩土地；在中国北方，每人三亩；在中国东北地区农村，每人七亩。整体而言，土地改革削弱了地主和富农的势力，使贫农和雇农获益，而中农受到的影响最小[⑤]。

2. 第二阶段：向社会主义过渡（1952～1957年）

当然，土地改革只是宏伟计划的第一阶段，这一计划的第二步是要将农业生产集体化和社会化。早在1951年，中国共产党中央委员会就通过了一项关于开展互助和农业生产合作社的决议。虽然这项决议没有立即实施，但是到1953年，随着“向社会主义过渡”的开始和社会主义建设的第一个五年计划的推出，政府认为走集体化农业生产道路的时候到了。从“小农经济”向集体农业生产过渡的时间是1952年至1957年，历时6年，共经历了四个阶段。

---

① Dietrich Craig (1994), *People's China, A Brief History*, Oxford: Oxford University Press, P15.

② 《中华人民共和国土地改革法》，《人民日报》1950年6月30日。

③ Aziz, Sartaj (1978), *Rural Development, Learning from China*, London and Basingstoke: The Macmillan Press LTD, p. 10.

④ 相当于2.25亩。

⑤ 徐勇，2000，《草根民主的崛起：价值与限度》，（香港）《中国社会科学季刊》夏季刊。

(1) 互助组

土地改革并没有带来生产效率的显著提高。因为一些农民拥有相对较大面积的土地，但是却没有足够的牲畜或农具。同时，另外一些人拥有较多的牲畜，已经超出了自己所需使用的数量。此外，单靠土地改革不能防止土地重新集中或两极化的再次发生。政府开始鼓励农民将土地汇总到一起，并且通过后来被称为“合作社运动”[①] 的方式来分享农业资源。由六户、八户或十户农户组成一个互助组，通过这种方式，农民可以将他们的劳动、牲畜和农具集中到一起，同时保留土地的个人所有权。到1952年底，40%的中国农村家庭加入到了800万个“永久的”或季节性的互助组当中。

(2) 初级合作社

集体化的第二阶段，需要建立基本的农业生产合作社，这类被认为具有“半社会主义性质”的合作社于1953年[②]发起。虽然互助组能够帮助提高生产力，但是它们却无法应对大规模的问题：例如难以应对自然灾害的降临、不能承担大型农业工程、无法购买农业机械或不能开发更先进的技术等。在生产合作社，土地被集中起来由集体耕种。平均每个初级合作社中大约有20个家庭。初级合作社，被认为是“半社会主义”性质的原因是，它继续承认个人产权，收入分配基于每家每户的土地所有权[③]。合作社的成员身份是自愿的，并且成员可自愿退出，并收回自己的

---

① 中华人民共和国成立之初，中国人民政治协商会议（政协）制定的共同纲领规定，按照自愿和互惠互利的原则，人民政府应带领农民组织各种劳动互助和生产合作。1951年，国务院要求提高合作社的领导力。1951年12月，中国共产党中央委员会下发了《关于农业生产互助合作的决议（草案）》。该文件认为，为了解决农民的温饱问题，有必要迅速发展生产。这样一方面可以增加国家收入，另一方面也能提高农民的购买力，以及促使机械化生产在农村推广。

② 1953年国家颁布了《关于发展农业生产合作社的决议》。

③ 根据每个合作社成员完成的工作，60%～70%的总收入被分发出去，但有30%～40%的总收入作为利息被分给那些租用其土地或者贡献了生产设施的成员。

土地。

初级合作社将土地和劳动力分开，并按照股份制原则组织起来。因此，它也被称为“土地合作”。在加入合作社之前，农民的土地、工具和牲畜等都是私有财产。土地被合并到合作社之后，牲畜和工具仍然是私有的，但是被大家共用。合作社或者支付租赁费，或者将这些资源转换成钱。合作社成员参加生产，并根据劳动强度及劳动表现来记录工分。年底，缴纳完农业税和预留公共积累资金，再减去生产成本、牲畜及工具的租赁费后，剩下的收入分发给每个合作社成员。收入分配有一个大概的公式，该公式考虑了成员的土地和劳动贡献：30%～40%是基于土地的贡献，60%～70%是基于劳动贡献（各合作社的分配比例不同）。此时，土地所有权仍然私有，但土地的管理由合作社负责。合作社负责管理农作物种植、劳动安排、农具使用、监督生产和收入分配。从这个意义上说，初级合作社不仅是一个经济组织，也是一个行政单位[①]。到1955年，全国大约有1/3的农户加入到63.3万个初级生产合作社中[②]。因此，农村的基本生产单位由互助组变为初级生产合作社，土地的私有制仍然保存。

（3）高级合作社

集体化的下一阶段，关系到从初级合作社到高级合作社的进一步转变。在高级合作社中，除小工具外，农具都归集体所有，并且在分配收入时不再考虑土地所有权的因素。高级合作社是一个独立核算单位，它将根据每个成员的劳动贡献来分配收入。高级合作社负责管理机械工具、种植生产和财政分配等所有方面。扣除生产成本、上缴国家税收、公共积累基金和公共福利基金等部分后，剩下的部分作为收入分配给合作社成员。对寡妇、孤儿

① 于建嵘，2001，《岳村政治：转型期中国乡村政治结构的变迁》，商务印书馆，第166～167，242页。

② Aziz, Sartaj (1978), *Rural Development, Learning from China*, London and Basingstoke: The Macmillan Press, p. 12.

和无子女的夫妇，不管他们的实际劳动贡献是多少，他们的基本收入都有保障。“五保户”制度就是这时建立起来的，包括对食品、衣物、医疗保健、住房和殡葬费的基本保障。高级生产合作社的规模更大，它由 10～20 个初级合作社结合而成。在实践中，典型的高级生产合作社覆盖一个自然村。自然村规模从 1000 人到 3000 人不等，耕地面积范围是 300～800 公顷。此时，高级生产合作社在购买农业机械时有更多的资金可供使用，可以承担更大的灌溉和防洪工程，也可以资助小规模的农村工业①。县级政府直接提供农业生产的科学技术，并为合作社培训人员。同时，也在本地产业规划和建设方面提供帮助②。到 1956 年底，11800 万个家庭加入到 75.6 万个高级生产合作社中，这些家庭占到了所有农村住户的 96.3%。到 1957 年底，全国有近 80 万个高级合作社，它们涵盖了超过 97% 的农村家庭，每个合作社平均有 160 户，或 600～700 人③。

（4）向人民公社过渡

1956 年，全国农村向社会主义的过渡基本完成，社会主义新农村的生产体系已经形成。到 1958 年 9 月底，74 万个高级生产合作社被改组为 26000 个公社（后来被细分为 74000 个更小规模的公社）。个别农户仍然允许有自留地，但规模从占土地总面积的 10% 降至 5%。实际上，“自留地”，“只是一个后院或小花园，农民在那里养猪和家禽，并在那里种菜供家庭消费或者是将蔬菜到农村市场上卖掉作为一种补充收入”④。

---

① Aziz, Sartaj (1978), *Rural Development*, *Learning from China*, London and Basingstoke: The Macmillan Press, p. 12.

② 1955 年 10 月，中共第七届中央委员会第六次全体会议通过了《关于农业合作化问题的决议》，要求不同的部门和银行为合作社的机械化、灌溉和建设工程提供财政援助。

③ 国家统计局，1990，《中国农村统计年鉴（1989）》，中国统计出版社，第 32 页。

④ Aziz, Sartaj (1978), *Rural Development*, *Learning from China*, London and Basingstoke: The Macmillan Press, p. 16.

3. 第三阶段：人民公社时期（1958～1983 年）

1958 年 9 月，中共中央做出了关于在农村建立人民公社的决议①。中国共产党中央委员会考虑，高级合作社在规模上仍然太小，以至于不能承担更大的灌溉计划，不能使效率最大化，也不能有效地利用先进的农业技术。根据毛泽东对社会主义的认识，在农村，最终是要建立一个农村的生产单位，这个生产单位应该可以全面组织和管理农村的所有生活，包括经济、行政、社会和政治等各个方面。这通过将农业合作社与最基层的国家行政机构“乡”合并而实现，这样在 1958 年建成了“人民公社”。高级合作社被认为是一个生产单位，但不是一个行政单位。人民公社则是一种更为高级的组织形式，因为它在某种程度上，将生产与行政管理结合起来。公社内部包含着更小的下属机构——生产大队，这大致相当于高级合作社的规模；生产队，这大致相当于初级合作社的规模。生产队和生产大队的负责人由社员选举产生。

二 向社会主义转型：成就和失误

1. 主要错误

（1）经济

我国在 1958 年至 1960 年上半年，在经济建设中发动了以高指标为主要特征的“大跃进”运动。按计划要求，1958 年粮食生产应该超出 1957 年的 80%，在下一年要再超出 50%。“大跃进”被高度理想化的逻辑所指导，这导致在工业和农业产出方面设置了不切实际的过高指标。为了实现这些指标，“大跃进”运动在建设上追求大规模，国家基础设施建设和其他领域投入的资金迅

① 中华人民共和国国家农业委员会办公厅，1981，《农业集体化重要文件汇编（1958～1981）》，中共中央党校出版社，第 7 页。

速增加。三年间，国家基础建设投资总额高达 1006 亿元，比“一五”计划时期基本建设总投资几乎高出一倍。积累率突然猛增，三年间平均每年积累率高达 39.1%。为了完成那些不切实际的高指标，必然导致瞎指挥，浮夸风。在当时较低的经济发展水平下，造成了很大的问题，很快中国农村就陷入经济困境。“大跃进”以非常快的速度向高度的集体化水平转变，超出了人民公社所能承受的能力，广大群众生活遇到了严重的困难，造成了一定的负面影响。

（2）福利

“大跃进”也影响了农村社会福利体系的建设发展。第一，由于实施了不适应当时经济条件的政策，1959～1961 年发生了全国性的粮食短缺和饥荒。1959 年初，国家粮食购销部门发现粮食的供应形势意外恶化。根据 1981 年公布的数字，1960 年的农业总产值仅为 1958 年的 75.5%。1961 年的产值又下降了 2.4%，这造成了进一步的经济损失。到 1960 年底，饥荒在全国各地蔓延。随后生产统计的混乱和对于统计数据的捏造，直接导致了严重的粮食短缺。恶劣的自然条件和 20 世纪 60 年代中期苏联技术人员的撤离，更使困难加重。

第二，食品和收入的分配制度也造成了粮食的短缺和饥荒。而这种分配问题是由信息匮乏和误导所致。“大跃进”时期，农村的基层干部虚报他们公社收获的产量，超负荷地征收粮食上交给城市里有口粮定量的居民，而留给当地农民非常少的剩余。

第三，此时出现的过度或者是超前的集体化福利也给粮食供应带来了困难。人民公社试图提供一系列广泛的集体社会福利，例如公共食堂、幼儿园以及浴室等。但是，在当时的经济发展水平下，由于人们对“共产主义社会”热切的向往和简单急切的追求，有的地方提供了过多的福利，大搞免费供给制，福利全部大包干，造成了社会保障超出了当时的供应能力。许多地方的大食堂制度将农民的口粮强制性集体化，提倡“敞开肚皮吃饭”，使

得本来就匮乏的粮食被提前消耗殆尽。在食物不足的情况下，农民必须省吃节约，才能坚持到下一次收获。

根据国家统计局的数据，从1959年到1961年，中国人口总数下降了1350万[①]。学术界对这一时期的非正常死亡人数的估计从1700万（蒋正华）到4060万（金辉）不等。杨继绳的数据是3600万，但是遭到了孙经先的反驳。后者认为，关于“饿死三千万”的传闻并没有科学的依据。因为当时大量农村人口流入城市，同时大规模精简市镇人口并注销其户籍。在三年困难时期开展户口登记，漏报注销等出现的人口减少仅是统计数据的减少，并不是实际人口的减少。我国三年困难时期的饥饿死亡人数应在366万人以下[②]。本书仅仅列出这些研究，而没有专门为得到准确的数据去研究，这个问题有待于探索。然而，不可否认的是，苦难时期确实造成了灾害性的损失。

国家通过人民公社的形式，把个体农民组织起来，管理农村经济和其他事务。但是，基于当时的条件限制和经济困难，一些政策限制了农村农民的生活方式。在计划经济体制下，由于户籍制和商品粮供应制的应用，农民的农作物种植品种和耕作方法受到限制，且在农村的土地上不能自由流动，也不能自由出售自己的产品。因此，相比较而言，农民缺少一定的自由，农民生活水准相对来说也比较低。

2. 成就与意义

中国的社会主义改造及社会转型有历史性的意义。它在理想化的冒进中出现了问题，但是也取得了不可低估的成就。

（1）废除了不平等的土地制度，确立了社会主义制度

要在中国农村实现社会主义，最根本的前提是要有一个平等

---

① 国家统计局，1984，《中国统计年鉴（1983）》，中国统计出版社，第81页。

② 孙经先，2011，《关于我国20世纪60年代人口变动问题的研究》，《马克思主义研究》第6期。

的土地分配制度。一旦实现了这一点，经济和社会生活的集体化就会形成，从而为一个比较全面的社会福利制度奠定基础。随着农村向人民公社迈进，几乎所有的土地都成为公有土地，经济和社会生活的许多方面都处于集体管理之下。虽然“大跃进”中乌托邦式的生产目标使农村陷入灾难，但是在较正常的情况下，人民公社制度的运作方式可以平衡农民的收入，为农民提供社会福利，包括救助、教育、医疗和退休金等等。当时，如果没有土地和农村管理的集体化，农村不太可能有资源来建立一个全国性的农村社会福利制度。

（2）提高了生产力

在集体管理之下，无数零散的小块土地被集中起来形成了更大的集体农庄，这可以储备劳动力和其他资源，以形成更大的经济规模，从而提高生产力。西方观察家普遍认为，中国在 20 世纪 50 年代的经济增长是相当可观的。美国经济学家埃克斯坦（Eckstein）在《中国的经济革命》一书中谈到这一时期的中国经济时说，中国的国内生产总值从 1950 年的 73. 8 亿元上升至 1959 年的 123. 4 亿元，同比增长了 70%①。经济年平均增长率为4% ~ 4. 5%，这是一个令人起敬的表现，虽然这个数字并不壮观。至少在最初几年，大部分的增长是由农业生产率的提高带来的。例如，湖南省衡山县从 1949 年到 1953 年农业总产值显著增加。稻米产量上升 17. 1%②，人均粮食占有量由 1949 年的 209 公斤上升至 1952 年的 288 公斤并至 1957 年的 306 公斤。同一时期，棉花产量从 0. 28 公斤增至 2. 29 公斤再增至 5 公斤。在中国农村的许多地方，农业集体化带来了非常可观的产量增长和人民生活水平的提高。

阿齐兹（Aziz）在其著作《农业发展，向中国学习》一书

---

① Eckstein, Alexander (1977), *China's Economic Revolution*, Cambridge: Cambridge University Press.

② 于建嵘，2001，《岳村政治：转型期中国乡村政治结构的变迁》，商务印书馆，第 227 页。

中，将人民公社的主要优点总结归纳为：第一，它能更深入地组织动员在业和失业的农业劳动力，来参与大规模的改良土地、兴建堤坝、开挖灌溉渠道、建设道路等农业工程或者仅仅是农村土地的精耕细作。第二，人民公社具有转变分散的小型农村产业的能力。它能根据当地的资源特征，将分散的小规模的农村产业改造为更协调和更多元化的农业产业。第三，人民公社在提高农村人口的知识水平和技能方面取得了进步。第四，人民公社有能力实现一个相对公平的收入分配。第五，人民公社为协调农村整体规划做出了贡献。第六，人民公社要求有更高的政治和管理水平，将农村经济发展整合进国家的战略和政策中。整体而言，大跃进初期的灾难发生后，人民公社被有效地纳入县、省和国家各级的规划中①。

虽然人民公社存在一些对农村经济发展和福利的负面影响，但是，从长远来看，我们必须承认它对中国农村发展的贡献。正如一位学者所述，如果人民公社不存在，中国农村还能经历这样一个如此之快的现代化进程吗②？

（3）积累公共资金、建设公共基础设施和福利设施

人民公社负责管理农村生产、妇女事务、农业科技、工厂、民兵、财务、粮食、商贸、民政、卫生保健和教育等等。公社领导将包括妇女在内的劳动力动员起来，挖灌溉水渠、种植树木、开垦土地等等。每个公社有10～20个管理者，负责计划和组织上述活动。直到今天，中国农村许多地区最重要的农业基础设施都是在人民公社时期建立起来的，特别是水利工程。1958年后，各地人民公社利用几年的时间在全国建了8万多个水库，通过灌溉、养殖和提供水电，给附近地区的农民带来了益处。一个著名的例子是河南省的红旗渠，这条渠从1960年开始建设，于1969年建成。几个公社组织了数以十万计的农民花费了10年的时间

---

① Aziz, Sartaj (1978), *Rural Development, Learning from China*, London and Basingstoke: The Macmillan Press, pp. 51－61.

② 张乐天，1998，《告别理想》，东方出版中心。

来建造。他们将1250个山丘夷为平地，建成152个水路运输桥梁和211个隧道。主干渠长70.6公里，子渠总长度为4013.6公里。在冬季，人民公社主要致力于改良和开垦土地。例如当时作为全国样板的山西省大寨生产大队，他们在丘陵的斜坡上修建梯田、开发新的耕作方法，使一个相对贫穷的农业区转变为一个相对富裕的地区①。大寨成为一个全国农业学习的典范，虽然有一些方面的成就被夸大，然而，它在人民公社制度下搞农村基础设施建设的成就仍然值得关注。

（4）创建了农村社会主义福利制度

人民公社这个强大的组织，在推翻传统的制度和保障农村人口的基本生活方面起到了重要的作用。许多基本的农村福利项目，从“五保”到救助，从合作医疗到义务教育，都是在那个时期启动建立的。今天，许多中国人仍旧深情地回忆人民公社时期的集体福利，并将其和后人民公社时期以及改革开放以后农村集体福利衰弱的时期相比较。许多西方学者分析了计划经济时期中国社会主义新农村的福利制度，对它取得的成就给予了非常积极的评价。

（5）分散的农民有了集体化的观念和组织化的训练

从公社、大队到生产队的层层机构把分散的个体农民融入现代化的集体中。农民参加生产队的集体生产，集中学习、讨论，参加民兵组织的训练和妇联、共青团的活动，所有这些都培养了农民的现代参与意识、责任感和组织观念。

（6）农民接受了社会主义的教育，有了一定的道德觉悟和知识

社会主义思想教育的普及带来了积极正确的价值取向和道德意识。这个时期，在人民公社里群众被发动起来，他们努力工作，集体主义精神得到发扬。此时，社会团结，人们彼此信任，风清气正，这个时期是积极的、向上的。

① Aziz, Sartaj (1978), *Rural Development, Learning from China*, London and Basingstoke: The Macmillan Press, p. 6.

第八章

社会主义福利制度的内容：救助、医疗、教育

社会主义在农村发展的最显著成就在于创造了一个比较全面的福利制度。国民政府给新中国留下了三种可以继承的福利设置：第一，由政府管理的福利机构——这是基于1951年的统计，例如，在西南地区有163个由国民党政府管理的救济站。第二，地主或军阀管理的慈善场所。在西南地区的21个城市中，有600多个慈善场所，它们被当地地主或军阀管理，都处于比较混乱的状态。第三，由外国人管理的慈善机构。1953年，有451个外国人注册经营的慈善机构，其中247个由美国组织管理，其余的由英国、法国、意大利和西班牙的组织管理。在这些慈善机构中，有198个是基督教的慈善机构，208个是天主教徒运营的机构。这种福利机构数量非常有限、极其碎片化，且救济水平极低，中国共产党建立的新政权开始计划重新构建农村社会福利体系，而农村社会福利体系都是建立在社会主义集体化基础之上的。

一　社会救助

1949年，新政府不得不面对战争、贫困和饥荒给中国农村带来的许多社会问题。在这种情况下，提供基本的社会救助是第一步措施。这是中国历史上第一次由国家承担责任为中国农村规划

制定全面的社会救助政策。

1. 解决新旧制度交替的问题

这个时期提供社会救助最紧迫的任务之一，是如何处理大批流浪者、乞丐等问题。长期的战争和动乱已经使许多工人失业，许多农民流离失所成为难民，并且贫民、罪犯、乞丐、小偷、妓女和吸毒者的数量大幅增加。三年内，新政府通过一系列的干预政策重新安置这些人中的大多数人生活[①]。42.6 万多名流浪者和妓女被送往收容所和劳动教养院，他们在那里完成改造和康复后，将走入社会，由政府给他们提供就业。1949 年 11 月，仅一夜之间，北京就关闭了全市 224 家妓院，收容了 1300 多名妓女，开始了对她们的教育改造：组织她们学习、治病，遣送她们回乡，鼓励和支持她们自食其力参加生产，并帮助改造好的妓女建立家庭。据不完全统计，在 1952 年，全国较大的城市，包括上海、武汉、广州等在内的 8 个城市，成功地将 120 万农村流浪者送回自己的家乡参加农业生产。作为这一工作的配套部分，政府配发现金和农业贷款帮助其安顿下来。到 1953 年，据进一步报告，400 万吸毒者已经停止使用毒品，448000 名流浪人员，包括小偷、流氓、妓女和乞丐，已成功接受再教育并重返社会[②]。

1953 年之后，一些渴望城市生活或不喜欢农业生产的农村居民离开农村，移居到城市寻找工作。另外一些农民也因为自然灾害而逃离到城市中。当他们在城市中寻找不到工作而无所事事的时候，国家把以这种方式从农村迁移到大城市的劳动者划为“盲流”，认为他们的这种无序迁移行为可能对刚刚开始的计划经济造成威胁。农村难民的涌入自然给城市增加了压力，因为在 1949 年，城市已经有超过 500 万的失业城镇职工，占到整个城市劳动

---

① Leung, C. B. Joy, and Nann, C. Richard (1996), *Authority and Benevolence: Social Welfare in China*, Hong Kong: Chinese University Press, p. 26.

② 孟昭华、王明寰，1986，《中国民政史稿》，黑龙江人民出版社，第 303 页。

人口的24%。此外，根据人口增长率计算，城市每年会增加100万新的劳动力。面对这些问题，国家采取了措施，例如将这些农民送回家里，鼓励他们参加农业生产，甚至为他们在农村安排工作。与此同时，国家制定和支持旨在通过教育来改变这些人想法的相关计划。

国家也建立了用来收留他们的“安置农场”和“教养院”等。到1956年底，全国共有90个劳教农场，安置了26000人工作。此外，70万人已在新的地区重新定居[①]。“大跃进”后随之而来的三年自然灾害期间，大量农民逃入城市。到1960年这种盲流达到高峰，至少有600万农村居民被从城市送回自己的家乡[②]。然而，户籍制度的建立使这些农民在城市的生存变得相当困难。但国家十分严格地执行着这项新制度，这意味着持有“农村”户口的人在他们流动进入的城市中无权获得任何福利津贴，甚至基本的口粮。这项制度将农民限制在他们的土地以及当地的农村集体内。最初，户籍制度被认为是提供社会救助的一种方式，但事实上，它很快就成了社会控制的措施。依赖于这项制度，国家能够控制有资格获得城市福利的人的数量。这项将农民收容起来并遣送回自己的家乡的政策在2003年夏被正式废除。那时候，它被认为不再适合新的社会和经济环境。然而，它在特殊的历史时期确实发挥了重要作用。2013年，我在欧盟工作的时候，针对欧洲类似的问题，欧盟的政策官员也分析认为，特殊时期这样的政策可以相对减少贫困和犯罪。

2. 五保户制度

1948年，中国共产党在解放区发出减租减息的公告，该公告的具体目标是减轻那些缺乏劳动能力的人的经济负担，包括鳏

① 黄黎若莲，1995：《中国社会主义的社会福利制度：民政福利工作研究》，中国社会科学出版社，第41～42页。

② 孟昭华、王明寰，1986，《中国民政史稿》，黑龙江人民出版社，第303页。

夫、寡妇、孤儿和无子女的老年人等。1954 年颁布的新中国的第一部宪法规定："劳动者在年老、疾病或者丧失劳动能力的时候，有获得物质帮助的权利。"内务部于 1951 年发布法规，要求当地村组织在春荒期间对老人和体弱者提供特殊的照顾和援助。1953 年，内务部宣布，应把没有家庭的老年人和孤儿作为国家福利优先援助的对象[①]。并规定，在以大米、小麦、谷子为主食的地区，每人每天分给 10 两粮食；在以玉米和高粱为主食的地区，每人每天救助的标准为 12 两。

为了进一步巩固农村福利体系，国家正式建立了五保制度。这项制度的出现与人民公社的建立几乎是在同一时间。1956 年，发展高级生产合作社的条例规定，对那些劳动能力薄弱或已完全失去能力的成员，包括老年人、体弱者、残疾人、独自居住的孤儿和没有生活支持的人，合作社应该关心他们，并为他们提供食物、衣物、医疗、住所，以及少儿教育和老年人的丧葬费等保障即保吃、保穿、保住、保医、保葬（孤儿保教）等五项生活措施。1960 年，第二次全国人民代表大会以国家立法的形式正式颁布了五保制度。随后，五保制度扩展到住房和医疗保健方面。这项制度背后的原则是，要确保农村人民公社中需要帮助的人的生活标准不低于普通百姓[②]。

集体经济的发展为五保制度提供了物质基础。为落实这项政策，政府采取了一些措施。第一，有一定工作能力的"五保家庭"要在他们能力范围内参加较轻松的工作，并记录适当的工分，要使他们能够像同村老乡一样分享集体收入。第二，如果五保户没有达到平均工作时间，将给他们增加一些额外的工作时间，使他们的工作时间可以达到平均水平。第三，以实物或现金的形式满足五保户的需求。在进行收入分配之前，生产队把集体

① 多吉才让主编，1996，《救灾救济》，中国社会出版社，第 195 页。

② 孟昭华、王明寰，1986，《中国民政史稿》，黑龙江人民出版社，第 297 页。

资金预留给五保户和公共福利。第四，生产队派出人员去帮助那些缺乏日常生活自理能力的五保户[①]。

随着集体经济的发展，许多合作社和生产大队为老人建立了养老院，将五保户聚集到一起，目的是更集中有效地提供福利支持。在一些地方，受集体支持的五保户，甚至包括在社会主义改造时期被划为"封建剥削者"的那类人。这项制度在"文化大革命"期间受到了一些影响而中断，从而使我们无法获得关于五保户的一些准确的数据。1978 年，有 7175 所养老院在运营，这些养老院大概仅仅照顾了 10 万五保户的生活。之后随着这项制度的逐渐恢复，至 1983 年，农村有近 300 万人被列为五保户，养老院的数量增加了一倍多[②]。

3. 贫困救助

贫困救助即所谓扶贫，帮助贫困农户解决生产和生活困难，达到摆脱贫困的目的。新中国成立后，除建立了五保制度外，国家对因老弱病残、丧失或缺少劳动能力而不能保障基本生活的农民进行社会救济。新中国的扶贫工作，是在农村救济和救灾工作的基础上逐步发展起来的。

人民公社化之后，国家集中力量扶持穷社穷队，通过集体经济力量来保障农民生活。新中国的农村扶贫试点工作开始于 1951 年的热河省。热河省民政厅提出："只有帮助贫困群众发展生产，才能从根本上摆脱贫困。"热河省将中央下拨的 25 万元贷款，购买了 3000 余头耕畜，分给隆化、宁城、平泉等 11 个县的贫困户，帮助他们解决缺少畜力的困难。银行下拨了种子贷款、牲畜贷款 74.8 万元，重点贷给贫困户。扶助贫困户发展生产解决生活困难的办法，使逃荒现象大量减少。5 月，热河省民政厅向政务院、

---

① 多吉才让主编，1996，《救灾救济》，中国社会出版社，第 197 页。

② 孟昭华、王明寰，1986，《中国民政史稿》，黑龙江人民出版社，第 297 页。

内务部提交了《扶助困难户生产的报告》[1]。

《农村人民公社工作条例》制定了相关规定，要求各地积极开展扶助贫困户的工作。1964年2月，内务部党组上报中央的《关于在社会主义教育运动中加强农村社会保险工作，帮助贫下中农困难户克服困难的报告》，第一次正式提出了农村扶贫问题。报告指出，要给困难户中有劳动能力的人安排适当的生产门路，使他们增加收入，这是帮助困难户解决生活困难的根本办法；优先安排他们从事经常的、收入较多的生产劳动，并帮助他们搞好家庭副业生产，使他们依靠集体经济，通过生产自救，逐步走上共同富裕的道路。根据这个做法，40%左右的困难户能够基本脱贫。报告得到中央批示，中央要求各地进行扶贫试点。四川省威远县两路公社、黑龙江省望奎县先锋公社、湖北省罗田县和广东省揭阳县都积累了较好的扶贫经验，成为公社化时期扶贫工作的先进典型。它们初步形成了以治本为主、治本与治标相结合的扶贫方针。它们把贫困户列为信用社贷款扶持对象，采取多项扶持措施，让贫困户脱贫翻身。人民公社时期的贫困救助工作为以后的扶助贫困户的救济工作奠定了基础。

4. 救灾救济

1949年初，内务部实施了一项救灾政策，呼吁人们“节约救灾，生产自救，群众互助，以工代赈”。1950年，救灾政策扩展出一个附加条款，明确了在最恶劣情况下的国家救助。1953年，这一政策再次进行了修订，“为灾民提供救助”这一条被取消[2]。当时，国家只为战争导致严重灾害的受害者提供援助。救灾资金使用的议案与生产紧密相连，即将救灾资金转化为生产资金。因

① 王瑞芳，2009，《告别贫困：新中国成立以来的扶贫工作》，《党的文献》第5期。

② 多吉才让主编，1996，《救灾救济》，中国社会出版社，第20页。

为当时国家非常贫穷，没有额外的资源用于福利领域。所以，在此期间，救灾政策强调“节约”和“生产自救”。然而，通过生产减轻贫困的政策往往被“误解”，导致一些地方在生产建设上花费了太多的钱，从而使救灾资金发生短缺。1956 年，内务部试图纠正这个错误。农业合作社成立后，本着集体化的原则制定了救济政策。该政策是：“依靠群众，依靠集体，生产自救，互助互济，辅之以国家必要的救济和扶持。”[①]

新的救灾政策有几个特点：第一，中央政府有一个由不同部委协调规划、实行的普遍性政策；第二，地方政府负责当地救灾的协调工作；第三，解放军加入救灾工作；第四，农村居民依靠自己的能力进行生产自救和互助；第五，整个地区甚至整个国家的人民和组织，包括工厂、矿山、机关和企事业单位都被动员起来支持灾区，协助救援受害者和帮助灾区重建。此外，政府成立了救灾基金，呼吁全国各地的人们为救灾捐赠现金、食品和衣服[②]。这时的救灾政策体现了集体主义的一方有难、八方支援的精神。

5. 优抚政策

战争结束后，国家建立了一项优抚政策，目的是为伤残军人、烈属、军属提供援助。这项政策的另一个重要目的是提供政府援助，帮助复员军人退役后融入社会生活。1954 年，优抚政策被写入国家宪法，并于 1955 年出现在兵役法中。从 1950 年到 1966 年，政府为 828 万退伍军人的重新安置提供了支持。从 1953 年到 1956 年，地方政府组织伤残军人、烈属、军属和退伍军人参加集体生产，并为帮助他们发展生产提供补贴 1.47 亿元[③]。

---

① 多吉才让主编，1996，《救灾救济》，中国社会出版社，第 20 页。

② 多吉才让主编，1996，《救灾救济》，中国社会出版社，第 29 页；孟昭华、王明寰，1986，《中国民政史稿》，黑龙江人民出版社，第 268 页。

③ 多吉才让主编，1996，《优待抚恤》，中国社会出版社，第 15 页。

最初，作为帮助退伍军人开展农业生产的一种方式，政府为那些优抚对象提供农场牲畜和农具。1950 年至 1956 年，政府为他们提供了近十亿元的援助。如果优抚对象的家庭缺少劳动人手或春耕有困难，乡村会组织村民帮助他们。到 1956 年，所有享受优抚政策的家庭都加入了互助合作组。农村生产合作社给予军属的特殊照顾是为他们提供额外的工分，这些工分可以兑换现金。这样做的目的是保证优抚对象的生活水平不会低于普通村民①。

二　医疗卫生服务

1949 年 9 月新中国成立前，中央政府召开的全国卫生行政会议上确定了医疗保健工作的总方针和工作重点，特别强调了预防的重要性和发展医疗体系、建立公众健康教育网络，确保医疗保健能够为生产、经济建设和国防利益服务。这些医疗卫生服务特别要涉及农村、工厂和矿山在内的一些重点地区。1952 年，这些方针大致被整合成四个具体的公共政策：①重视工人、农民和士兵的卫生保健服务；②预防为主；③中西医结合；④医疗保健与群众运动相结合②。

1. 群众爱国卫生运动

1949 年以前，由于国家长期战乱，社会濒临崩溃，医疗条件很差，卫生服务极为有限。传染病、寄生虫病和流行病蔓延，霍乱、天花、血吸虫病、黑热病、疟疾、肺结核、性病和麻风病严重威胁着许多人的生命。80% 以上的地区存在流行病，威胁着 4

---

① 詹火生、杨莹、张菁芬，1993，《中国大陆社会安全制度》，台北五南图书出版有限公司，第 84 页。

② 陈佳贵、吕政、王延中主编，2001，《中国社会保障发展报告》，社会科学文献出版社，第 270 页。

亿多人口的健康。当时人口死亡率在20%以上，超过一半的死亡是由于传染病。根据20世纪20年代和30年代的调查结果，只有84%的新生儿有超过一年的存活期，只有56.2%的男性新生儿和57%的女性新生儿可以存活到15岁。即在当时，在所有新生儿中，近一半的婴儿在15岁之前死亡。中国人口的平均寿命约为35岁，在当时是世界上平均寿命最低的国家之一[①]。

新中国成立后最先采取的措施之一就是发起了一个包括针对血吸虫病专项行动在内的“爱国卫生”运动。新中国成立时，国内有100万血吸虫病患者，有一亿人感染了血吸虫。在湖南和湖北两省，政府采用了一种非常简单和原始的方法来对抗它。在冬季农闲时节，动员农民一起把水从池塘和河流中排出，通过晒干的方式来杀死血吸虫和血吸虫卵。这项工作与水利工程建设相互结合起来。据一名当地见证者称，该活动组织得非常好：“城市干部和学校教师，逐村地展示图片，介绍血吸虫病如何发展、蔓延，并为农民提供如何避免感染该疾病的科学信息。最有效的办法是消灭血吸虫。民兵组织将湖里和河里的土挖出来，在河里喷洒石灰，将血吸虫埋起来。这项工作一直持续到上级部门对结果满意，项目达标为止。从那之后，我参军离开了村子，但我知道，在后来的30年里我们村再也没有出现过这种疾病。”[②]

血吸虫病在许多地方绝迹，需要照顾的患者人数急剧下降。江西省余江县是一个众所周知的血吸虫病非常严重的地区，到1958年，该县的这种疾病被消灭。医疗队来到村庄给农民注射——这是中国历史上第一次农民在自家门口接受现代医疗服务[③]。新中国成

① 顾杏元，1984，《我国人民的平均寿命》，载《中国卫生年鉴（1984年）》，人民卫生出版社，第43页。

② 张雨生，2000，《瘟神还没有送走》，《中国民兵》第8期。

③ Gao, Mobo (1999), *Gao Village, A Portrait of Rural Life in Modern China*, London: Hurst & Company, p. 82.

立初期，血吸虫病遍布300多个县，到1958年，有141个县已经完全消灭了这种疾病，有122个县也几乎消灭了该病。不过，政府仍对其保持警惕，使其处于控制之中。例如，在1973年时，发现白塔河中有血吸虫，当地政府立即召开会议，并动员3万多人搜索超过39公里长的河岸，直到他们确信没有更多的血吸虫出现为止。1955年，中央政府为预防血吸虫病成立了一个领导小组，在1986年血吸虫病的威胁基本消除时该小组解散。该病最有效的控制是在“大跃进”时期和“文化大革命”时期①。当然，血吸虫病的这个案例，显示了在资源和现代医疗设备短缺等情况下，利用众多的人口资源开展群众运动进行疾病预防是改善卫生条件的一条有效途径。

2. 中国农村的医疗保健体系

农村医疗保健体系包括三部分：①三级医疗制度；②合作医疗制度；③赤脚医生队伍。农村卫生保健体系专门服务农民，是国家卫生体系的三大支柱之一，另外两个支柱是政府官员（干部）的免费医疗保健体系和城镇职工医疗保险制度。

（1）三级农村医疗卫生服务体系

20世纪50年代，政府建立了县、乡、村三级农村医疗保健体系。1949年以前，农村医疗服务和用品非常短缺，在全国仅有505000名受过训练的医生、2000所医院、80000张床（平均每1000人占有1.5张床），很少的医疗设施，并且药品供应不足②。国家对卫生保健的预算为5.59亿元，但这仅占1950～1951年政府总开支的1.52%；在1981～1985年，该预算上升至215亿元，相当于国家预算的5.3%。1953～1957年用于发展卫生基础设施

---

① Gao, Mobo (1999), *Gao Village, A Portrait of Rural Life in Modern China*, London: Hurst & Company, p. 72.

② 陈佳贵、吕政、王延中主编，2001，《中国社会保障发展报告》，社会科学文献出版社，第269页。

的花费是 56.62 亿元，这个数字在 1998 年上升至 141.67 亿元①。在 1998 年，共有 6300 所县级医院、50000 所乡镇医院、73 万个诊所和农村卫生服务站，并且每个乡村诊所有 100 多种药品。此外，在县、乡两级有 104 万名医生和护士，在村一级有 132 万名医生和护士，平均每村拥有 1.81 名专业医疗人员。1949 年后，这个医疗系统发展了 30 多年。90 年代末开展的一项调查显示，64.4% 的农民能够在一公里之内获得农村医疗服务，17.5% 在一到两公里之内，7.4% 在两到三公里之内，11% 超过三公里②。

（2）合作医疗制度

合作医疗制度发源于中共陕甘宁根据地。1944 年，伤寒在陕甘宁根据地传播。中国共产党应民众的要求，通过农业合作社的投资和筹集的个人资金，建立起医疗合作基金。这些基金由当地居民管理，政府会给予一些技术援助。到 1946 年，这一地区有 43 个医疗合作社。1950 年前后，中国东北的几个省份提出合作理念，并筹集资金，为解决药品短缺建立了卫生机构。1952 年，在 1290 个农村卫生站中，85 个是医疗合作社，255 个是由当地人自己集资建立的。在中国东北，这两种类型占所有卫生站的 17.41%。这些合作社不同于后来的合作医疗，但它们是农村卫生保健的先驱③。

随着农村合作社的发展，在山西、河南、河北等省的农村出现了最早的医疗诊所。1955 年初，山西省高平县密山乡把合作社和医疗服务结合起来，为合作社成员支付医疗保健开支，并使用公共福利资金设立合作医疗服务。河南省正阳县王店镇团结合作社使用和密山乡相似的方法，于 1956 年设立了合作医

---

① 陈佳贵、吕政、王延中主编，2001，《中国社会保障发展报告》，社会科学文献出版社，第 271 页。

② 陈佳贵、吕政、王延中主编，2001，《中国社会保障发展报告》，社会科学文献出版社，第 272 页。

③ 蔡仁华主编，1998，《中国医疗保障制度改革实用全书》，中国人事出版社，第 342 页。

疗服务。同时，湖北、山东、贵州等省的人民公社也设立了合作医疗服务[1]。这些都是中国的合作医疗制度在农村地区的雏型。合作医疗服务在人民公社时期迅速发展。90%的农村建立了这个体系，到20世纪70年代，该体系覆盖了85%以上的农村人口[2]。1978年，农村合作医疗被写入宪法。次年，卫生部、农业部和财政部等联合下发了《农村合作医疗章程（试行草案）》。

合作社、农民和医生一起为建立诊所筹集资金。筹措资金的典型模式是：每个农民每年付0.2元（在一些地方是0.4、0.6或0.8元）作为医疗卫生费，这使他们有资格享受包括疾病预防和保健在内的免费卫生服务。此外，患者可以去看医生，接受免费治疗。诊所提供以预防为主的服务，将药品送到患者的家门口。居民按住宅区被分为不同区域，医生采取分片责任制。医疗诊所的资金来源于农民每年交的钱和合作社的福利资金捐款，以及一些医疗收入（主要来自出售药品）。医生的收入主要是根据集体公布的工分由集体发放，并常常有额外的现金工资。卫生部开发和推广了这个体系，总结其基本特征为：早预防、早治疗、节约资源和金钱，为患者提供方便可靠的服务[3]。

（3）赤脚医生队伍

中国农村大多数的医生、护士和其他医护人员都是农民。他们或者出生于传统中医世家，或者接受了较好的现代教育。这些人被培训为“赤脚医生”。赤脚医生必须是当地人，他们的工资不由国家支付，而是由当地公社或集体支付。为了降低

① 王延中，2001，《发展农村医疗保障体系》，载陈佳贵等主编《中国社会保障发展报告》，社会科学文献出版社，第268～311页。

② 王绍光，2001，《开放性、分配性冲突和社会保障：中国加入WTO的社会和政治影响》，《视界》第3期。

③ 陈佳贵、吕政、王延中主编，2001，《中国社会保障发展报告》，社会科学文献出版社，第278页。

成本和确保医生与当地人有良好的关系，在没有患者需要治疗时，医生也得像其他村民一样在田间劳作。如果村民劳动时不穿鞋，医生劳动时也不应穿鞋，因此出现了“赤脚医生”一词。当时的想法是，医生只有了解了村民的经济困难（无固定工资）和辛苦的体力劳动（种地），才能理解他们的健康问题和需求[①]。赤脚医生仍然属于生产队社员，只是一部分时间从事医疗保健工作。在农忙季节，只有一个负责医疗工作的医生值班，其他的医生都参加农业生产。赤脚医生的薪水以工分或现金的形式支付。到1970年，全国的生产队和大队中有将近480万赤脚医生[②]。

总之，农村医疗保健工作取得了惊人的成就。24种严重的传染病被消灭或控制。20世纪30年代的死亡率为25%～33%，到了50年代降为14%，60年代是12%，70年代后是7%；婴儿死亡率从30年代的20%下降为80年代的3%（城市是1.36%）[③]。新中国成立前婴儿的死亡率很高，每六到七个新生儿中就会有两个死亡。1931年农民的平均寿命低于35岁：男性平均为34.85岁，女性平均为34.63岁，但是到了1997年增加到70多岁：男性平均为68.7岁，女性平均为73.0岁。城镇人口的平均寿命比农民长3～4年。1949年以来，农民的平均寿命翻了一番[④]。国民健康水平的提升促进了经济发展，原因很简单：它提高了人口的劳动生产能力。

在此期间，中国农村医疗卫生制度的最显著的特点之一是，它的成就不是因为国家的高额开支或财政投入。世界卫生组织

---

① Gao, Mobo (1999), *Gao Village, A Portrait of Rural Life in Modern China*, London: Hurst & Company, p. 80.

② 卫生部，1983，《中国卫生年鉴》，人民卫生出版社。

③ Yang, C. Martin (1948), *A Chinese Vilage, Taitou, Shantung Province*, London: Routledge, p. 11.

④ 陈佳贵、吕政、王延中主编，2001，《中国社会保障发展报告》，社会科学文献出版社，第275页。

指出，1990年，中国的医疗保健开支占国内生产总值的3.5%，这只占全球医疗保健支出平均水平的44%。我国人均医疗花费是每年11美元，这低于印度等其他发展中国家的花费水平。而这个数字主要是来自城镇人口的医疗支出，农民的花费要低得多。这项制度的另一个主要特点是，它强调“群众路线”和“群众运动”。“群众路线”是中共在延安时期确立的指导方针并在中共七大时明确写入党章。这是基于人民应在共产党的领导下参与自我管理这一理念。这个概念暗示的含义是，党在领导群众时，也应该服务和信任群众[①]。“群众运动”也是将政策付诸实践的一种途径。由于中国资源少、人口多，国家不得不依靠当地人民参加群众运动来实现目标，例如抵制血吸虫病和建立农村合作医疗制度。群众运动的开展为医疗保健工作在此期间取得的成就作出了巨大的贡献。

三 扫盲运动与中小学教育

新中国成立时，全国有4/5的人口是文盲。在这种情况下，扫除文盲和推广教育成为党和人民所追求的目标之一[②]。由于缺少教师、教材、教室和其他基础设施，教育活动最初面临许多困难。政府首先确立了扫盲运动的基本目标：确保在农村，农民至少认识1500个字；在城镇，职工至少认识2000个字。农村传统的祠堂和其他合适的地方被改造成学校。在1949~1950年，通过大家共同努力，冬季扫盲学校开始招收农民学生。到1955~1956年，全年开放的专业学校已经取代了冬季学

① 邓小平，1956，《群众路线是党的组织工作中的根本问题》，载《邓小平文选》第三卷，人民出版社。

② Pekins, Dwight and Yusuf, Shabid (1984), *Dual Development in China*, *A World Bank Publication*, Baltimore and London: The Johns Hopkins University Press, p. 170.

校。尽管培训了一些新教师作为扫盲学校的师资，但扫盲教学主要还是由 140 万名小学教师承担。为了解决阅读材料的短缺问题，他们编写了教科书模本并分发到所有学校。扫盲运动进行得如火如荼。到 1957 年，有 2200 万成年人通过业余学习达到了识字的水平，尽管农民所占的比例并没有详细的统计资料。随着“大跃进”的开始，干部为实现越来越高的目标而承受着压力，对成人教育有了更高的要求，扫盲运动也因此被极大推动。一年后，整个国家成人文盲率已减少到 30% ~40% 。“文化大革命”再次引发了为文盲提供非正式教育和业余学习的热潮。从 1949 年到 1979 年 30 年间，1. 27 亿农民学会了阅读和写字，70% 左右的农村青壮年都识字了[①]。全国成人识字率从 1949 年的 20% 增加到 30 年后的将近 70% （1997 年全国成人识字率为 82%)，这是一个壮举。世界银行认为，与那些收入相近的国家相比较，没有几个国家能够媲美[②]。

1949 年，约有 2400 万儿童上小学，这个数字只占小学适龄儿童的 1/4。就读中学的学生不到 100 万。1952 年，国家建立了一个 12 年的教育标准，该标准要求小学 6 年制，之后初中和高中各 3 年。到 1958 年，有 8600 万儿童就读于 77 万所小学，这占适龄儿童总数的 67% 。农村和城市的小学教育入学率差异很小。1950 年，国家建立了一项工农子女优先接受教育的政策，政策要求每个学校都要重点关注这一群体。当来自贫困家庭的儿童无法继续上学时，村长和老师会到他们家中说服他们继续上学。到 1976 年，95% 的适龄儿童上了农村小学。

受政府鼓励，人民公社建立了 80 万多个业余中小学。因为

---

① Pekins, Dwight and Yusuf, Shabid (1984), *Dual Development in China, A World Bank Publication*, Baltimore and London: The Johns Hopkins University Press, p. 171.

② 陈佳贵、吕政、王延中主编，2001，《中国社会保障发展报告》，社会科学文献出版社，第 156 页。

具有实用价值，农村建立起被称为“农中”的农业职业中学。当学生未能通过大学入学考试时，他们农中毕业后会回到村里参与农村发展。但农村和城市的中学入学率却有很大差别，因为中学学校为数不多，并且位于大的镇（公社）或城市。农村小学的学费每学期5～7元，书费0.30元，伙食费额外收取2～3元。小学教育收费每人每年共为10元左右，是每个农民家庭平均收入的20%～30%。初中的花费是10～12元，高中每年学费平均为14元。如果一个家庭有很多孩子，学费将是一个相当沉重的负担。因此，一些农村的学生无法完成较高级别的学业，并且辍学的大部分是女孩①。

四 社会主义农村福利制度简要评述

新中国成立的最初30年，农民被限制在土地上生活生产。在这30年间，虽然国家给予农村福利的资金依然很少，但是农村却建立了一个比较全面和有效的社会福利网络，它保障了农民的基本生活，并给农民的生活带来了巨大的改变。这是如何实现的？在下面的章节中，我将讨论在经济困难的条件下，实施农村福利的方法。

新政府决定建立内务部（后来被称为民政部）来主要管理福利事业，并有其他相关的国家各级行政机构配合。内务部的主要任务是在农村地区提供社会保障，包括优待抚恤、灾难救济、社会援助等。像其他部委一样，民政部在全国范围内建立了分支机构，在省、市各级有民政局等，并通过省、县、镇/乡三个层次的设置开展工作。中央部委制定政策，然后通过较低行政级别的部门贯彻实施。但是，由国家出资的社会福利的范畴比较狭

① Pekins, Dwight and Yusuf, Shabid (1984), *Dual Development in China*, *A World Bank Publication*, Baltimore and London: The Johns Hopkins University Press, pp. 167－189.

窄——仅限于优待抚恤革命先烈和军人家庭等。农村的许多福利资金的筹措，还有许多日常福利的提供留给了基层集体（合作社、公社等）来兑现完成。

如前所述，从 1957 年 8 月起，中国农村的基层行政组织是人民公社。公社实行财产公有制和相对平均分配制。人民公社将政治、经济、社会和文化整合为一个综合管理系统。人民公社在经济上相对独立，还履行一系列政治职能，这些职能将农民置于一个高度组织化的基层网络中。政治上的控制，确保了农村的相对稳定，即使是在 1959 年至 1961 年的大饥荒时期。但是，也有观点认为，人民公社的组织化控制了个体的经济行为，抑制了农民致富的意愿和主动性与创造性[①]。

中国共产党运用群众运动的方式动员农民参与农村福利体系建设。新中国成立之初，中国政府没有一个完善的福利制度，经济基础薄弱，政府也无法提供大量福利，因此国家开展了各种群众运动，或者叫政治运动来弥补国家福利提供的不足。这些运动包括消灭血吸虫病的爱国卫生运动、提高识字率的扫盲运动，以及全民学习雷锋运动。每一种运动都依赖于群众参与以达到其效果。为体现群众路线的方针，中国共产党努力保持与普通百姓的密切联系，并运用它的基层组织网络建立起一个基于自助和互助的农村福利制度。

农村社会福利的基础是社会主义的集体经济，这是建立在农民接受新政治制度的逻辑和原则之上的。大规模的群众运动不仅把农民吸纳到国家体系之中，而且提高了他们参与农村公共生活的热情，使他们学会了如何参与和管理农村事务。在新中国成立的早期，在中国共产党的统一领导下，广大农民表现出了参与经济生产和管理社会的良好愿望和信念。正因为如此，他们愿意接

---

① 吴毅，1997，《人民公社时期的农村政治稳定形态及其效应——对影响中国现代化进程一项因素的分析》，《天津社会科学》第 5 期。

受新政府设立的价值观、制定的政策和目标，积极投身于社会主义建设。此外，让农民建立起主人翁感是非常重要的，因为这让他们觉得自己不像是被“接管”。农民支持中国共产党及其政策，这对国家来说是一个巨大的政治资源，这也是农村社会和政治稳定的基础，尤其是在人民公社的早期和中期[①]。

① 吴毅，1997，《人民公社时期的农村政治稳定形态及其效应——对影响中国现代化进程一项因素的分析》，《天津社会科学》第5期。

第九章

城乡二元结构下的福利制度（1949～1979年）

一　关于城乡二元福利结构

1. 城市和农村的福利制度差别

这一时期中国福利制度的重要断裂之一，是城市和农村之间因制度设置的不同造成了差距。如果按照蒂特马斯（Titmuss）的制度型和剩余型的社会福利模式分类①：城市的福利制度基本上是制度型的，它为城镇居民提供几乎包括从“摇篮到坟墓”的福利保障支持；而另一方面，农村的福利制度可以归为剩余型的，农村的社会福利的核心是救灾和救济，农民只能得到少量的现金和实物的救助。在农村，福利水平多年维持很低的水平，并且社会福利的范围极为有限，所有农村人口中只有很小比例的人有资格享受某种直接的国家福利。这一时期中国的福利制度是建立在二元的社会经济结构基础之上的。在这个二元福利制度中，城市居民和农村居民拥有明显不同的待遇。为了维护这一制度，国家设立了户籍制度进行控制，农村居民既不能迁移到城市，也不能享受城市的福利②。这种情况在当时的中国经济条件下有一定

---

① Titmuss, Richard (1958) *Essays on the Welfare State*. London: Allen and Unwin.

② 陆学艺，1997，《社会结构的变迁》，中国社会科学出版社；李昌平，2002，《我向总理说实话》，光明日报出版社。

原因：我国人口众多、资源有限。但是为什么国家选择这种政策？

当农村开始向社会主义过渡的时候，社会主义福利制度也在城市建立起来。1951 年，国家开始建立社会保障体系，其中涉及的第一项举措是创建劳动保险计划。该计划覆盖了在城市生产部门工作的人，包括在国有和集体企业工作的人。它涵盖了超过 2300 万工人和他们的家庭成员，占到了城市总劳动力的 94%。这个保险体系涵盖了疾病、生育、工伤和残疾、意外事故、年老和死亡等诸多方面。随着社会主义建设步伐的加快，尤其是随着 1953 年第一个五年计划的开始，国有和集体企业的规模迅速扩大，城市福利的范围扩大到日常生活的许多方面。在计划经济体制下，工作单位成为涵盖三个主要领域福利分配的关键，这三个领域是：①生活设施，如食堂、托儿所、浴室、理发店和裁缝店等；②用于特定用途的福利津贴，如困难补助，工作相关的交通补助，住房、取暖、用电补助；③文化和娱乐设施，如俱乐部、文化宫、图书馆、运动场、电影院等。根据中央的部署，任何新建的企业或机构都能得到国家对于上述非生产相关设施的拨款。除国家拨款外，员工的工资会被扣除 5% ~20% 汇入社会保险基金，该基金由企业工会在企业层面上进行管理。1950 年通过的工会法，规定了如何使用这些资金[①]。

从表 9 -1 和表 9 -2 中可以看出农村和城市的福利制度之间的主要区别。表 9 -1 给出了新中国成立后前 30 年农村人口的数量和占全国人口的比例。30 多年间，中国农民的数量增长了 70% 还多，但是所占的比例没有明显减少，减少比例仅为 3% 左右。城市人口在 30 多年间也增长了 1 倍多，占全部人口的比例增长了 3.2%。在 30 多年里，中国基本保持了城市、乡村的人口相

---

① 詹火生、杨莹、张菁芬，1993，《中国大陆社会安全制度》，台北五南图书出版有限公司，第 77 ~88 页。

对不变的比例。

表 9－1　城市人口和农村人口的数量及所占比例

单位：千人，%

年　份	总　数	城　市	比　例	农　村	比　例
1950	550.80	61.69	11.2	489.11	88.8
1960	660.25	130.73	19.8	529.52	80.2
1970	825.00	102.30	12.4	722.70	87.6
1982	1003.94	144.68	14.4	859.26	85.6

资料来源：世界银行统计数据，1984。

我们接着看国家在前30年给各经济部门的投资。我们看到在此期间中国工业，或者从某种意义上说是城市，在经济上受重视的程度。而反观给农业的投资，或者说农村的投资，比例很小，仅占10%左右。到了20世纪80年代，给予农业基本建设投资的比例反而比新中国成立初期的1952年几乎减少了一半，从13.3%降到了6.8%。而重工业投资比重从占国家经济全部投资的1/3强增长到一半左右的比例，表明重工业的发展一直处于核心地位。

表 9－2　国家基本建设投资份额

单位：%

年　份	农　业	重工业	轻工业	其　他
1952	13.3	34.3	9.1	43.3
1957	8.6	51.6	5.9	33.9
1962	21.3	55.0	4.0	19.7
1965	14.6	50.8	4.2	30.4
1975	9.8	51.8	8.9	29.5
1979	11.6	50.3	6.1	32.0
1981	6.8	40.3	10.0	42.9

资料来源：世界银行统计数据，1984。

世界银行是这样评论这些统计数据的："这些重点投资的结果是，产业工人的固定资产从1952年的526万产业工人每人3000元，上升为70年代末的5005万产业工人每人近9000元。相比之下，70年代末的29400万农村劳动力每人的固定资产（不含土地）只有310元。这不足为奇，每个工人增加的工业产值，从1952年的1650元（以1978年价格计算）上升到1978年的2809元，而每个农场农民的农业产值同期增加不到10%，仅上升至1978年的364元（以1978年价格计算）。城市工人和农村农民人均固定资产的比例接近30∶1，这夸大了真正的差异，因为土地和改善土地的资本都被排除在外了。"[①]

2. 二元福利制度的基础和政策保障

20世纪50年代初中国开始进行社会主义建设，政府在城市和农村采用了不同的经济和福利政策。这在中国形成了城乡二元化的社会经济结构。这个城乡二元结构隔离了城市和农村的生活，并且大大地优待城市、工人和工业。这个城乡二元结构有一定的制度基础和政策保障。执行这一制度的三个关键机制是：户籍制（户口），统购统销政策（国家垄断粮食、棉花和油的贸易政策），以及商品粮供应制（商业提供粮食的制度）[②]。

户籍制，最初建立于1951年。当时公安部公布《城市户口管理暂行条例》，把家庭作为户籍制度管理的基本单位。有两种类型的户口：城镇户口，城镇居住的居民拥有城镇户口（户籍）；农村户口，农村居住的居民拥有农村户口。户籍制度可以非常严格地控制人口，限制其流动，从1957年开始，农民迁入城市变

① 世界银行，1984，《世界银行统计数据》，第16页。

② 商品粮供给制与户籍制度密切相关，设立于1954年。其目的是确保城市居民生活必需品的供应，并根据户籍制度来运行配给制度。只有那些拥有城市户口的人才有资格领取口粮。

得非常困难。国家于 1958 年公布了《中华人民共和国户口登记条例》[①]。户籍制使农民离开农村变得极其困难。中国的粮食依靠政府采购，以确保给工业生产部门足够的粮食供应。完成这样的任务十分困难，因为要以最低成本从农业中获得足够的粮食[②]。设立于 1954 年的商品粮供给制与户籍制度密切相关。这个制度的目的是确保城市居民生活必需品的供应，并根据户籍制度来运行配给制度。只有那些拥有城市户口的人才有资格领取口粮[③]。统购统销制度迫使农民将大部分余粮低价卖给国家，而这些粮食被配给中国的城市，并且严格限制只供给那些拥有城市户口的人。这三项政策联合起来将农民束缚于土地之上，极大地限制了他们流动的可能性。同时，这些政策实施的方式，在经济和提供国家福利方面大大偏向于城市居民。

政府毫不掩饰，社会和经济二元结构的目的是帮助现代工业经济的快速建设[④]。可以说，世界上没有任何一个地方可以不通过资本的“原始积累”就获得工业的发展。中国是一个传统的农业国家，缺少工业化的物质基础。1949 年后，中国要发展现代工业，必须找到一种积累财富为工业投资的方式。政府积累财富的主要来源是农业。其实，当时不仅是农业要为工业贡献积累，就是工业部门本身，是先生产后生活。政府决定通过保持低工资来遏制城市消费，并通过国营供给制度提供生活必需品。在中国的城市，户籍制度是国家输送生活必需品的媒介。国家通过提供食物和基本的福利制度，保障城市居民的利益。但在农村，农民并

---

① 孙立平，2003，《断裂：20 世纪 90 年代以来的中国社会》，社会科学文献出版社，第 94 页；Pan Yi（1996），The Social Security System of China in Transition，A Assessment and Analyse，Tampere University，Finland.

② 孙绍骋，2004，《中国救灾史》，商务印书馆，第 95 页。

③ 孙绍骋，2004，《中国救灾史》，商务印书馆，第 96 页；Pan Yi（1996），The Social Security System of China in Transition，A Assessment and Analyse，Tampere University，Finland.

④ 陆学艺，1997，《社会结构的变迁》，中国社会科学出版社。

没有获得完全靠国家资助的制度型福利。国家希望他们本着自给自足的精神，能够通过土地保障、农田耕作收入、家庭支持、集体经济和社区组织支持，维持基本生活水准的福利。从这个意义上说，中国的社会政策适当地保护了工业和工人，而不是给予城市居民特权。

根据经济学家的观点，农业可以在经济发展中发挥各种作用。在工业化初期，农业的主要功能是支持城镇职工的生存，其次是为工业积累提供资本①。任何一个国家在工业革命之前，粮食生产都是工业、商业和贸易的重要组成部分。为了促进中国现代经济的快速发展，中国政府使用了一条有效的政治途径：二元化经济社会结构。这是政府为实现“向社会主义过渡”而选择的部分路径。这种战略需要一个为社会进步而设置的政治引擎。在这一过渡时期，国家的作用是规划和管理经济、政治和社会结构的各个方面。在总的计划下，政府通过建立规则和从上到下传达指令的行政管理机制实现了这一目标②。

这种二元化的社会经济结构会出现在中国有其历史特殊性。首先，和中国不同的是，许多西方国家，完成被马克思称为资本“原始积累”的过程有各自的方式。就像彭慕兰（Pomeranz）在他的著作《大分流》（*The Great Divergence*）中指出的那样，这些原始积累是通过剥削非欧洲人和获取海外资源来实现的。彭慕兰认为，这种积累是“原始的”，所谓原始，就是进行大规模资本积累的第一步。他还强调，19世纪的伟大变革，只有和欧洲获取海外资源的特权联系起来才能被创造出来③。他指出了西方国家经济发展、经济剥夺的黑暗历史。由于历史的差异，中国使用西

① 张培刚，1984，《农业与工业化》，华中工学院出版社。

② 于建嵘，2001，《人民公社的权力结构和乡村秩序——从地方政治制度史得出的结论》，《衡阳师范学院学报》第5期。

③ Kenneth Pomeranz（2000），*The Great Divergence*，*China*，*Europe and Making of the Modern World Economy*，Princeton：Princeton University Press，pp. 3 – 4.

方国家的原始积累方法是不可能也不可取的。其次，中国的计划经济体制，可以把经济社会生活按计划分步骤来完成。在那一时期中国所面临的特殊历史条件下，二元福利制度是一个合理的设置，是在困难时期可行的选择。那么是否需要拓展我们所认知的福利的范畴，城乡经济社会二元化结构在中国带来了什么，完成了什么使命?

3. 二元社会经济结构的结果——一个现代化的工业基础

户籍制度是实行社会主义计划经济的逻辑前提。以户籍制度为基础的城乡二元化社会经济结构，在中国从农业国转变为现代工业国家的过程中发挥了重要作用——帮助中国从一个农业国向现代化工业结构转型。莫里斯·迈斯纳（Maurice Meisner）指出，到20世纪70年代中期，中国已经从最落后的农业国发展为世界第六大工业国。在1/4世纪的时间里，中国的工业生产总值增加了30倍以上，平均增长率为每年11.2%，重工业总产值增长了90倍。第一个五年计划时期（1953～1957年），中国经济成就巨大，平均每年工业增长速度是18%。莫里斯·迈斯纳在《邓小平时代：中国社会主义命运的探寻，1978－1994》一书中，总结了前20余年的社会主义道路，得出的结论是：中国在计划经济时代（1953～1978年）为当代经济的发展奠定了坚实的基础，使中国从一个完全的农业国转变为以工业为主要依靠的国家①。同时对这一观点表示支持的有多次来到中国，在田间地头调查的英国社会政策学者戈登·怀特（Gordon White）。戈登·怀特指出，中国“前30年所取得的成绩不容小觑。中国保持了高比例的工业增长率，并建立了较为完善的工业和技术基础，同时避免了对其

① Meisner, Maurice (1996), *The Deng Xiaoping Era: An Inquiry into the Fate of Chinese Socialism, 1978－1994*, New York: Hill and Wang.

他国家的依赖。从1953年至1982年，工业总产值的平均年增长率为10.7%。工业占国民生产总值的份额增加了一倍多（从1959年的25.1%到1977年的59.6%）”。[①]

萨克利夫（Sutcliffe）提出了评价一个国家是否是工业化国家的标准。萨克利夫认为：一个工业化国家“工业部门的产值至少占到国内生产总值的25%，制造业部门至少占工业部门的60%，至少有占总人口10%的人在工业部门工作”。[②] 看前30年的发展，中国在前两个标准中得分很高，工业部门的产值占到国内生产总值的46%，到1982年，工业部门中约77%是制造业。但是，按照最后一个工业人口占总人口的比例标准，1982年，中国只有占总人口5.8%的人在工业部门工作。因此，戈登·怀特称中国为一个“半工业化”的国家。这一结论并不否认这一时期的工业成就。然而，需要对工业部门劳动人口的比例很低这一事实做一个合理的解释。户籍制度固化了农民的身份，以至于有很多农村出身的人虽然在城市和农村地区的工业生产部门工作，但他们仍被划为“农民”（这样可以减少国家福利支出部分）。因此，在经济建设的前30年，中国基本上建立了自己独立的现代工业体系，并且相对应的，建设了自己相对强大的国防工业体系。

而这些工业化建设的成就，或者说所谓“资本原始积累”，必须归结于中国的农民所做出的巨大贡献。统计数字表明，从1952年至1990年，农业产出的剩余总量11594亿元用于资助工业化[③]，其中1527.8亿元是通过农业税贡献，另外的8707亿元

① White, Gordon (1988), State and Market in China's Socialist Industralization in White, Gordon (Ed.), *Development State in East Asia*, London: Macmillan, pp. 153 - 193, p. 160.

② White, Gordon (1998), Welfare Orientalism and Occidentalism in the Analysis of East Asian Experience, in Goodman R. White, G. and Kwon, H. J (eds.), *The East Asian Welfare Model: Welfare Orientalism and the State*, London: Routledge, p. 8.

③ 学者对此有不同的统计，发展研究所综合课题组估计是8000亿元；李伟的估计是6926亿元，周其仁的估计是6127亿元。

是通过“剪刀差”积累的[①]，1359.2亿元来自农业银行发放的贷款。与此同时，从1952年至1990年，国家工业建设预算动用了由农业部门产出的约10000亿元，平均每年250亿元[②③]。这些数字清楚地表明了资源从农业流向工业、从农村流向城市的程度。

中央政策研究室的农业专家估计，从1979年至1994年，通过“价格剪刀差”的机制，国家从农业向工业转移了15000亿元，同时收取农业税1755亿元，盈余净收入12986亿元，平均每年从农业转移811亿元到工业。

二　农民福利的巨大改善不容置疑

虽然城乡二元社会福利结构明显偏向于城镇居民，但如果因此得出结论，认为中国农村那个时候没有福利保障则是错误的。在社会主义工业化的同时，我们不可低估农村中农民的社会福利。如果说1949年后国家建立的城市福利制度主要是从苏联复制借鉴的，那么中国农村的福利制度则是中国共产党根据中国农村的经济和社会条件，延续共产党在建党初期的宗旨和经验创建的。在社会主义工业化、建设城市社会福利体系的同时，国家也在农村建立了一个给农民提供基本生活和最低福利保障的社会福利制度。

农村的基本福利保障包括如下内容：通过将土地分配给农民实现基本的土地保障，让农民有粮食吃和有基本的收入保障；农民拥有自己的房子，并由家庭成员赡养老人；国家设立了“五

---

① 在农产品和工业品的交换中，国家实施了一项政策，即工业品销售价格要高于其价值，而农产品的销售价格要低于其价值，这是一个内在不公平的交换制度，它进一步加大了城乡差距。

② 王俊华，2000，《论二十一世纪苏南农村医疗保障体系的创新》，《学海》第6期。

③ 张英红（2002年）的另一项统计表明，1952年至1986年期间，国家通过价格剪刀差，从农业中拿走6868.12亿元，这占到那些年农业产值的18.5%。

保”制度，为没有家庭的老年人和其他弱势群体提供服务；救灾救济和贫困救助是农村社会福利的核心任务；农村集体负责建立和管理包括合作医疗和赤脚医生在内的医疗保健系统；有处于实践中的九年义务教育和其他农村公共设施基本建设；等等。这些计划的实施催生了农村福利体系和网络，这为大多数农民提供了基本的安全保障和相对稳定的生活标准。对大多数农村人口来说，与过去相比，生活有了显著改善。农民在此期间拥有基本水平的福利和家庭团聚在一起的幸福，这一点显而易见。

英国学者戈登·怀特认为：“20 世纪 50 年代至 70 年代，大部分农村人口获得的福利大幅增加。”① 高默波在他的著作《高家村》中有更多具体的阐述。他举例说：“如果我们挑选一下高家村在毛泽东时期受益最多的领域，那就是健康领域。儿童死亡率从 20 世纪 60 年代起已明显下降。正是在毛泽东时期，高家村村民在自家门口就可以获得现代医疗服务。”②

1984 年中国共产党中央委员会公布了关于经济体制改革的决定：“共同富裕决不等于也不可能是完全平均，决不等于也不可能是所有社会成员在同一时间以同等速度富裕起来。如果把共同富裕理解为完全平均和同步富裕，不但做不到，而且势必导致共同贫穷。”这一原则好像也适用于新中国成立后的前 30 年。如果没有二元社会经济结构，也没有资本的原始积累，那么就不会有现代工业的基础和财富，结果更可能是共同贫穷。对于像中国这样大的国家来说，一夜之间或一蹴而就地达到现代化的工业阶段是很难想象的。在中国资源有限的条件下，即使所有人都是一个国家的公民，在一定程度上限制内部迁移也是合理的。工业发展

① White, Gordon (1988), State and Market in China's Socialist Industralization, in White, Gordon (Ed.), *Development State in East Asia*, London: Macmillan, pp. 153 - 193, p. 183.

② Gao, Mobo (1999), *Gao Village, A Portrait of Rural Life in Modern China*, London: Hurst & Company, p. 72.

是一个循序渐进的过程：第一项任务是发展城市，然后扩大和延伸到农村地区。在发展的过程中，因为急于赶上西方，政府犯了一些错误，例如“大跃进”，但是其目的是要消除“三大差别”：农村与城市的差别、工业与农业的差别、体力劳动与脑力劳动之间的差别，然而由于操之过急的平均主义的做法导致了戏剧性的失败。

此外，由于农业集体制度，农民参与了生产队内的公共事务的讨论，包括选举生产队的领导和社会福利的分配。在某种程度上，农民享有政治权利和社会权利，他们拥有富有意义的集体生活。

在二元社会经济结构的条件下，中国城乡之间存在的巨大差距已经引起了国际上一些关于社会公正甚至人权的讨论。没有详细的调查和分析，任何关于道德问题的阐述和判断都是轻率的。以上的叙述与分析，应该能够给出一个清楚的回答。国内也经常有人否认市场经济改革前30年的社会主义发展业绩。以上的分析，对这样的论点也给出了回应。

不可否认，改革开放之前的30年，农村居民和城市居民的社会福利水平存在巨大差异。市场经济改革后，这个差异应该缩小了。但是，我们却诧异地发现：真正造成城市和农民巨大差异的，特别是让农民明确感觉到了巨大差异，则是改革开放以后，城市和农村福利支出的差距。表9－3可以说明一些问题。

表9－3　社会福利支出

项目＼年份	1991	1992	1993	1994	1995	1996	1997	1998
国家社会福利								
国家支出（亿元）	1736	2090	2681	3294	4043	4715	5300	5645
人均支出（元）	150	178	226	275	334	385	429	452

续表

项目 \ 年份	1991	1992	1993	1994	1995	1996	1997	1998
城市社会福利								
城市支出（元）	1692	2051	2639	3246	3980	4633	5215	5548
员工福利（元）	1095	1310	1670	1958	2361	2725	3043	3360
养老保险（元）	554	695	914	1219	1542	1818	2068	2074
城市社会救济（亿元）	43	46	55	66	77	90	104	114
人均支出（元）	554	634	791	946	1131	1289	1410	1462
农村社会福利								
农村支出（元）	44	40	42	49	64	82	85	97
农村社会救济（元）	27	19	17	21	27	34	32	46
社会福利基金（元）	17	21	25	28	37	48	53	51
人均支出（元）	5.1	4.7	4.9	5.7	7.4	9.5	9.8	11.2

资料来源：中国统计年鉴：中国农村统计年鉴（1992～1999年）、杨翠迎（2003年）的统计数据。

从表9-3可以看出，在1991年，当国民人均社会福利支出为150元时，城市居民平均为554元，农村农民平均为5.1元；到了1998年，当国民人均福利开支是452元时，城市居民平均为1462元，农村农民平均为11.2元。另据统计，在过去的几十年中，占人口80%的农民只获得了11%的国家社会福利开支，而占人口20%的城市公民却获得了89%的国家福利开支。到90年代初，国家在城市福利上花的钱比在农村福利上花的钱多29倍①。所以，我们不能把目前巨大的城乡差别归结于计划经济下的城乡二元结构。

相反，中国的福利制度是当时发展中国家的一个例子，它表

① 朱庆芳、葛兆荣，1993，《社会指标体系》，中国社会科学出版社。

明，即使一个国家很贫穷，它仍然有能力在现代工业化建设发展的过程中保证人民的基本福祉。简言之，当时中国的农村社会福利水平与农村经济发展水平是相吻合的。

三　小结

如上所述，社会主义建设时期，农村社会福利制度的构建有几个重要的影响与意义。

第一，社会主义的农村社会福利体系是在中国历史上第一次为农村人口建立的一个合理完善的福利制度。它通过在农村建立社会主义的集体制度，以多种形式为农民提供社会福利保障，包括“五保”制度、农村合作医疗和三级卫生体系、灾害救济和贫困救助体系、困难补助体系、义务教育、文化和娱乐以及其他各种形式的互助。一般来说，福利的内容以救灾救济为主，福利提供的标准相对较低，但福利制度的覆盖范围却相当广泛。社会主义新农村的福利制度给农民的生活和福祉带来了翻天覆地的变化。此时农村的社会主义经济生产及福利制度，保障了农民的基本生活水平。

第二，社会主义的福利体系体现的是集体主义，弘扬的是平等互助的精神。农村社会趋向于建设一个社会主义大家庭，在这个大家庭里，一方有难、八方支援。这些理念和价值体系增强了社会团结和凝聚力，使社会凝聚成一个整体。这些思想是福利体系的基础。

第三，这种制度是在新中国成立初期，经济发展很落后的背景下建立的。这说明，在经济欠发达的情况下，国家可以对人民的福利有一个基本保障，同时这种福利制度没给国家预算带来沉重负担。农村社会福利主要是通过集体来实施，这些集体包括生产队、大队和人民公社等。政府提供给村民的福利非常有限，一般是基于集体互助。此时，是政府、集体和家庭共同承担责任，体现了政府主导、集体帮助、自救为主的方针。为了克服资金缺乏的困难，许多福利建设是通过群众互助和使用“群众路线”“群众运动”策略组织实施的。通过使用这种策略，农村福利制度成为一个相对有效的制度，它为农民生活提供了一个基本的保障。

第四，这个制度有二元化的特点，它将中国社会分为两个独立的部分。农村农民和城市居民属于完全不同的福利体系，经济分配和社会利益都大幅度地偏向于后者。二元社会制度是建立在一个前提之上的，这个前提是：农村人口拥有土地，为了促进工业积累他们维持最低水平的福利。城市发展的渐进过程中应该在下一阶段大幅度帮助农村地区提高生活水平。二元福利制度是通过户籍制度、统购统销和商品粮供应等政策的实施而实现的。这个计划保证了国民经济建设、社会主义工业化的起飞和国防建设的发展。

第五，这种福利制度是建立在计划经济和人民公社制度基础之上的。人民公社作为一个政治和经济单位，当时在农民的生产、消费、福利和日常生活的管理中发挥了重大作用。作为中国农村国家行政的基本单位，人民公社的关键职能之一是从农民那里征收农业税和公粮。就像迈斯纳·莫里斯指出的那样，虽然改革开放之前的30年有不平等现象和错误的政策，但是如果没有计划经济时期积累的基础和从农业经济中提取的大量盈余资金，中国就不可能在后来取得令人瞩目的改革成就①。

第六，当时的农村福利体系与当时农村的经济发展阶段相适应。由于中国处在经济发展初期，农业经济的发展速度和水平也处在初级阶段，农民的生活状态相对来讲仍然处于落后状态。农村福利水平很低，只能维持基本生存，属于经济发展初期的水平。

---

① Maurice, Meisner (1998), *The Deng Xiaoping Era: An Inquiry into the Fate of Chinese Socialism*, 1978 - 1994, New York: Hill and Wang.

第四部分

市场经济下福利制度的重建与探索

第十章

社会救助（1979～1998年）

社会主义新农村的福利制度给农民的福利带来了巨大的变化。此时农村的社会主义经济生产及福利制度，保障了农民的基本生活水平。但是，农业经济的缓慢发展，使农民的生活水平仍然处于相对落后状态。20世纪70年代末，一场被称为“社会主义市场经济改革”的农村经济改变兴起，继而蔓延中国农村。这个改革要给农村的面貌和农民的生活以改观。随着经济发展战略的改变，农村社会也在重建，原有的集体经济瓦解，在此基础上建立的农村社会福利制度也随之瓦解。本章将探讨农村改革给原有农村福利制度带来的冲击，以及在市场导向的经济条件下农村福利措施和体系的新探索。

一　经济社会背景

1. 走向个体经营

1978年经济改革开始，农村向市场经济为导向的经济制度转型。改革的目的是要极大地促进农村经济发展，让农民从国家的管控中得到释放，并依靠市场发展来提高生产效率并增强激励机制。为适应这次改革，国家采取了一些举措，最主要的是实现农民从集体生产到个体生产的转变。此外，每个家庭成为一个生产单位，每个农民分配到一定数量的耕地，根据农业产出配额，与集体签订合同，确定生产量和土地使用期限。这种土地家庭联产承包责任制，极大地释放了农民的生产积极性。20 世纪80～90 年代，农业经济发生了巨大的变化。

随着经济的发展，为了提高农民收入，政府多次调整农业政策。首先，1979 年农产品采购价格提高了 20%，同时降低了农业税。其次，政府积极促进农业副业生产。1984 年，国务院为恢复农村市场，允许农民将富余的粮食销往自己户口所在地以外的县和市。一年后，国家取消了对粮食收购的垄断权，并开始根据合同购买粮食。从 1984 年起，在不改变农民户籍的情况下，政府开始允许农民进入城镇工作和经营，并负责安排自己的粮食、经济支持和住房①。总之，政府集中精力发展农村经济，努力提高农民收入及收益。在最初的十余年间，乡镇企业快速发展。到 1993 年，乡镇企业产出占整个农村经济产出的 2/3，占全国总产出的 1/3 和第一季度出口收入的 1/4。此外，乡镇企业还提供了 12350 万个就业岗位②。1978～2002 年，农民人均年纯收入从 134 元增长到 2476 元。扣除通货膨胀因素，农民人均年纯收入增长 4.3 倍，年均增长 7.2%③。

经济的发展带来了工业和社会的变化。为了更进一步地解放生产力，减少农民的束缚，1982 年，宪法宣布废除人民公社制度。1983 年，公社的行政职能转移到镇（乡），生产大队和生产队也随之解散，基本的集体生产组织消失了。为当地农民提供福利的组织不存在了，因此，集体福利制度也不复存在。

2. 农村集体福利的解体

在农民生产的自由度得到极大的提高，生产力得到释放的同

① Solinger，J. Dorothy（1991），*China's Transients and the State：A Form of Civil Society*? Hong Kong Institute of Asia - Pacific Studies，Hong Kong：Chinese University of Hong Kong.

② Wong，Linda and MacPherson，Stewart（1995），*Social Change and Social Policy in Contemporary China*，England：Avebury，p. 4.

③ 李培林、朱庆芳等，2003，《中国小康社会》，社会科学文献出版社，第 14 页。

时，农民也失去了许多原来的福利保障。农村福利体制上的变革对社会政策产生了深远的影响，伴随着人民公社的解体，一个现实的问题就是农村社会福利的资金从哪里来。以前，人民公社和生产大队的福利资金都来自集体提留和分配。这笔钱先是从集体收入中扣除，然后再分配给户主。当集体经济解体，这样的福利资源也就断了。同时，如教师和医生等服务提供领域的专业人士，这些宝贵的人力资源开始流动，或者投入市场经济中经营自己的私人业务，或者投身到其他赢利更丰厚的行业从而改变自己的职业生涯。当集体生产被废除时，许多以前依靠集体帮助的贫困家庭就失去了支持。许多省份废除了农村医疗卫生保健制度，到 1985 年原有的合作医疗制度仅存 5%①。当农民生病或病重时，就产生了问题。家庭中主要劳动力致病，同时因疾病而产生的高昂医疗费用，使许多家庭陷入贫困。当年轻人走向城市后，老人被独自留在农村，导致农村地区空巢老龄人口数量不断增长。同时，家庭承包制也导致了新的社会问题，比如一些缺少资源和能力的家庭不能很好地经营生产，造成了新一轮的贫困和社会排斥。

3. 国家对农村社会福利支出不足

在农村开始以市场为导向的经济改革以后，不仅农村原有的集体经济解散，集体保障削弱，同时国家给予农村的社会福利的支出比例也大幅降低。在此阶段，占人口总数 80% 的农民仅占有 11% 的国家社会福利开支，而占人口总数 20% 的城市居民却获得了 89% 的国家福利开支。

二　农村社会福利的新实践

原有的农村社会集体福利体系的瓦解导致了农村福利缺乏保

① 王延中，2001，《发展中国农村医疗保障体系》，载陈佳贵主编《中国社会保障发展报告》，社会科学文献出版社，第 279 页。

障和混乱。改革开放后，新的福利意识形态和社会保障计划从发达的西方资本主义社会引入中国。在全球化经济和新自由主义福利思潮的影响下，弱国家、强社会、强个人、强市场的趋势让福利责任更多的趋向于个人和市场。政府相关责任部门开始探索新的途径，建立适应社会主义市场经济的社会保障体系。“社会保障”这个词是从美国引进的。因为福利一词容易让人联想到福利国家，而福利国家一词在当时意味着高福利和国家责任，在当时的思想意识中是负面的词语，要遭到批判。

从 1987 年开始，民政部试图建立不同层次的适合农村各地区的社会保障网络：①在欠发达地区，福利工作的重点是发展救灾救济和社会救助，工作的目标是使极度贫困欠发达的经济地区“积极投入生产”，而不是“被动地接受扶持”。②在经济发展适中的农村地区，民政部发展福利产业，促进救灾和扶贫互助储蓄会建设。③在经济发达的农村地区，则发展以社区为基础的养老保险和救灾合作保险。以下是关于这些福利措施探索的具体解释。

1. 欠发达地区

根据国家统计局的数据，1978 年，全国有 2.5 亿人生活在贫困中，其中 85.2% 的人生活在农村。1986 年中国政府确定了贫困线，当时的标准是 200 元，到 1990 年提高到 500 元，而到 1995 年则是 530 元。依据这个标准衡量，全国有 6.5 亿人生活在这个标准之下。面对巨大的贫困人口数量，政府重点开展的两项扶贫工作是：国家反贫困计划和民政部指导下的扶贫工作[①]。

（1）国家反贫困计划

根据贫困程度，政府将贫困地区分为三个等级：国家级、省

① 王思斌等主编，1998，《中国社会福利》，香港中华书局，第 217～219 页；Selden, Mark (1997), China's Rural Welfare Systems: Crisis and Transformation (Hong Kong) *Journal of Social Sciences*, no. 10, Autumn.

级、县级。国务院设立专项资金，用于支持国家一级贫困县；省级政府设立基金或发放贷款，用于支持开发省级贫困县；县级贫困县则依靠地方政府扶助支持。70%的贫困人口集中在西部和中部地区，主要是老（革命老区）、少（少数民族）、边（边疆）、穷（贫困）地区。

1980年，国家设立发展基金，财政部对贫困地区提供直接的财政援助。1983年国家建立“三西”[①]农业建设特别基金，在西部地区发展农业和灌溉技术。1984年，政府优先考虑在一些地区采取新的措施，如减少或免除税赋等。财政部配发1.2亿元用于农田水利灌溉建设领域[②]。

从1985年到1997年，国家倡导“以工代赈”的扶贫政策，该政策旨在通过公共项目建设工程提供救济。例如，向贫困地区的人提供衣服和化肥，支持他们的道路或饮用水设施建设。道路建设的目的是促进本地交通畅通，建成污水处理设施用以改善村民的生活质量，这种建设将村民取水超过1公里的直线距离，缩短为不到100米。在1985年到1991年间，“以工代赈”完成了13.1万公里的道路，7900座桥梁和2400公里的内河通道建设。农村供水条件得到改善，20万人和13万头牲畜有了安全饮用水[③]。国家每年利用价值2亿元的工业产品，资助这些项目[④]。

1986年，政府成立扶贫基金，给贫困者提供免息贷款和低利率贷款。在第七个“五年计划”（从1986年开始）中，国家把老少边穷地区的发展纳入国家社会经济发展计划，扶贫贷款总额为3亿元。

1994年，国家出台“八七”扶贫攻坚计划，要求不同的政府部门，包括经济、文化、社会、卫生、生产机构及社会组织等参

---

① 三西：河西、定西和西海固。

② 王思斌等主编，1998，《中国社会福利》，香港中华书局，第221～222页。

③ Selden，Mark（1997），China's Rural Welfare Systems：Crisis and Transformation（Hong Kong）*Journal of Social Sciences*，no. 10，Autumn.

④ 王思斌等主编，1998，《中国社会福利》，香港中华书局，第222页。

与扶贫[①]。最引人注目的努力是通过科学技术在大别山扶贫。这次行动是由中国科协领导的，通过在贫困地区传播农业技术改善农作物生长环境。其他计划如“温饱工程”“星火计划”等，促进了农作物新品种如杂交水稻、杂交玉米的传播，推广了地膜覆盖、化学施肥、病虫害防治等新技术，并全面发展了农业、畜牧业、林业及当地特色产业。这些计划把扶贫与经济发展互相联系，推动了贫困地区参与商业和市场经济。“八七”扶贫攻坚计划的目标是，在7年之内，至2000年，改善592个贫困县中的80万个家庭的贫困现象；至1996年每年筹集1亿元的“以工代赈”基金和1亿元的扶贫贷款。而实际上，该计划筹集了1.5亿元的“以工代赈”基金和3亿多元的扶贫贷款[②]。在20世纪80年代，国家连续超过8年为1200个县提供了5.5亿元资金。到1988年底，中国农业银行为1200个县提供了2.7亿元的低利率贷款[③]，同时国家提供了10亿元的扶贫基金[④]。

国家反贫困计划是一项全国性的、密集性的行动，广泛覆盖各领域及大量人口。它表明国家要为中国农村的贫困状况负责，并在扶贫中发挥重要作用。在中央政府的计划经济体制下，国家动用各种资源与贫困作斗争。反贫困在中国达到了前所未有的程度和范围，其成就是巨大的。然而，政府的反贫困计划也存在一些问题。第一，受市场经济影响，在发展经济和努力扶贫之间出现了冲突。由于每年放贷4.25亿元，银行不得不考虑还款能力，从而在扶贫的方向上也随波逐流。极度贫困县缺乏获得贷款的经济抵押品资源。此外，扶贫政策鼓励投资项目，如粮食和农副产品生产、养殖、家禽饲养等，但银行在面对贫困县不利的情况和

① 王思斌等主编，1998，《中国社会福利》，香港中华书局，第220~226页。

② 王思斌等主编，1998，《中国社会福利》，香港中华书局；朱玲、蒋中一，1995，《以工代赈与缓解贫困》，上海三联书店。

③ 陈良瑾、王婴、李玉华编，1990，《社会保障》（内部资料），民政部民政管理干部学院社会福利与社会进步研究所，第221页。

④ 杨翠迎，2003，《中国农村社会保障制度研究》，中国农业出版社。

被看好的行业及企业时就犹豫了，因为后者可以提供更高的回报。总体而言，银行宁愿减少贷款来降低损失风险。第二，不同的政府部门间缺乏合作。例如，一个多环节的扶贫项目需要各部门一起提供资金，但部门间并没有配合好，导致项目效率低下。第三，贷款程序不符合当地情况。例如，中央贷款需要20%～30%的地方配套资金作为补充，贫困地区无法筹集到足够的资金来满足这一要求。第四，有些扶贫项目不能满足当地需求。例如，在"以工代赈"计划中，一个乡（镇）认为道路建设非常重要，但是却被要求开展其他项目。一旦这个乡（镇）按照自己的意愿建设道路，农业局会责令该乡（镇）偿还贷款。第五，贫困县非常缺钱，因此，这些县时时将扶贫贷款挪作他用，如为农民购买农产品及农副产品。

（2）民政部关于贫困家庭的救济

国家所关注的是大片的贫困区域，而民政部则重视个别贫困家庭，主要为他们提供季节性、临时性的救济。这些措施和国家的大面积扶贫计划形成互补。

民政部于1979年发布了一份关于在太平公社扶贫时的调查。该文件提出了如下扶贫步骤：①确定贫困家庭；②帮助他们发展家庭副业生产；③为他们提供经济支持；④组织干部和群众，以小组包户方式开展扶贫工作，帮助他们搞承包；⑤开展教育和培训，阻止人们对穷人的歧视①。这是从人民公社到"大包干"过渡期加强社会保护的一步。

提供救济资金是一贯的贫困家庭救济政策。民政部对每个贫困者有固定的救济金额，避免资金滥用。1994年，民政部筹集800多万元作为农村特困户救济基金，帮助了300万农民。民政部还关注如何使用贷款资金。为了确保钱用得其所，民政部为贫困农民提供信息、技术和管理办法，来帮助他们发展经济和生

① 多吉才让主编，1996，《救灾救济》，中国社会出版社，第221页。

产。不但帮助他们发展农业生产，还帮助他们开展林业、畜牧业、渔业、工业、商业等其他生产。民政部还安排结对子，由一个有能力的家庭帮助指导一个贫困的家庭脱贫。在民政部的救济工作中，科学技术也发挥了重要作用。

在农村救灾和扶贫工作中，回收资金是一个新的改革措施。1980年黑龙江省出现了一种新的扶贫方法——“借用，然后偿还”。同时，在河北省、江苏省和吉林省也出现了另一种返还灾难救济款的行为。民政部支持这一措施，以鼓励贫困家庭自立自助从事生产。这种方式将救灾救济和扶贫联系起来。当灾难发生时，资金就用于救济灾难；在没有灾难的时候，该资金就用于扶贫。这样的资金要么低息要么免息。通过贷款—还款的循环，资金被重复用来救济贫困家庭。回收资金能够吸引来自政府其他部门和组织的捐款。扶贫回收资金由几部分组成，包括救灾救济补偿的部分、国际补偿的部分及国内捐赠的部分，每年补偿的部分不能超过灾难救济资金总额的30%。至1996年，国家拥有了2.3亿元的扶贫循环基金。如果有一半用于贷款的话，那就是1.15亿元人民币，相当于1995年中央政府所分配的救灾资金（1.9亿元）的60%。在1994年，借给贫困家庭的资金总额约为4.04亿元，帮助了436万个贫困家庭中的237万个家庭，占贫困家庭总数的54%①。

民政部还推动建立经济实体来进行扶贫。在以市场为导向的经济体制下，将扶贫与工业及商业服务相结合，扶贫实体就是联合贫苦农民成立的经济组织。如1983年，在山西省鹿城县的东夷乡，农民携手合作建立了一个化学工厂。乡政府成立了一个扶贫中心，组织200名农民搬运石头。三个月以后农民的月平均收入为150~200元。参加这个项目的贫困农民平均月收入为800元，有的人收入达到1500元。该中心的纯收入为8万元，是每年

① 多吉才让主编，1996，《救灾救济》，中国社会出版社，第226~249页。

政府救济资金的 8 倍。民政部 1989 年颁布了《全国救灾扶贫经济实体管理暂行办法》，加强和规范了这种类型的经济组织。

民政部发出关于救灾和扶贫实体的临时性管理办法，界定了减灾和消除贫困的经济组织，还提倡它对残疾人和退伍军人提供就业服务。这种经济组织有如下几个特点。第一，用自助的方式来促进生产经营活动；第二，贫困家庭和灾难受害者家庭占经济组织构成的 70%；第三，这类组织提供一定比例的救灾和贫困救助资金；第四，能够得到来自民政部的资金辅助支持。民政部在某些情况下会为一些经济组织提供财政支持。另外，一些灾难受害者与贫困家庭占一定比例的经济组织，能够享受如减税或免税的优惠政策。1994 年，全国有 25000 个扶贫组织，共有 6.3 亿元固定资产，3.9 亿元流动资金；有 73 万名工作者，其中灾难受害者、贫困者、残疾人、退伍军人及其家属占 89%；年产值为 16.72 亿元，产生 1.73 亿元的利息。全国有 2860 家扶贫中心①。

1978 年，按当时的标准，农村贫困人口约为 2.5 亿，到 1996 年减少为 5800 万。贫困发生率从 1978 年的 31% 下降到 1996 年的 7%。在这 18 年中，近 200 万的绝对贫困人口脱离了贫困②。按照世界银行贫困线标准的统计，我国贫困人口从 1981 年的 4.9 亿下降至 2004 年的 8800 万③。当然，这个贫困标准是随着时代的发展被重新限定的，如在 2012 年，根据世界银行每人每天 1 美元的国际标准，中国的贫困人口超过了 1 亿。

2. 发展中地区：救灾扶贫储金会

1982 年冬天，作为救灾扶贫储金会的前身，自然灾害互助储金会在江西省鄱阳、临川、丰城这三个容易大面积出现灾害的县市成立。到 1988 年 6 月，该省有 19600 家储金会成立。96% 的村

---

① 多吉才让主编，1996，《救灾救济》，中国社会出版社，第 226、252、254 页。

② 民政部政策研究室，1997，《中国农村社会保障》，中国社会出版社，第 61 页。

③ 《金融时报》2004 年 8 月 6 日。

民委员会成立了储金会，并吸引了77%的农民家庭加入。储金会的资金总额为1.18亿元，每个储金会的资金均超过6000元。1984~1987年，每个县的储金会资金达到2.1亿元，支持了235万个家庭。其中，8079万元用于灾害受害者的救济；6258万元用于804000户家庭的扶贫；1265万元用于投资建立和支持2200个经济组织，为57000名农民提供就业支持，其中包括38000名贫苦农民；800多万元用于为160000人提供医疗贷款。在一年多的时间里，储金会的经营额至少达到了8000万元①。这种类型的互助储金会在国内逐渐风靡。云南省拓宽了储金会的功能用于贫困户食品供应。到1998年底，全国互助储金会的数量达到136000家，总金额超过4亿元②。

互助储金会是一种乡村自我管理和相互合作的基层金融组织（草根组织）。最初，它将从每个家庭筹集起来的钱储蓄起来，准备用以帮助成员灾害后生存。而后，国家、乡、村联手支持这类储金会，资金来自三方：国家救灾资金、村级资金和个体农民捐资。储金会成员选举出管理委员会来管理资金。捐资的个人可以得到奖励，向储金会借资用于救灾和援助的个人应返还借款。储金会的主要目的是为没有生产能力或致富机会的穷人提供灾后救济，恢复和发展生产以使其摆脱贫困。这是一种非营利组织，因此其利率较低，对投资人缺乏吸引力。

随着经济环境的变化，互助储金会逐渐成为一个非政府的金融机构。有些储金会开始投资高风险的项目，并遇到了管理上的困难。自1998年起，国家开始整顿这类储金会。在市场经济体制下，储金会的运作成为经济法研究的一个议题。互助储金会是一个政府援助下的私人非营利组织。在严格的市场经济法规下，

① 陈良瑾、王婴、李玉华编，1990，《社会保障》（内部资料），民政部民政管理干部学院社会福利与社会进步研究所，第217页。

② 邓大松等，2000，《中国社会保障若干重大问题研究》，海天出版社，第279页。

财政部门认为，这不是一个好管理的业务单位。为了发展纯粹的市场经济，政府应该停止支持互助储金会，于是储金会逐渐淡出服务领域，失去了它的功能。然而，互助储金会是农民扶贫互助的一个特殊产物，它确实帮助农民应对了风险，并在农村福利和扶贫救助上扮演了重要的角色。

3. 发达地区：救灾合作保险和养老保险

在经济较为发达和较富裕的农村地区，民政部尝试了西方国家先进的在市场经济条件下进行灾难救济的方法，其中行之有效的措施之一是社会保险。

（1）救灾合作保险

1987 年，民政部在安徽、浙江、江苏、黑龙江等省进行救灾合作保险的试点项目。该项目在 1988 年增加到 80 个县，在 1989 年扩大到 102 个县。同时，有管理经验的保险机构出现在省、地、县三级①，主要提供农作物保险，还有住房、农场牲畜和劳动事故保险等。保险基金主要来自国家（每个试点约 50 万元）、集体和个人捐款。县一级是救灾的基本单位，并提供比村更多的资金（互助储金会在村一级）。这种模式适用于发达与半发达的地区，在贫困地区，仍然是国家在灾难救援中发挥着主要作用。国家承担救灾的全部责任已经有 30 多年了，现在社会保险被期望承担起这种责任。

救灾合作保险有几个积极的作用。第一，它涵盖了广泛的领域，并提高了救济标准。在安徽省丹东县，国家救济基金自 1979 年起在 7 年内覆盖到了 5% 的灾难受害者。1987 年，救灾合作保险有效覆盖了 36.6% 的灾难受害者。1988 年，8 个县的 159 个乡收到的灾难补偿，分配到各家各户后高于国家的救济基金标准，

① 陈良瑾、王婴、李玉华编，1990，《社会保障》（内部资料），民政部民政管理干部学院社会福利与社会进步研究所，第 229 页。

和 1998 年的国家救济标准相当。第二，它是快速有效的。本地保险基金可以在半个月，有时只要一两天内就可以迅速交付给受助者。第三，它遵循利润第一、保障第二的原则。这种原则将权利和利益相统一。第四，它拓宽了扶贫资金的来源。例如，1991 年，长沙市农民对保险的贡献是国家救济基金的 4 倍以上。第五，它形成了资金积累，从而增强了当地居民应对灾难的能力①。在 1991 年，救灾的成本为 8700 万元。

救灾合作保险从 1990 年开始出现停滞，中国人民银行做出指示要求“试点地区的农村救灾合作保险应保持在目前 102 个县的水平，不可以任意扩展”。因此，民政部于 1995 年调整其组织结构时并没有为这项工作安排工作人员。政策制定者终止救灾合作保险的主要理由是有地方依此骗取了大量的额外补偿。保险理赔在湖南省 12 个县的比例升至 137%。如果该省每个县都以这样的速度进行补偿，每年将需要 2 亿元。另外，在这些地方，国家救灾救助制度与合作保险共同存在。没有参加合作保险的农民仍然可以得到国家救灾救济项目的援助。因此，农民缺乏参加保险的动力。

在救灾合作保险的性质上有一个争论：它是社会保险还是商业保险。救灾合作保险被民政部作为一种社会保险运作，但是，中国人民银行将它认定为一种商业保险。国家并没有就其性质做出任何结论。救灾合作保险由民政部管理，但它的预算却由政府通过中国人民银行进行管理和监督。中国人民银行拥有司法权用以限制救灾合作保险的扩张，最终导致了救灾合作保险的终止②。总之，关于政府的政策可以提出一系列问题。是否所有的保险都应该是商业性质的？如果不是这样，政府能够处理巨额保险索赔要求吗？在一个过渡时期，怎样将新的方法逐渐引向社会？同样的问题可能

① 邓大松等，2000，《中国社会保障若干重大问题研究》，海天出版社，第 284 页。

② 邓大松等，2000，《中国社会保障若干重大问题研究》，海天出版社，第 284 页。

在其他保险计划中也被问及。

（2）农村社会养老保险

根据1990年的人口普查，农村人口老龄率（60岁）为8.2%，且每年增加3%。家庭——这一传统的提供基础福利保障的单位——的结构发生了变化。家庭的功能随着计划生育政策的一胎化做法和其规模的变小，有所弱化。农村青年劳动力渐渐流入城市，农村家庭的平均规模为4～5人①。因此，经济发达的地区已经开始探索新的途径来应对老龄化。上海市从20世纪80年代初启动了农村社会养老保险，依靠集体企业来为老人提供退休金。1986年，77%的上海农村老年人拥有了退休金，每人每月从40元至45元不等②。

1978年10月，在江苏省沙洲会议上，民政部做出决定，要求经济发达地区开始在农村地区实行以社区为基础的社会养老保险计划。

这种以社区为基础的做法有两个层面。首先，村作为一个基本的社会单位，它具有基本完善的组织体系。其次，乡作为行政单位具有集体企业作为经济基础。这使得只要具备了条件，农村就可以陆续实施社会养老计划。乡具有易于推动扩大农村地区的社会养老计划的优势。问题在于很难通过相同的标准来建立和评估不同地方的社会养老计划，每个计划只覆盖一个小地区。同时，当经济形势不好时，养老金计划也就消失了。乡作为一个比村大的社会单位，具备较大规模调整养老金计划的灵活性，因此，乡统筹可以很容易地调整政策适应国家养老金计划目标③。但是，早期最常见的社会养老保险计划，则照搬了城市基于国有

① Joy, C. B. Leung and Nann, C. Richard (1996), *Authority and Benevolence: Social Welfare in China*, Hong Kong: Chinese University Press, p. 122.

② 陈良瑾、王婴、李玉华编，1990，《社会保障》（内部资料），民政部民政管理干部学院社会福利与社会进步研究所，第223页。

③ 詹火生、杨莹、张菁芬，1993，《中国大陆社会安全制度》，台北五南图书出版有限公司，第343～345页。

或集体企业养老保险制度的模式。因此，村或乡的集体企业成为养老保险的资金筹集单位，个人并不需要缴纳费用。这种方案更像是企业退休金，并没有多大的社会保险意义。同时，由于管理工作在乡、村一级，不同地区有不同的办法，管理方法混乱[①]。

因此，在深入调查的基础上，民政部于1992年颁布了《县级农村社会养老保险基本方案》（民办发〔1992〕2号），制定了农村社会养老保险的指导思想和基本原则。在这个基本方案的基础上，农村社会养老保险要求个人、集体和政府三方承担责任。一旦个人养老金账户设立，个人通过储蓄作出初级贡献，集体补贴另一部分，村或乡将根据经济条件决定补贴金额。国家当时没有对整个农村老年人口提供资金，但通过政策如税收优惠支持养老金计划。这项政策覆盖到每个人，无论他在农场、企业还是工厂工作都不会因工作的流动失去退休金。这个养老计划，既不强迫农民参加，也允许农民利用其为自己谋取利益。根据当地的实际情况，政府使用了各种方法来激励个人参加这个计划，不限参加者的年龄、投保金额或时间。这适合农村经济发展不平衡、收入不稳定的现实情况[②]。

农村社会养老保险的设计通常遵守以下规则：①它适用于所有农村居民和非城镇居民，不包括国家提供商品粮的人口；②养老保险没有性别和职业歧视；③它适用于20～60岁年龄段的人。个人和集体共同出资组成个人退休金账户。该计划有10个不同的项目，适合各个领域的人选择。个人可以根据收入水平的变化选择升级或降级。养老保险费可以提前支付，在遇到灾害或困难时偿还。保单持有人从60岁起可以领取养老金，直至死亡，领取标准取决于他们的投保金额和保险计划。退休金有一个10年

① 杨翠迎，2003，《中国农村社会保障制度研究》，中国农业出版社，第127页。

② 民政部政策研究室，1997，《中国农村社会保障》，中国社会出版社，第87～89页；黄黎若莲，1995，《中国社会主义的社会福利：民政福利工作研究》，中国社会科学出版社，第46页。

的基本保障。如果保单持有人在 10 年内死亡，剩余的退休金归指定受益人所有。如果保单持有人在 60 岁前死亡，指定受益人可以继承本金和利息。退休金会随着保单持有人的职业由农业向非农业转变时转移①。

1995 年，民政部颁布了管理和发展农村社会养老保险的法规，经过一段时间的经验积累和在局部地区的试点，从 1995 年开始在全国推广。1996 年，1980 个县实施了农村社会养老保险，吸引了 80 万农民参保，总资金达 120 亿，共向 40 万农民发放了总计 2 亿元的养老金。山东、江苏、上海、浙江、湖南、福建、江西、湖北、安徽、四川、山西、辽宁等省市的资金额均超过亿元②。

截至 1998 年底，2123 个县 65% 的乡已为老年人实施了农村社会养老保险，8025 万农村居民参与了投保③。在 1998 年，农村社会养老保险积累了 180 亿元，598000 名农民领取了养老保险，平均每人每月 42 元。在一些地区，如上海市、烟台市，农村社会养老保险在支持老年人方面发挥了重要作用。上海市 187 万农民参加了农村社会养老保险，占当地全部农村人口的 40% 和农民老年人的 87%，资金达到 4000 万元。烟台市约 60000 名农民领取了养老金。当年，烟台市政府发放养老金 400 万元以上，人均 70 元。1999 年，上海市农村社会养老保险的覆盖率是 90%，33 万农民领取了养老金，人均每月 50～60 元。在福州市，每个参保者都获得了每月 32 元的养老金。对于参保的老年农民来说，农村社会养老保险是一个稳定的收入来源④。

农村社会养老保险计划在 1998 年停滞。国家将管理这个计

---

① 王思斌等主编，1998，《中国社会福利》，香港中华书局，第 73～74 页。

② 民政部政策研究室，1997，《中国农村社会保障》，中国社会出版社，第 75 页。

③ 张晓山，2001，《中国乡村社区组织的发展》，《国家行政学院学报》第 1 期。

④ 杨翠迎，2003，《中国农村社会保障制度研究》，中国农业出版社，第 128 页。

划的权力从民政部移交到当时的劳动和社会保障部。但是当时劳保部的主要任务是管理城市的福利制度，在过去很少关注农村养老保险计划。劳保部在乡、村两级，设置了相应的行政办公人员，相当于民政系统的民政助理员，但没有专人在农村开展此项工作，导致了农村社会养老保险的停滞或者中断。农村社会养老保险有如此结局其实有更深层次的原因。当时，政府面临的一个主要问题是，政府是否应该并且有能力负担农村地区居民的福利。政府认为城镇居民的福利已经是一个很大的经济负担。在城镇居民福利体系中，城镇居民曾享受医疗保健、养老保险、住房福利、工伤保险和交通补贴等。国家已经在城市开始了“社会福利社会化”的改革，把政府的责任从一些项目中解脱出来，减轻政府的沉重负担。同时，20 世纪 90 年代后期以来，城镇企业的养老保险开始“空账”经营，有一个 300 亿元的年度赤字，并依赖政府的补贴[①]。城镇居民只占全国人口的一小部分，如果将广大农村人口纳入整个福利体系，会大大增加政府的财政负担。因此，当决策者在 1997 年看到了农村社会养老保险计划时，便决定限制其扩展。

农村社会养老保险计划处在一个徘徊的路口，不知向何处去。城市福利制度正在改变和转向，福利的责任逐渐由个人、企业和政府共同承担。它变成了一个多元化的福利制度，包含政府、社会和商业元素，更多地强调个人责任，社会化、商业化和市场化。农村社会养老保险制度也受其影响，政府是否应该支持，怎样支持，能否出台有利和有力的政策和法规支持？以怎样的方式设计和实施农村养老保险计划，又怎样有效帮助农民发展经济，改善农民福祉？农村社会养老保险计划的悬空停滞也显示，中央政府和各部委对此有不同的意见和见解。

① 葛延风，2003，《对社会保障制度改革的反思与建议》，内部文稿。

第十一章

社会保障体系

20 世纪 80 年代中期以来，民政部开始尝试在中国农村建立社会保障体系。该体系包括一院（养老院）、一厂（福利工厂）和一会（互助储金会），以及军人和五保户的特殊待遇。1992 年，全国 14500 个乡都出现了这个社会保障体系的雏形。在那个年代，社会福利还仅指小范围的妇女、儿童和残疾人的福利，而社会保障是个大概念。当时的社会保障，在今天的社会福利视野下，应指社会安全网。

一　五保户支持体系

1. 五保户制度实现乡统筹

五保供养是中国农村福利的一个主要特点，也是社会主义的组成部分。但是，家庭联产承包责任制实施后，集体经济解散，农村组织体系涣散，五保户在许多地方失去了支持。从 1985 年起，民政部倡导从村子里各家各户收集钱款来支持村里的五保户。后来，政策改为乡统筹，乡政府将资金统筹起来支持五保户；并且规定五保户的生活照顾应该依赖于亲属、邻居和村庄的支持。这种方法逐渐推行。1994 年，国家颁布了《农村五保供养工作条例》。同年，65%（约 31000 个）的乡都采用乡统筹的方法支持五保户的供养[①]。

① 民政部政策研究室，1997，《中国农村社会保障》，中国社会出版社，第 72 页。

2. 地方政府支持五保户的方式

第一，也是最重要的，是建立集体支持的养老机构。敬老院，顾名思义，是一个尊重、爱护老人的家；福利院则象征着福利之家。敬老院和福利院通常建在乡、镇，由社会捐赠、政府和集体出资。各地将需要照顾的五保户接到院中集中照料。当出现财务紧张的状况时，敬老院也会组织老人发展经济。例如，让有能力的老人种植蔬菜或饲养家禽。1994 年，26419 家老年之家开创了“庭院经济”，并获得了 2.6 亿元的年纯收入。养老院逐渐也接受那些需要照料但能支付自己费用的老人。1994 年，养老院共接受这类老人支付的生活费用 1500 万元。

第二，五保户选择住在自己家中，由集体提供现金、物资以及服务。1994 年，有 248 万五保户住在自己的家中，获得了 136 亿元的援助，其中 86% 的资金是集体提供的，平均每位五保老人获得 594 元。

第三，在村庄及民政部门的监管下，五保户与志愿提供服务的亲戚签署合同，通过协议获得支持。亲属为五保户提供食品、衣物，协助其日常生活、医疗保健，并提供殡仪服务，同时他们也拥有使用五保户土地、农具和继承遗产的权利。

第四，为五保户提供公寓。这需要该地区集体经济发达，这样才可以让五保老人集中居住。在这里，五保老人也能单独接受经济援助，单独生活。

第五，志愿者提供支持。这种支持允许五保户住在自己的家中或志愿者搬到五保户家中，由志愿者照顾五保户。集体提供一些钱和物资，以及其他相关的支持。

第六，村庄提供合同支持。村庄组成照顾团体，向五保户提供贴心的服务①。

---

① Leung, C. B. Joy and Nann, C. Richard (1996), *Authority and Benevolence: Social Welfare in China*, Hong Kong: Chinese University Press, p. 124；邓大松等，2000，《中国社会保障若干重大问题研究》，海天出版社，第 268 页。

表 11-1 是有关五保户的一些信息。

表 11-1　1985～1992 年五保户支持情况

	1985 年	1990 年	1992 年	1994 年
五保户数量①（户）	3008407	2837461	2318384	2860000
五保老人数量（人）	2501073	2282881	1782865	3080000
集体支持的五保户（户） 占五保户总数的比例（%）	2237533 74.4	2064004 72.7	1893757 81.3	2820000
养老院的五保户数量（户） 占五保户总数的比例（%）	261669 8.7	331343 11.7	350570 15.1	580000 18.8
居住在自己家的五保户数量（户） 占五保户总数的比例（%）	1975864 65.7	1678919 61.1	1543187 66.6	1920000 户是集体支持分散居住，占 62%；其他支持途径支持 320000 户，占 13.39%

资料来源：民政部计划财务司：《中国民政年鉴》，1994，第 303 页。

表 11-2　中国农村敬老院增长数量

年　份	1980	1989	1994
敬老院数量	8266	37400	40409 31353（乡级所有） 8987（村级所有） 69（私人所有）

资料来源：邓大松等，2000，《中国社会保障若干重大提研究》，第 267 页；多吉才让主编，1996，《救灾救济》，第 212 页。

支持五保户生活的总成本从 1982 年的 2.85 亿元，上升至 1997 年的 17.04 亿元，增长近 5 倍。1985 年平均一个五保户每年的生活费用是 235 元，1987 年为 281 元，1989 年为 359 元，1993 年为 444 元，1997 年为 720 元[②]。1994 年，住在敬老院的五保户

① 五保户也包括孤儿，对于他们是保教（教育）。

② 邓大松等，2000，《中国社会保障若干重大问题研究》，海天出版社，第 268 页。

的成本是人均1070元，高于五保户的平均水平[①]。1994年，依赖集体提供费用的五保老人的平均生活成本为882元，约是1995年农民人均年收入的95.7%[②]。因此，此时五保老人的生活得到了保障，也没有低于农村居民的平均生活水平。

敬老院的发展是不均衡的。民政部倡议乡乡办敬老院，但是并没有普及。例如，在北京、天津、河北、辽宁、黑龙江、上海、江苏、安徽、山东、宁夏每个乡都做到了乡乡有敬老院。然而，在人口众多的四川省有34个县连一个敬老院也没有[③]。

二　福利企业

福利企业（或者福利工厂）是一种特殊的企业，旨在给那些身体或精神残障、有一定能力和意愿工作的人提供工作机会。福利企业鼓励残疾人参与社会活动，学会独立生活。福利企业受民政部的管理和监督。除了提供工作机会外，福利企业还协助安排残障人士的康复、培训和生活。作为一个经济生产单位，福利企业有独立的经营和会计制度，为自己的效益和损失承担责任。这种实体将福利和经济组织结合在一起，由不同级别的民政部门发展起来，出现在乡、镇、村庄，以及城市的工厂、矿山和企业单位中。福利企业最早在新中国成立时出现。它让人们在困难时期互相帮助、自立谋生。1958年有280000个这样的自立组织。到1959年，民政部决定集中建立给残疾人士提供工作机会的特殊工作场所，并将其命名为“福利工厂”。1963年，全国有1371个福利工厂，但“文化大革命”后，仅剩下776个[④]。

---

① 多吉才让主编，1996，《救灾救济》，中国社会出版社，第200页。

② 多吉才让主编，1996，《救灾救济》，中国社会出版社，第213页。

③ 民政部，1995，《农村社会养老保险》，中国社会出版社，第30页。

④ Leung，C. B. Joy and Nann，C. Richard（1996），*Authority and Benevolence*：*Social Welfare in China*，Hong Kong：Chinese University Press，p. 137.

20 世纪 80 年代，福利企业迅速发展。1980 年，国家通过了扶持福利企业的相关法规。根据规定，当一个福利工厂中的工人有超过 35% 的残疾人士，可以免除工厂的所得税。残疾工人超过 50% 时，可以返还增值税。1982 年全国有 1602 家福利企业，180000 名员工中有 64000 名残疾工人。1985 年后，更多的乡属福利企业出现在农村地区，农村福利企业的总数是 60178 家，218 万名员工中有 90.9 万名残疾工人。12% 的福利企业处于民政部的直接领导下。福利企业中有 15% 的残疾工人是盲人，36% 是聋哑人，40% 有肢体残疾，其他的为精神疾病患者。福利企业规模通常较小，平均有 36 名工人（民政部直属的企业平均有 52 名工人），其中 15 名是残疾人士[①]。

表 11－3　农村福利企业发展

年　份	1963	1976	1982	1985
福利企业数量（个）	1371	776	1602	60178
残疾员工数量（人）			64000	909000
员工总数（万人）				218

资料来源：《民政部统计年报》，1963～1986。

在以市场为导向的经济中，福利企业越来越难生存了。1993 年，30% 的福利企业有赤字。主要原因如，福利企业自身管理不善导致的竞争力缺乏，以及政府在材料、能源、财政和运输上的支持不足导致设备短缺。福利企业面临市场经济下竞争的生存危机。在计划经济条件下，福利企业的福利特征可以被强调。然而在市场经济下，其生产要素被放到了舞台中心，效益利益优先，社会效益不具备优先权。因此，福利企业的数量越来越少，逐渐淡出人们的视线，多数残疾人流入社会自谋职业。

① Leung, C. B. Joy and Nann, C. Richard (1996), *Authority and Benevolence: Social Welfare in China*, Hong Kong: Chinese University Press, p. 137.

三 优抚优待政策

优待抚恤是指向为国捐躯的革命烈士家属，在执行公务中因病死亡或失踪的军人家属，以及残疾、退役、因病退伍军人及其家属提供慰问和补偿，或提供工作，或提供资金、技术、物质支持。政府为需要生活帮助的荣誉军人提供干休所、光荣院。

优抚优待在中国有很长的历史。从1927年到抗日战争、解放战争，军人家属和革命烈士的家属都能得到农业生产上的帮助。通常以村庄为单位，定期向他们提供劳动或畜牧帮助。据民政部统计，1950年，这部分人员家庭的1000万亩土地得到了生产帮助，到1953年有5000万亩土地受助。另一种形式的帮助是给工分补助。因为集体经济要求“根据工作时间支付报酬”，优抚对象能得到以劳动时间形式表现的工分。民政部制定的这一政策从1956年开始普及。劳动时间可以以现金或实物的方式兑换。最后还有一种帮助方式是直接提供资金支持。

农村地区经济改革之后，优抚优待政策的方针是“思想教育，扶持生产，群众优待，国家抚恤”①。民政部认为，优抚优待将国家、社会、人民凝聚在一起。群众优待是巨大的物质基础和力量支持，可以保证受助人的特殊待遇，同时增强群众的国家责任感②。优抚优待资金由国家、社会、群众提供，其中，国家为资金提供做了预算；社会资金由军人参军前生活或工作的地方提供；具体的优待金由军人所在家乡或村庄的农户家庭提供，故称为“群众优待”。根据1984年颁布的兵役法，每个镇都必须设置优待金计划。不同的地方设置的标准不同，一般来讲，优待金接近平均生活标准。这个标准决定每年享受优抚优待的人的数量。一些地

① 多吉才让主编，1996，《优待抚恤》，中国社会出版社，第20页。
② 多吉才让主编，1996，《优待抚恤》，中国社会出版社，第21页。

方还设立了特殊待遇基金，这样可以保证退休和复员军人的优待。

1980年，国家向140万烈士家属和离退休干部提供了1.3亿元定期补贴。国家在第八个“五年计划”调整了八次补贴标准。到1996年，中央和地方政府共拨款28亿元给49万烈士家属、88万受伤军人、12万退休红军，242万元用于退休或退伍军人补贴。群众优待的优待款来自集体和农户的捐赠，1995年群众优待款是16.7亿元。1993年，全国有1235家干休所，118家优抚卫生事业单位，1253家光荣院，7642家纪念堂或革命烈士陵园[①]。

像其他农村福利政策一样，优待政策也依托群众路线，国家财政支持并不多。军人的利益和民众联系起来，使社会团结在一起。群众优待的问题在于负担不均匀。青年人志愿服兵役人数越多的地区，当地民众就要支付更多的优待金。不同的农村地区之间也不平衡。富裕地区和贫困地区的优待标准不一样，因为前者有能力比贫困地区支付得更多。城市居民及从城市入伍的军人不在群众优待政策范围内，因为城市参军者有退伍安置政策。城乡福利待遇的差别，造成大部分军人来自相对贫困的农村，从城市招募军人难于农村，而贫困地区负担最重。

四　市场经济时期的农村社会福利改革分析及评价

国家从计划经济向市场经济过渡，让农村经济有了大规模和根本性改变，并给农村福利带来了巨大的变化。20世纪50、60年代的社会主义改造，带来了农村福利制度改变的第一次浪潮，而在70年代末的市场经济改革掀起了农村福利制度改变的第二次浪潮。

在此期间，农村福利的探索有几个特点。

---

① Leung, C. B. Joy and Nann, C. Richard (1996), *Authority and Benevolence: Social Welfare in China*, Hong Kong: Chinese University Press, pp. 140 - 141；多吉才让主编，1996，《优待抚恤》，中国社会出版社，第24页。

第一，农村社会福利制度的新探索引进了西方福利体系的思路。首先是西方福利的意识形态进入中国。诸如，强调福利的个人责任，提倡福利的多元化、市场化、社会化等。这些都是西方国家在本国福利体制遇到经济问题，新自由主义盛行时削减福利措施时倡导的思想。这些福利思想加速了原有中国农村社会福利体系的解体，弱化了国家的福利责任，强化了市场、私有及商品化意识。

第二，农村把源自西方的具体社会保障方法引入福利实践中。西方社会福利管理措施，如养老保险制度以及服务提供方式都被纳入农村社会福利制度。此外，个人责任和社会组织，如非政府组织、非营利组织等词语进入社会福利领域。

第三，这是一个经济社会急剧变化和发展的时代，面对经济转型、社会转型引起的贫困问题，政府颁布了一系列法规，包括民政部《关于进一步做好农村社会养老保险工作意见的通知》(1995)，《关于加快农村社会保障体系建设的意见》(1996 年)，《救灾捐赠管理暂行办法》(2000 年) 等，规范了社会保障、救灾救济等行动。法律和规章的出台不仅表明建立农村社会保障体系有迫切需要，也象征着农村福利向法制化方向迈进。

第四，农村福利建立在残缺型或剩余型福利模式的基础上，属于社会安全网的形式，即农村社会福利的覆盖范围非常有限。其主要内容是，一些地方所提供的救灾救济、优待抚恤、五保供养、社会养老保险、合作保险等等，其受益者或者是人民群众中最需的人（贫困者），或者是“最光荣”的人（优抚对象）以及最富有的人（养殖大户等）①。

第五，社会化程度较低。农村福利主要包括地区性社会保障、村镇企业福利及以社区为基础的合作保险。富裕地区建立了自己的福利计划，而贫困地区却为本地区农民提供不了什么福

① 农村社会养老保险计划在经济发达地区率先建立，加入者多为收入高者。

利。这一时期只有10%的农民参加了农村社会养老保险。

第六，我国农村社会福利的管理不统一。劳动部门管理乡镇企业福利，卫生部门管理农村医疗体系，保险公司也插手管理农村社会养老保险和救灾救济。各种福利资源来源不一使得福利政策不一致，从而导致了多层次的管理。造成这种现象的原因是市场经济的大门一打开，各机构就以不同的目的进入这一领域。例如，商业保险公司为了自己的利益而与政府的一些福利措施相竞争。

第七，此时的主导思想是自力更生。一方面，这种思想唤醒了农民的自立意识；另一方面，这种思想造成了一些地方农民的无助。在一些富裕和发达地区，当原有的农村福利制度被废除后，农民发现他们不能依赖国家或集体了，就自己组织起来。但更多的是分散的个体农民独立面对市场经济风险。总之，这个时代充满了混乱，是不同类型的农村福利共存。

中国的福利制度在过去的50年间经历了两个阶段。60年前，伴随着中华人民共和国的建立，一系列政策在50年代出台，涉及中国农村社会的民生、公共教育、集体福利、公共健康卫生和其他领域的建设。这些政策带有鲜明的社会主义色彩。因此，在中国当代史上，国家实行了两种截然不同的社会体系——分别建立在社会主义计划经济和市场经济基础上。国家政策在转型中，实现了相对平稳的过渡，没有出现大的社会动荡与对抗。

但是，在市场经济体制下，国家没有及时找到农村福利的做法与道路。民政部作为政府的代表，探索并指导了一系列农村福利实践，试图建立覆盖多方面的农村福利体系。但是其中最重要的一些实践一度被停止或是停滞了。例如，互助储金会、农村社会养老保险均让位于市场经济利益而被搁置。其他类似的福利事业在市场经济中不再是优先考虑的事情。这样的福利实践中断大部分发生在1997～1998年。

在这个时期，在新旧体系之间，我们看到很多对立和冲突，它们存在于市场导向的意识形态和以政府指令为中心的制度之间，存在于市场经济和计划经济之间，存在于商业利益和对穷人的援助之间。旧的福利体制或组织面对市场经济一时难以适应。此外，有些福利项目受到市场经济法则的制约，被认为不符合市场经济原则，被列入清理或自动退出之列。在这个时候，政府对它们的意义的判断对福利制度的命运起至关重要的作用，不幸的是，政府的态度并不明确，或是政府认同了反对国家福利责任扩大和个人应为自己负责的看法。因此，原有的国家和集体的福利支持停止了。决策者认为，政府不应该承担农村养老责任，在市场经济体制下，福利更应遵循市场规则，个人不应依靠国家。而商业养老保险正是依据市场规则而大力发展起来。此时的根本思虑是农村福利体系会耗费国家过多财力，阻碍经济的发展。

来自学界的批评家也在谈论，在目前的发展阶段，国家不应该继续提供全面的福利。这些评论家认为，同时覆盖城市和农村人口的普遍福利体系是乌托邦，并且会逐渐拖垮国家的财政体系。在他们看来，任何类似的计划都会严重削弱中国在国际市场的经济竞争力，他们认为这种做法与积极发展公民社会和“小政府、大社会”的世界潮流对立。还有人认为，西方发达国家 GDP 达到一定标准后才出现了全面的福利制度，中国目前 GDP 太低，不能支持这样的福利制度。这样的观点有其特定的思想背景。在当时的中国，随着经济发展和改革开放，如哈耶克等的新自由主义思想开始占领许多学术领域和政府决策部门。很多人将新自由主义理论视为社会进步和思想解放的标志，认为搞自由市场是解决大多数问题的最佳方案。这种所谓“革命的姿态”在中国获得了许多赞誉，越来越多的知识分子相信市场经济是推进经济发展和提高人民普遍福利的唯一因素。新自由主义的影响开始作用在政府的管理上。在新自由主义经济学家的影响下，中国政府对农村福利体系的建设持怀疑态度，不再采取行动拯救急剧衰落中的农村福利体系，相反，它从当前开拓的农村养老保险计划中抽身

而退，把农民推向市场和商业保险。

当然，我们必须承认，政府没有完全放弃其在福利发展中的责任，继续在市场导向的经济中支持和帮助农村扶贫。例如，政府组织了一系列反贫困运动，民政部在农村试点会保障体系。然而，很明显，政府的作用有限。在农村福利环境由计划经济变为充分的市场经济的同时，福利责任从政府转移到个人。

阿玛蒂亚·森认为，社会公平、社会公正和两性平等，是中国经济长期健康发展的关键因素。在他看来，中国的市场经济取得了巨大的成功，而且在一定时期内可以持续，其前提是中国必须密切关注自己的发展，并且辅之以强大的社会福利体系，特别是在教育、医疗和社会保障领域。中国在改革之后的经济成功很大程度上要归因于 1979 年之前建立的良好的社会福利体系，而在经济繁荣过程中对社会福利投入程度的下降，则会在根本上损害中国未来的发展[①]。

五　小结

第一，对农村福利体系的构建来说，这是一个非常复杂的时期。农村进入向市场经济转型时期，家庭联产承包责任制代替了集体经济，和原有的集体经济一并解散并走向衰落甚至在许多地方消失的，是集体福利体系。

第二，中国农村正在探索适应市场经济的新型农村社会福利制度。多种福利措施和实践并存，国家、商业机构、NGO 都进入农村福利领域，但却按照各自的原则和方法做事。这个时期充满矛盾。在社会福利领域，旧的制度和新的方法之间产生了对立，社会福利和商业保险之间也发生了冲突。

---

① Anna Kaye、叶伟强，2002，《要发展，也要社会公平——专访经济学诺贝尔奖得主阿玛蒂亚·森》，《财经》第 16 期。

第三，福利思想混乱。随着市场经济改革的推进，在新自由主义倡导下的个人主义思潮逐渐占主流地位，市场导向伸向福利领域，驱逐了集体主义思想。物竞天择、适者生存的自然法则不仅成为经济运行的法则，也进入社会领域。社会更多地关注和支持个人利益，强调个人的权利和个人致富观念。此时的主流思想是国家应该降低它所承担的对于农村劳动人民的福利责任，把农民推向市场和个人负责。这和西方传入的新自由主义思潮遥相呼应，引起了福利制度转型期的混乱。来自诸多领域的意见，包括政治家、学者都受到新自由主义思潮的影响，而这种思想都会影响到政策制定者。这些新自由主义思想直接损害了原有的社会主义原则下的社会团结、社会整合、集体主义、社会凝聚力等福利基础。随后出现的社会分层甚至社会割裂无不与此有关。

第四，在这个时期，一些有中国特色的现代福利制度开始出现，虽然几经反复，但是我们看到政府相关福利管理部门对责任认知的自觉。农村社会保障（福利）体系（网络）的探索是这一时期福利发展的里程碑。虽然，此时社会福利的主要任务还是五保、救灾和救济等呈现社会救助性质的工作。但是一些西方现代福利体系的措施和方法被引进中国，特别是在农村，开始了实践。

第十二章

养老保险（1998年以后）

农村社会福利体系似乎在循环发展。原来的福利体系在市场经济的大潮中溃落之后，国家开始提倡并探索社会、家庭和个人的福利支持。一些部门探索建立新型的社会福利制度，依旧遭遇了停滞。然而，这种新的探索在压抑几年后，带着新的能量又回来了。2003年的夏天，为调查农村社会养老保险，我去了北京市、浙江省和上海市。我惊讶地发现，农村社会养老保险于1998年被迫停止，但事实上，它从来没有真正地被摒弃。

一　新一轮做法：农村社会养老保险计划

尽管还存在悬而未决的意识形态之争，但政府已经面临实质的农村问题。“三农”（农业、农村、农民）问题已经很严重，并且已经成为研究人员的热门话题。但是，中央政府和学者还没有把农村福利建设作为一项紧急的任务提出。尽管如此，地方的实践中每天都在处理此类问题。

建立一个能够覆盖所有中国公民（包括城市和农村居民在内）的带有普遍主义性质的福利制度，是农村居民内心深处的愿望，虽然他们不知道怎么表达。农村福利制度与城市福利制度会有不同。因为城市和农村地区存有差别，农民依然占有自己的土地等生产资料。我选择了养老保险作为我的案例研究。

中国的老龄化问题严重，有以下几个原因：第一，农村地区的老年人口比例相对较高，绝对数大；第二，人口老龄化速度非常快，老龄化所需时间短；第三，人口老龄化问题发生时，中国仍处于并不富裕的发展阶段。当发达国家进入老龄化阶段时，他们的平均国民生产总值已相对较高。例如，日本的老龄化人口占10%的时候，其平均国民生产总值已超过1万美元。但是，中国在老龄化严峻的时刻，国民生产总值要低得多。特别是农村，老龄化的程度高于城市，同时经济发展水平要落后于城市。

表12-1　当前的局势和老龄化趋势预测*

单位:%

年　份	1990	2000	2010	2020	2030	2040
全　国	5.6	6.3	7.8	10.9	14.5	19.5
城　市	5.1	6.2	7.2	10.1	13.7	18.6
农　村	5.8	7.1	8.2	11.6	15.5	21.0

资料来源：林富德、翟振武，1996，《走向二十一世纪的中国人口环境与发展》，高等教育出版社。

* 65岁以上老人所占的比例。

表12-2　国际老龄化速度比较

国　家	老龄化占10%（年）	老龄化占20%（年）	所需时间（年）	65岁以上老年人所占比例（2050年）（%）
中　国	2018	2050	32	19.6
日　本	1985	2010	25	23.8
芬　兰	1973	2020	48	21.5
意大利	1966	2022	56	20.7
瑞　士	1958	2014	56	22.0
德国（东德）	1954	2025	71	20.0
瑞　典	1926	2016	87	20.9

资料来源：郑杭生，1996，《转型中的中国社会和中国社会的转型》，首都师范大学出版社；翟振武，1996，《中国城市化与城市人口老龄化与对策》，《中国人口科学》第5期。

2002年的中国，有6000万农民已经超过65岁。农村社会养

老保险是在农村劳动力年老后，为他们提供收入保护和资金帮助的社会福利制度的一部分。由于农村老年人问题浓缩了农村福利问题，所以农村社会养老保险的研究很有代表性。出于工作的原因，我也不自觉地卷入了农村养老保险的探索中。1992 年，我随民政部社会福利与社会进步研究所的同仁去了山西省左云县；同年，我和美国伯克利大学的研究员一起去了山东省的招远市，做了关于农村社会养老保险计划的调查。2003 年夏天，作为本研究的一部分，我去北京、浙江和上海调查农村社会养老保险计划。接下来的讨论将展示几种不同的农村社会养老保险模式。

1. 北京计划

2002 年，北京有 340 万农村人口，占总人口的 26%。当年北京农村居民的纯收入是每人 5580 元。北京市对于老年人的支持有四种类型，分别来源于家庭、集体（村）、政府和养老保险。前三个支持针对现在的老年人，最后一个支持方式是针对未来的老年人。北京的农村人口中，年龄超过 60 岁的有 42 万。其中 58% 的老人获得了来自家庭的支持，10% 的老人获得了来自集体（村）的支持，1.8% 的老人获得了政府的支持，当时只有 2.4% 的老人领取养老金。剩下不到 30% 的老人靠自己谋生活。由于家庭支持的减少、集体福利日益受到市场经济的冲击等因素，农村社会养老保险在农村福利中发挥着重要作用。

北京于 1991 年开始了农村社会养老保险的实践，1995 年北京市政府出台了一项关于农村社会养老保险的政策，建立了基金积累的模式。按照 1992 年民政部的条例，农村社会养老保险每月的支付分为 10 个级别，分别为 2 元、4 元、6 元、8 元、10 元、12 元、14 元、16 元、18 元或 20 元。农村社会养老保险的申请人或保单持有人要支付相应的保险费。农村社会养老保险的管理机构为这些人建立了个人账户。所有 18 ~ 60 岁的人都有资格加入。农村社会养老保险覆盖了农民、乡镇企业的农民工、合同聘用制的乡镇干部、合同聘用制的乡村教师，以及乡村医生、退伍军人和其他生活在农村地区的人。

一旦申请人加入了农村社会养老保险，集体或申请人所属的企业就有责任根据他们的财务能力支付一定比例的保险费。来自集体的补贴资金部分被划拨到申请人的个人账户。这意味着，当申请人参加农村社会养老保险之后，他将有权获得集体的补贴。集体的补贴吸引着个人申请者，和商业保险或家庭支持比起来，它更有效地促使许多人加入了农村社会养老保险。当投保人有领取养老金资格时，他们可以终生按月领取养老金。如果投保人在 10 年的养老金获取期之前死亡，其受益人可以继承剩余的养老金。当投保人更换主要居住地时，他们可以转移其退休金。按照劳动和社会保障部的要求，投保人获得养老金的复合利率高于银行的复合利率，个人账户中的积累资金可以免税。当乡镇企业的农民工加入农村社会养老保险时，集体补贴的那部分资金可以在税（7% ~ 10%）前提取。

到 2002 年，北京共有 191 个乡镇建立了农村社会养老保险。同年，32 万人加入了农村社会养老保险，占农村劳动力总数的 23%。3.1% 的投保人已经开始领取每月 50 元的养老金。每年有 2 万人登记，并缴纳 6000 万元，积累基金为 5 亿元①。

北京农村社会养老保险计划的参与率较低，原因有几点。

第一，政府没有通过立法来实施农村社会养老保险，北京的农村社会养老保险对个人和企业没有约束力。农村社会养老保险是一项政府出台的政策，是一项由农民自愿参加的社会保险。政府曾经制定了关于五保户制度支持的法规，把对老人的家庭支持

① 北京市劳动和社会保障局，2003，《关于赴上海、浙江、江苏三省市考察农村社会保障体系建设及农村就业服务情况的报告》，内部报告。

也写入了宪法，但是农村社会养老保险没法，因此对企业给农村职工和农民支持的那部分就没有强制的执行力。农村社会养老保险不强制执行，企业和个人也不会被迫参与。

第二，北京计划中，各级政府不为农村社会养老保险提供任何资金支持。只有乡镇企业可以受益于政府的政策，例如，企业可以在缴税前将养老基金提留。但是个体农民没有从政府获得任何利益，这影响了农民参与农村社会养老保险的积极性。

第三，如果政府不投入任何资金支持，同时对企业投入的部分没有强制的执行力的话，北京农村社会养老保险就失去了社会保险的意义，而变成农民养老的自我储蓄。除了有几个区在一些地方提供很少的资金外，在大部分地区，对于非乡镇企业工人的农民来说拥有农村社会养老保险与私人储蓄没有什么不同。

第四，农村社会养老保险的标准低。每人每年可领取 600 元的养老金，这比最低保障线还要低。

第五，城镇社会养老保险和农村社会养老保险是不可以转移的。虽然有时候农村社会养老保险可以在个人迁移时转到城市，但是城镇社会养老保险却不能转到农村。对于在城市打工的农民工来说，他们回家时将养老储蓄转移到农村是不可能的，这导致了这种保险的失败。

社会养老保险不能跟上城市和农村发展的步伐，而这种发展促进了城市和农村劳动力的流动，提高了对劳动力的管理水平。因此，北京决定将农村社会养老保险与城市社会养老保险结合起来。尽管农村社会养老保险和城镇社会养老保险各具特点，但北京市民政局还是建议将二者整合起来。提出这项建议，也是因为北京市要解决农村社会养老保险计划现存的问题。

第一，北京市于 1995 年出台的农村社会养老保险吸纳乡镇企业工人的政策不再适合目前的状况。北京有 134000 个乡镇企业，改革开放后，其中 90% 的企业是私人所有。北京的农村社会养老保险只适用于以前集体所有制的乡镇企业，但是对于私人企业没有强制的规定。对于工人养老金有强制性规定的城市福利制度没有覆盖私人企业。私人企业的业主没有兴趣给他们的工人支付养老金。只有2万个乡镇企业（占总数的16%）加入了农村社会养老保险。因此，农村社会养老保险应该有像城镇社会养老保险那样的规定——要求私人企业为职工支付一定数额的养老保险。第二，考虑到当前形势，户籍不再与社会养老保险相关联。当农民参加农村社会养老保险后，转移到城市工作，城镇社会养老保险就不得不覆盖他们，即使他们的户口仍然在农村。从这个角度来看，乡镇企业的职工应该加入一种与城镇社会养老保险相同的社会养老保险。第三，城市化进程所带来的土地征用也给农村社会养老保险带来了问题。北京的政策是，土地征用后，在征用土地时仍然居住在原来居住地的前业主仍然保持农村社会养老保险，但是那些迁移到城镇的人将加入城镇社会养老保险。

随着越来越多的农村人有资格加入城镇社会养老保险，一种统一的社会养老保险最终将应运而生。然而，因为大多数的农村人口仍然拥有农村身份并且附带土地，农村人口中，只有一小部分人是企业中拥有社会养老保险账户资格的工人，所以农村社会养老保险有理由暂时继续存在。

2. 浙江计划

上海市和浙江省，作为中国经济发展的领头羊，也是尝试农村福利制度的先行者。它们的经验和面临的问题是很有价值的，可以将其与北京市的情况作比较。2003年6月，我在浙江省做了调查。浙江省是中国的一个经济发达的地区。2002年浙江省的国内生产总值为7670亿元，和2001年相比，国内生产总值净增长3032亿元，年平均增长率为10.8%。从2001年到2002年，城市居民的平均收入从7359元增加到12100元，每个农村居民的纯收入从3684元增加到4940元。全省经历了快速的城市化进程。城市化水平从1997年的35.6%上升到2002年的51.2%。因此，土

地征用被认为是浙江省的一个关键问题。1999 年全省共有 184800 亩土地被征用，2000 年有 383800 亩土地被征用，增长率为 107.68%；2001 年为 434100 亩，比 2000 年上涨 13.11%；2002 年为 622000 亩，上涨 43.28%。从 1999 年起，已经有 150 万亩土地被征用，并且这个数字每年还要增加 30 万。按照这个速度，每年将有 108 万农民失去土地。

农民失去土地后如何维持生活呢？在下面的章节中，我将讨论作为一种保障的土地是如何被福利制度替代的。要解决的问题还包括土地的价值是多少，什么样的福利制度才是农民真正需要的。

（1）失地农民的农村社会养老保险

为了给失去土地的农民提供基本的生活条件，浙江省在 2002 年建立了一项专门针对失地农民的保障制度。这项制度涉及养老、就业、医疗、最低保障水平和职业培训计划。它为不足劳动年龄（16 岁以下）的个人提供了一次性的补贴款。例如，它提供给湖州市处于劳动年龄的人（男性，16～60 岁；女性，16～55 岁）13000 元。这项保障制度的主要目的是促进这些人就业。这项补贴不超过两年。对于那些两年之后还没有找到工作仍然处于贫困的人，如果符合城市最低保障线描述的条件，将获取城市最低保障。获得工作的人将被城镇社会养老保险覆盖；失业的个人将获得城镇失业保险；超过劳动年龄（60 岁以上的男性或 55 岁以上的女性）的人将通过城镇社会养老保险获得定期的养老金，直到死亡。养老金标准与同龄同期在城市中工作的老年人相同。

针对失地农民的保障资金包括三部分：①政府的支付不低于支付总额的 30%；②集体的支付不低于支付总额的 40%；③来自农民土地出让金的支付。对于没什么保障的农民家庭来说，土地是他们生存的根本，当他们失去土地时，保障他们基本生活的就是土地出让金。个人存款是保障资金的第四个来源。

湖州市土地出让金的个人支付是，参加基本生活保障制度的人是23000元，参加救助补贴制度的人分别是每亩3000元、5000元或8000元。

投保人的养老金标准由支付金额、当地经济发展水平和基金的承受能力决定。原则上，养老金水平应该稍高于当地城市居民的最低生活保障水平，或高于当地城市失业工人的补贴。2002年，浙江省的最低生活标准为每月250元左右，这限定了失地农民的保障额度。

为了促进就业，要从土地征用资金中提取一部分作为专门的培训费。这些钱用于提升失地农民个人技能和竞争力的职业培训。这么做是鼓励农民自己找工作或创业。如果用人单位招用更多的农民，他们将从征地中获得更高的支付金。

（2）支付构成

农村社会养老保险的资金来源于征地补偿金。浙江省土地管理标准决定着补偿水平。耕地的补偿费是被征用土地过去三年平均年产值的8~10倍以上；其他农业用地的补偿是过去三年平均年产值的4~7倍以上；对未开垦的土地的补偿是已开垦土地的50%；土地征用农村人口安置补偿费是土地产值的4~6倍，最高是15倍。前两个补偿费不能超过土地平均年产值的30倍。当地政府已经根据当地的条件，制定了青苗的补偿标准，通常为每亩青苗补偿500~3000元。对于附属材料的补偿则根据它们的实际价值。浙江省土地资源局做了一个关于2002年21个县的土地补偿费的调查。调查显示，耕地的平均补偿费是土地产值的8.467倍，没有一个低于所要求的标准。最低的补偿费是土地产值的4倍，最高是12.5倍。人口安置补偿费平均为土地产值的8.7585倍。农民实际获得的支付水平不等，武义县桐琴的每亩地9800元是最低水平，椒江区海门的每亩地45150元是最高水平。后者是前者的4.61倍。各县的平均补偿水平为每亩25340元。对于征用土地、青苗、附属材料等全部补偿的平均支付为每亩28644元，

从每亩 7260 元（武义县）到每亩 83593 元（萧山县）不等[①]。

土地征用导致很多村民失业。例如，1999～2001 年，江干区九堡县牛田村有 252 亩土地被征用。该村的 850 个劳动力，有 100 人继续干农活儿；有 160 人在 13 个村里的工厂工作；80 人在乡镇企业就业；200 人自雇成为裁缝、蔬菜销售商或从事施工和贸易；有 300 人没有找到工作，他们每月获得 70 元补贴，这部分人占到了村庄劳动力总数的 35.3%。这很容易解释，因为土地被征用后，不再像以前那样需要大量的劳动力了。

（3）浙江省案例：嘉兴市

嘉兴市是浙江省的一个例子。2001 年嘉兴市的人均收入为 5500 元，人均国内生产总值为 18223 元，人均国内生产总值比浙江省的平均水平高出 3673 元。该市的城市化水平只有 41%，比浙江省的平均水平低 7%。嘉兴市正加紧将农村地区转变为城市地区，将农业生产转变为工业生产，将农村劳动力转变为城镇居民。1978～2001 年，嘉兴市城镇居民和农村居民之间的差异在扩大，体现在三个方面：收入、支出和储蓄——所有这一切在城市中的增长速度都比农村地区快。1998 年，城镇居民的收入是农村居民的 1.92 倍，2001 年是 2.04 倍。

在征地的同时，嘉兴市农村社会养老保险项目在进行中。符合养老金缴费资格的年龄为 0～60 岁。个人缴费占了大部分比例，超过了总缴费的 60%。集体援助作为补充，限制在缴费总额的 10%～30%。在一些富裕地区，集体援助可能会相应增加。政府制定政策来推进农民参加养老金计划。县和乡两级政府都要将所有养老金储蓄的 5%～10% 作为养老金的支出预算。支付是灵活的，有年支付、半年支付、季度或一次性支付。嘉兴有它自己的养老金计划，它将城市和农村的社会养老保险结合起来。

嘉兴市呼吁退伍军人、福利企业的残疾工人和农村干部参加

① 浙江省土地资源局，2003，《全省今年征地情况及存在问题》，内部文稿。

农村养老保险计划。嘉兴市开展了一项促进农民加入农村社会养老保险的活动，特别是鼓励富裕家庭的专业大户参加，因为他们有支付保险费的经济能力，并且可以在发展农村地区的生产和福利方面做出很好的表率。根据嘉兴市的规定，残疾人的工作单位应该为他们支付养老金。嘉兴市的经验在于接近潜在参与者，传播关于农村社会养老保险的知识，推广参加农村社会养老保险所取得的初步成功。例如，葡萄种植专业户在 43 岁时参加保险，每年支付 3126 元，当他满 60 岁时，每月将获得 600 元养老金。一个 26 岁的农民每年支付 2500 元，当他满 60 岁后，每月将获得 630 元养老金。下面显示了我收集到的嘉兴市郊区的几个案例。

富源村：有 1080 户 3446 个村民，该村人均耕地 2 亩。主要农产品包括桑蚕丝、大米和植物油。传统的农村产品占 60% ~70%，平均收入为 4900 元（包括在城市或乡镇企业中的农民工的收入）。20% 的劳动力参加了农村社会养老保险，70% 的人参加了合作医疗保险。参加合作医疗保险的人每人每年支付 25 元，用于看医生和住院的支出。

火炬村：有 600 户 1980 个村民。像富源村一样，村民们从事传统的农业生产和养猪，收入与富源村相似。1996 年火炬村开始实施农村社会养老保险，吸引了 20% 的村民参加。随着经济的迅速发展，养老金的水平已经远远不够了，每月仅支付十几元。平均而言，每个人拥有 3 亩土地。未来三年，由于政府征地，这些耕地将全部消失。所有村民将获得农村养老保险和土地最终补偿。村民主要担心未来的就业，加入农村社会养老保险计划的村民的比例从那时起并没有显著变化。

（4）问题

首先，除了那些专门从事商品生产的家庭，一般的养老保险支付标准较低。一些农民每月仅领取几元养老金，这好像没有什

么用。其次，商业保险与社会保险竞争。社会保险部门缺人手宣传，难以抗衡商业保险强大的宣传推广攻势，七种商业保险对社会保险形成有力竞争。社会保险吸引的主要是干部、特殊家庭、残疾人和退伍军人。嘉兴市也强烈要求国家立法支持农村社会养老保险的政策，这些政策将使农村社会养老保险具有权威性。当国家支持地方实践时，农村社会养老保险将被极大地推进。

在嘉兴市一个乡镇会议上，农民提到了“国民待遇”这个概念。在城镇社会养老保险中，工作单位为城镇工人支付20%的养老金，工人自己支付收入的7%。农民注意到，他们缴纳了农业税，但是没有得到20%的支持。他们询问，他们的“国民待遇”在哪里，如果他们支付了7%，是否也能获得20%的援助？浙江省的农民已经为他们的公民权利呐喊。他们要求城市和农村福利一体化。

浙江省已经意识到，将城市和农村保障体系联结起来是很有必要的。首先，最低保障线应该整合。城镇居民的最低保障线是每月398元。显然，这项政策适合许多农村人，因为他们失去了土地。但是由于他们不被要求支付养老保险费，结果将会增加政府预算。为了迎接这一挑战，需要制定一个兼顾国家和实用性的养老金计划。以下是上海的一项养老金计划，或许从中可以得到一些结论。对于农民失地问题，涉及地方政府的土地财政收入，也涉及开发商和相关投资企业的利益。这些与地方政府联手促进所谓经济增长导致的问题，在此忽略。

3. 上海计划

上海市于1987年启动了农村社会养老保险。到1993年，上海市已经建立了农村社会保障计划。民政、财政、劳动和农业部门联合推出了这项计划。经过几年的实践，到1996年，政府规定的社会保障计划付诸实施。大概有124万农村人口参加了农村社会养老保险，占上海市符合条件的农村人口的89%。

上海市的农村社会养老保险有以下特点。

（1）管理

由于政府将农村社会养老保险工作从民政部转交给劳动和社会保障部，农村社会养老保险被迫停止。当农村社会养老保险在其他地方不复存在的时候，在上海市，却顺利发展。农村社会养老保险被百姓视为最关切的问题，作为一个优先重要事项被提上市人大议程。人大代表定期监察和阐述农村社会养老保险的实施情况。由上海市社保管理中心和区、县、乡各级管理机构组成的管理体系对农村社会保险进行监管。每个级别都有单独的行政人员。在上海市，农村社会养老保险、合作医疗和其他农村社会保险是相结合的，因此是一个社会保障计划。它还涉及扶贫和劳动力管理。这些工作与民政部、劳动和社会保障部、卫生部有关。

（2）设计

上海市建立了自己的农村社会养老保险计划，这个计划与其他省份实施的计划不同。上海市的计划提出了将一个乡个人平均收入的5%作为退休金个人缴纳的部分，这不同于民政部制定的10个等级的标准。当地政府援助（来自县级政府）的比例为个人平均收入的2%。来自企业的集体援助，占到了工人总支出的15%。这种管理设在县一级，意味着把县作为一个整体。乡是参与管理的基本单位，它的职责是收集个人和乡镇企业的缴费。个人缴费被打入个人养老金账户，乡镇企业的缴费由县一级管理。县政府把乡镇企业集体支出的资金作为一个整体汇总起来，并在全部乡和镇之间统筹。最后，政府提供个人缴费的40%的金额。这可以用如下公式解释。

当平均劳动收入是600元时

个人缴费：30元（占600元的5%）

集体资助：12元（占600元的2%）

政府支付：12元（占30元的40%）

个人获得的养老金为：30+12+12=54（元）

上海市的养老保险有如下特点。

第一，保障水平达到了中等标准。它整合了社会保险、家庭支持和土地保障的部分功能。每个老年市民平均每月获得 75 元，虽然不够，但是可以补贴部分生活费用。这样的标准没有削弱家庭支持的功能。

第二，农村社会养老保险建立了个人账户，个人的缴费相当于一个乡个人平均收入的 5%。企业缴纳了工人总支出的 15%。个人和工作单位的经济现状与支付标准相一致。

第三，农村社会养老保险金由乡所有，由县管理和监控。以乡或镇为单位，农村社会养老保险涵盖了农村经济组织中的所有员工。

第四，这是一个精心安排的计划，它将旧系统与新系统结合起来，顺利地把旧体制转变为一个崭新的计划。老年人每月领取 200 ~ 300 元，这高于原农村社会养老保险的养老金，但是它来源于个人的缴费。处于新计划中的个人，与集体和政府一起，都缴纳了相当比例的费用。

上海市的计划是建立在科学方法基础之上的。上海市的贫困标准为平均工资的 20%，最低收入标准为平均收入的 40%。对老人的最低支持是平均收入的 30% 以上。养老金标准低于最低收入标准，这样的计划是合适的。在上海市的城镇养老保险计划中，养老金和最低收入的立场是相反的：最低收入为 535 元，而养老金支付额是 800 ~ 1000 元。这导致很多工人想要提前退休，因此造成城镇养老金的高支出。

总体而言，上海市开展的最重要的行动是建立了一个农村社会养老保险的框架。上海市农村社会养老保险是建立在经济发展和政府政策设计基础之上的。

（3）上海市农村社会养老保险的现状

农村社会养老保险覆盖了上海市的整个农村地区。上海市郊区的 10 个区县的 145 个乡镇都建立了农村社会养老保险，有 124 万农村居民参加了该计划，到 2002 年底，占到农村人口的 92%。

该计划拥有56亿元基金，并在2002年获得了10.4亿元资金，比前一年同期增加31.65%。

上海市农村社会养老保险计划坚持储蓄高于支出。上海市每年花费3.5亿~4亿元，但是每年收取10亿元。行政组织分布在市、区（或县）、乡三级，委托代理机构为大的村庄和企业。共有38万农村居民领取养老金，总额为16.3亿元。农村养老金的月平均支付为每人75元。

随着城市化的不断推进，农村社会养老保险的发展趋势放缓。农业用地逐渐萎缩，农村人口也在减少。上海市正期待出现一个综合性一体化的城市和农村福利制度。

二　三地区农村社会养老保险计划分析

北京市和浙江省的农村社会养老保险计划中有一些共同的特点。首先，它们都敦促政府承担更多的立法和再分配的责任。其次，它们热衷于社会保险而不是商业保险。再次，它们无法解决养老金标准过低的复杂问题。上海市提出了一种解决这个问题的合理方法。

1. 计划本身

浙江省和北京市遵循的是民政部提出的模式，有几种不同水平的个人养老金。在上海市，个人缴纳乡人均收入的5%，而不是每年缴纳固定数额的养老金。首先，5%的支付对个人来说并不困难。其次，5%的缴纳计划使养老金随着时间的推移和生活水平的提高而变动。如果缴纳固定数额，那么当经济和生活费用增长后，个人养老金就会低了。例如，如果一个人仅支付2元，养老金将会微乎其微，每年调整养老金标准会导致其他问题。上海市的方法避免了每年的调整，同时将养老金支付保持在一个合理的水平上。

个人缴费相对于企业集体缴纳的比例来说是公平的。在上海市，集体缴纳工人工资总额的2%，这些钱来自乡镇企业。一方面，所有农民，而不仅仅是企业的职工，都获得了他们的退休金；另一方面，2%的比例并不是太高，这使企业能够保证这部分的资金支付。

2. 管理

首先，上海市通过了农村社会养老保险的立法。个人和集体在法律上有义务缴纳养老金。法律赋予了农村社会养老保险独立的地位，并在其与商业保险的激烈竞争中巩固了社会保险的权威。

其次，政府负责立法和资助农村福利。在北京市和浙江省，资金主要来源于个人缴费，集体贡献作为补充，政府并没有参与。上海市的情况与之不同。上海市有政府出资预算，从而鼓励农民参加农村社会养老保险。如果农民不参加农村社会养老保险，他们也无法获得来自集体（2%）或政府（40%）的养老保险投入。因此，商业保险和社会保险之间的冲突消失了。面对市场经济和商业保险，北京市和浙江省采用传统方法建立农村养老保险，例如，说服干部或富人加入农村社会养老保险，在农村社会养老保险中优先考虑退伍军人和残疾人的利益等。上海市则从另一个角度来解决这个问题。它赋予社会保险权威地位，并为其提供经济支持。

表12－3　四省市农村社会养老保险比较（2002年）

地　区	农民平均收入（元）	每月获得的养老金（元）	领到养老金的人数（人）	农村劳动力养老金覆盖比例（%）
北　京	5880	50	—	23
浙　江	5000	42	50000	40
上　海	6207	75	400000	95
江　苏	4155	64	120000	29

上海市的模式可以用于其他地方吗？回答是肯定的。北京市根据自己的经验，要求政府出台一个政策：在富裕地区，强制农民参与养老保险；在条件较好的地区，农民在政府的引导下自愿参加养老保险；在贫困地区，贫穷的农民当前可不参加养老保险。对所有乡镇企业来说，农村社会养老保险应该是强制性的。2002 年北京市乡镇企业的总收入是 102 亿元，企业人均收入为 9800 元。4500 元用于生活支出，余下的收入足以支付农村社会养老保险。这项政策对高收入的农民来说也是可行的。在高收入家庭，人均收入是 1 万元，除去 7000 元生活支出外，余下的足以支付农村社会养老保险。

3. 展望城乡一体化的福利制度

农村社会养老保险计划的出发点不是要求政府预算提供资金，它建立在农民自己和农村集体投入的基础之上。政府负责管理，制定政策和立法。20 世纪 90 年代以来，农村养老保险计划在上海、山东、浙江、广东、福建和其他进行经济改革的省市中以不同的类型持续发展。不同省份有不同的经验，并互相分享经验以改善养老保险计划。

我采访了北京市民政局的官员。他们中的许多人已到北京市劳动和社会保障局工作，并开始处理农村社会养老保险的问题。尽管进行了机构改革，他们并没有放弃农村社会养老保险计划。相反，由于民政局负责农村福利，社保局负责城镇福利，他们熟悉两方业务，正在探索把农村养老保险计划和城镇养老保险计划联结起来的方式。一些工作人员已经开始采取实际行动建立超越城乡分割的福利制度，它是对可能走向一个综合性福利制度的一种直接表达。

任何福利制度都依赖于一个良好的税收征管制度，这是另一个必须加强制度建设的领域。国家统计局 2000 年对 4 万个城镇居民家庭所做的调查显示，20% 的高收入家庭掌握了全国 42.5% 的

财富。50个最富有的家庭掌握的资本相当于中国5000万农民的总收入；估计300万中国百万富翁的总资本相当于中国9亿农民两年的收入。除去这些数字，2001年中国的个人所得税占总收入（995.99亿元）的6.6%，仅占国内生产总值的0.5%。这个比例远低于发达国家。如果没有一个良好的税收制度，想要建立一个有效的再分配福利制度非常困难。

目前中国用于支持农村福利的钱许多来自非政府组织，但其中很大一部分由于管理混乱而浪费了。当你打开中国的电视或报纸时，你会发现许多由一些组织提出的农村教育支持计划。例如，建议为农村学校捐赠设施，资助那些已通过大学入学考试而家庭贫困的农村学生真正进入大学，支持个别农村学生继续留在学校学习。这些计划在中国很受欢迎，并获得了相当大的公共利益。问题是，教育是政府的责任，还是一项私人慈善行动？政府应该发挥什么作用？中国的问题是，应该由国家政策推动的福利领域，正在走向市场化、产业化、商品化，许多常规性的福利领域政府没有负主导责任，反而被社团取代。阿马蒂亚·森2002年访问中国的时候认为，虽然在工业和农业创造财富方面，市场经济优于计划经济，但是国家必须通过公共服务的方式提供社会保险、医疗保健和公共教育。一个由国家建立的全面的、普遍的教育制度，比通过私人募捐进行的教育活动有效得多。

4. 农村和城市社区的一体化

随着越来越多的农民通过城市化成为城镇居民，并获得社会福利，加入社会养老保险，城市和农村社区的一体化进程加快了。

1997年公安部颁布了小城镇户籍管理制度的实施计划，该计划宣布将在一些选定的发达乡镇取消户籍制度，如在中国东部的每个省选20个乡镇，中部每个省选15个乡镇，西部每个省选10个乡镇。经过两年的试验，这项政策将扩展到更广泛的范围。所有在城镇工业或服务业工作的工人、城镇企业聘用的行政和特殊技术工人、在城镇买房子的人、土地被征用后居住在城镇的农民，包括他们所有的亲属，根据法律都将获得城镇居民户口。2001 年国家批准并出台了公安部关于《推进小城镇户籍管理制度改革意见的通知》，该意见规定，拥有合法居住地、稳定职业或一定收入的农民可以登记为城镇居民。他们既可以保留土地所有权，也可以转让土地获得补偿。一个新的趋势是，居民获取城镇户籍身份取消了所有前提条件，如比例配额和最短居住期限，而是建立在居民意愿和实际人口状况的基础上。新的规定禁止向新迁入者收取额外费用，废止了一些地方性法规，使农民拥有和城市公民平等的权利。

支持城乡二元社会建设约 40 年的商品粮制度于 2001 年被废除。劳动力市场将城乡劳动力整合起来。国家发改委在 2000 年提出了一项“十五”期间针对人口、就业和社会保障的专门计划。它希望消除员工间的地位差别，提高城市地区和农村地区以及不同领域间劳动力的流动性。例如，一些企业招聘不再要求求职者持有北京户口。

所有这些事态发展都表明了一种城市和农村融合、城乡公民身份统一的趋势。但是，这仅仅是方向与趋势，并不能说，我国农村社会福利的发展是顺利的。城乡一体化，特别是社会福利领域的社会融合在中国的大部分地区还有很多的问题，医疗保健、教育和养老保险计划的整合仍然有很长的路要走。

三　小结

第一，福利进入了一个政府重新承担责任的时代，虽然仅仅是开始，是部分的，还很不够。中国农村进行经济改革时，福利体系也削减或中止了。当市场经济被植入农村经济，个体农民最需要社会福利保护的时候国家对于农村居民福利责任的行使却普

遍遇到障碍。此时，一些省份开始探索新的农村社会养老保险计划，这些计划将推动政府承担起对农村福利的责任。

第二，经过多年的探索，一些福利项目，如经济发达地区的社会养老保险计划，已经找到了合理的方法。农村社会养老保险开始制定法规，逐步形成法律体系。这些探索和城市的方式接轨，因此，我们可以说，它为城市福利制度与农村福利制度的融合铺平了道路。

第三，这个时期进入了现代社会保障制度全面探索的时期，特别是西方发达国家的社会保障的新措施、新做法纷纷被介绍、引入中国，包括在农村的实践。伴随着农民公民权利意识的增长，在制度设置中他们逐渐提出并强化公民权利意识。有迹象表明，农村福利在朝制度型和适度普惠型的方向转变。

第四，随着市场化的深入，一方面国家开始重建农村社会福利体系，另一方面，福利领域市场化、商品化、产业化倾向不断增长，这些需要相关部门和国家福利制度制衡。

农村社会养老保险只是农村社会福利体系的一个侧面，通过这个侧面，我们可以摸索到农村社会福利体系建设的进程。其他的福利项目，如农村合作医疗保险、农村教育、社会服务等，我们也在探索中。

第五部分

福利的政治、经济和社会因素

第十三章

福利的公共管理和服务：社区建设（2000年以后）

2007年以后的中国农村，社区建设的进程逐渐加速。农村经济建设的发展，给社会管理和社会治理提出了要求。同时，伴随农民生活水平的提高，需要在经济再分配的基础上，搭建一个建设集体公共设施，提供社会救助、社会服务等满足农民需要的服务平台。在这个平台上，更好地传递服务来提高农民的福祉的相关工作，在农村被称为农村社区建设。农村社区建设的核心是建立农村社会服务体系和公共管理制度，改善农村居民的社会福利和生活设施。在农村社区建设的进程中，各地的经济、社会发展条件不同，社区建设的内涵也不同。这一章将从农村社区中的基层组织、企业、社会组织和人民大众即公民参与等一些相关因素的互动情况，来观察它们对农村社区建设的影响。

一　关于农村社区建设

农村经济改革30年来，在促进经济发展水平和农民生活水平提高的同时，也导致了快速的社会变迁，给我国农村社区建设带来了新的问题和需求。

第一，农村需要社会福利体系与基本公共服务建设。在家庭联产承包责任制下，随着经济的飞速发展，农民的生活水准不断提升。存在了 1/4 世纪的人民公社解散了，集体福利也随之瓦解了。在过去的很多年里，农村社区公共事业和社会服务严重短缺。农村社区内公共事务处于无序状态：居住环境很差，到处都是泥泞的道路和街道成堆的垃圾；邻里之间的纠纷不能及时得到调解；当大量的青年人流动到城市里打工时，大多数留在农村地区的老年人、妇女和儿童失去了支持，沦为弱势群体。农民由于缺乏公共设施而没有娱乐文化和体育活动。同时，很多农村地区陷入缺乏知识和技术培训资源来提高生产力的困境。总之，农村的基础教育、公共安全和社会福利等方面存在许多问题。

第二，农村需要新的社区管理机制去处理公共事务，提供社会服务，解决一系列新产生的问题。快速的城市化进程已经扩展至城市周围的农村地区。传统的农业生产、就业结构和村民生活已经发生了引人注目的改变。在这些城乡结合区域里，许多新的问题出现了，比如土地征用、公共财产处理和资源的合同管理，这些都迫切需要新的管理机构介入。

第三，农村需要公共基础设施建设。道路、电力、学校、图书馆、文化馆、体育设施等严重匮乏。由于个体经营生产，农村还没有足够的组织、工作人员和财力去管理公共环境卫生、发展文化事业、开展文娱体育活动，甚至缺少基本的社会生活。随着综合国力的增长，政府已经开始逐渐增加对农村公共设施和社会建设的投资，以改善农村基础设施，提高公共服务质量。

第四，建设社会主义新农村需要缩小城乡差别。城市居民和农村居民之间的社会发展水平、收入和消费不平衡，并且这种不平衡在不断扩大。如获得医疗保险的城市居民比农村居民多出 20.27 倍①。2004 年农村文化事业的支出占全国文化事业支出的

① 詹成付，2008，《农村社区建设实验工作讲义》，中国社会出版社。

26.5%，但是农村人口几乎是全国总人口的2/3①。流动的农民工的医疗、养老、工伤，以及孩子的教育问题，社会参与度等，都存在问题。我们能够看到，中国农村社区建设落后于中国城市建设，中国农村社区的建设迫在眉睫。

2003年，党的十六届三中全会通过了一项关于完善社会主义市场经济体制的决议，目的是促进农村社区的发展。2006年，党的十六届六中全会首次明确提出了"农村社区建设"。国家要求将我国的农村建设成管理民主、服务周到、乡村文明和谐的社区。民政部开始尝试建立一个适合市场经济发展水平，汇集农村社区所有人才和资源，以增强社区功能，逐渐创新管理和服务的平台。

农村社区建设启动于2001年的江西省。几乎在江西省开始农村社区建设的同时，在湖北省杨林桥镇，一个微小而又与世隔绝的贫困山村——凤凰岭也启动了农村社区建设。这里地处山区，没有一条出山的道路，农产品销售不出去，经济不发达，农民摆脱不了贫困。于是，村民们自己筹集资金，选举带头人一起建设了通往山外的道路，以方便他们销售自己的农产品。经过三年的艰苦努力，到2003年，道路修好了，村民的人均收入增加到3000元。此时，附近的30多个农村也开始了社区建设。

2007年3月，民政部在山东省胶南市召开了一次现场会议，介绍了江西省和杨林桥镇的实践经验。同时，浙江省和江苏省的社区建设经验也得到推广。民政部在全国选择了251个县作为社区建设的试点，这标志着中国农村社区建设铺开。

山东省胶南市农村社区建设的经验是投资农村社区基础设施，通过建立生产设施、医疗设施、文化设施和邻里中心来提高

① 高景然，2008，《农村社区建设发展的总目标和需要》，载詹成付主编《农村社区建设实验工作讲义》，第19页。

农村生产力和改善农民居住条件。邻里中心是一个有多重功能的平台，涉及的事务包括村民自治、便利服务、文化和培训、体育和娱乐、农民的生产和社区环境卫生。

农村社区建设是在每个社区建立一个平台来解决与农民生活和生产相关的所有问题，处理农村的公共事务，它包括社会安全、贫困救济、生产和就业、环境清洁、娱乐体育和健康卫生服务等。在不同的地区，社区建设的内容是不同的，特别是在社会和经济发达地区与经济落后的地区。2007 年，民政部总结了农村社区建设的总体目标和原则。

第一，将农村社区建设成一个有效和有序的行政体系，它能有效地连接政府和村民，在法治的框架里促进政府行政和村民自治之间的良性互动。

第二，将农村社区建设成一个综合服务系统，它包括基础设施建设和各级政府各个部门提供的基本公共和社会服务，以及村民之间的自助和互助。

第三，将农村社区建设成一个文明和谐的社会组织，表现为农村社区和社会之间、村民和他们所居住的环境之间以及所有村民之间的和谐。

农村社区建设的原则是自我管理、自我教育、自我服务以及自我提高，因此，农村社区建设鼓励发展社会组织、志愿者和经济合作协会，促进社区服务和农村社区经济繁荣。

中国农村通常会有一个专门的协调和管理机构，负责处理村庄的日常公共事务。农村社区建设也有这样的机构负责协调。然而，由于不同地区之间存在差异，这个机构和机构所涉及的社区事务，特别是社区建设在内容、组织管理、具体措施上有很大的不同。在 2007 年至 2008 年这两年的时间里，我走访了 7 个省和直辖市（山东、重庆、江西、江苏、四川、湖南、天津的部分地区），调查了农村社区建设试点项目的运行情况，参观并学习到

了不同的社区建设模式[1]。

二　现有社区建设模式

1. 胶南市：村民委员会牵头

在山东省胶南市，在当地政府的财政支持下，村民委员会具体负责推动社区建设的发展。

在村民委员会的领导下，村民通过集体行动，重新规划乡村建设，修建了四通八达的交通网络，喝上了安全卫生的自来水，用上了通畅的电力系统、便捷的信息通信系统等等。同时得到改善的还有村庄排污系统、厕所环境以及猪舍。在胶南市，有30%的农民参加了专业农业生产合作社。县里很多村庄的文化和娱乐设施都得到了改善。每一个镇都建有一个文化站，85%的村庄都有自己的文化课堂。很多村庄还建立了农民自己的市场，大约有1000名农村劳动力在这些与农业相关的超市工作。在胶南市，第一批50个试点村已经建立起社区服务中心或者邻里互助中心，为村民提供公共服务，方便他们办理公共事务。当时镇政府已经建立了17个服务窗口来为农村居民提供服务。同时建立的还有414个乡村诊所，有95.3%的农村居民参加了新型农村合作医疗保险。原有的98个派出所，375个警务室，与每个村招募的10～15名志愿者共同编织了一张覆盖全市的安全网。

村民委员会从胶南市政府那里获得财政和组织支持。地方政府有一个总的年度预算用于村一级行政管理开支，并派遣150名县级官员去村庄参加社区建设培训。为了壮大草根组织，当地政府公开招募了100名大学毕业生到农村社区，帮助村民委员会进行社区建设。

---

① 潘屹，2009，《家园建设——农村社区建设模式分析》，中国社会出版社，第110～133页。

除此之外，胶南市政府还大力支持社区发展，投资 2700 万建设农业生产资料以及产业链，投资 500 万元建立或者完善了 351 所社区卫生服务中心，平均每 60 公里就建立了一个文化中心（包括图书馆、演讲厅、信息中心等），改善了村庄的基础设施。

这种农村社区建设模式通常出现在经济比较发达、村民委员会发展相对成熟的地区。在这些地方，当地的县级政府做了整体规划，镇一级的行政部门也积极支持村民委员会的工作。交通、能源、财政、民政等具体的政府职能部门也为村民委员会的社区建设提供相应的支持。

2. 江西省：志愿者主导

江西省的农村社区建设依靠非政府组织的管理，志愿者组织承担了建设农村社区的任务。

江西省境内多山脉。这种多山的地形使得当地的自然村小而分散。江西省有一个行政村包含了 50 个自然村。所以，江西省把自然村设为社区建设的单位。此外，江西省有 80% 的人口是农村人口，但是当地的农业经济并不发达，人均生活水平位于全国倒数之列。大多数村庄没有集体经济，也缺乏社区建设所需的财政资源。江西省的很多县级政府欠了大量的外债。例如，都昌县鸣山乡政府欠债超过 200 万元，8 个村民委员会的债务加起来是 200 万元。最后，江西省精简了镇一级的行政管理部门和村一级的村民委员会，把村民委员会的数量从 19423 个减少到 16745 个。人手少、资金缺，村民委员会很难在大范围的多山地区开展公共服务，故以自然村为单位开展社区建设。

江西省的农村社区建设是以自然村和志愿者组织的管理为基础的。每一个自然村都有一个志愿者组织。政府部门难以为所有的村民委员会提供充足的财政支持，许多村民委员会经常陷入人手短缺的境地。财政紧张使得一些村民委员会拿不出足够的钱用于行政管理，更不用说进行社区建设了。这正是志愿者组织参与

并主导农村社区建设的原因。

村里的志愿组织名叫志愿者协会，由五种“元老人物”组成，俗称“五老会”，即退休干部、退休教师、退伍军人、老农民和退休工人。在不同的村庄，五位元老略有不同，也有一些劳模代表，如私营企业的老板和生产能力强的农民等。志愿者协会的主任通过村民民主选举产生。协会的成员在村子里是有较高社会威望和影响力的人物，同时有丰富的经验和大量的社会资本，这是他们可以动员村民参与社区建设的重要因素。根据都昌、永丰、浮梁、上高以及湖口五个县的统计数据，超过 90% 的村民在“五老会”的带领下参与到了当地社区发展的过程中。

在“五老会”的带领下，每个村庄都建立了“五站”，即互助站、环境监测站、民事纠纷调解站、文化体育站和公共福利事业站。互助站是为动员社区中的各部门贡献财力和物力去帮助社区中的老弱病残而设。环境监测站用以提升村民的环保意识，促进良好卫生习惯的养成，组织村民改善生活环境，建设环境优美的新农村。民事纠纷调解站的作用是禁止辱骂他人，杜绝偷窃和其他不当行为，处理矛盾，减少犯罪率，建设一个和谐稳定的社区。文化体育站将村庄祠堂、废弃学校、仓库以及其他未被充分利用的空间改造成农村社区的中心，村民在这里举办夜校、阅读、舞龙、腰鼓等文化体育活动。公共福利事业站用以动员村民参与公路、桥梁建设，水利建设，沼气利用，广播和有线电视设施建设，老人之家建设，幼儿园建设，水库、池塘、树木等其他集体资源的管理。

在江西省，社区建设的资金来自社会中的不同群体。首先，村民志愿提供劳动和资金。例如，在都昌县的 20 个试点村，村民志愿筹集了 89000 元的资金，平均每天有 6200 人义务劳动。其次，一些政府机构为贫困地区的社区建设批了专项资金，如公民福利专项资金、高速公路建设专项资金等。再次，一些与当地有互助帮扶关系的其他省份、市、县的政府会提供一些资金支持；

与此同时，当地一些在外工作的居民也会通过各种方式为家乡的建设贡献自己的力量。最后，一些政府部门及有慈善心肠的个人也会为社区建设捐献财力和物力。总的来说，在当地政府的政策支持和推动下，村民、志愿者、政府部门及其他社会力量联合成一体，共同建设农村社区。

同时，江西省还鼓励城市和农村社区之间结对子，倡导互相帮扶。都昌县已经建立了90对这样的互助对子，共有180个城市社区和农村社区参与了这项活动。这些互助小组尝试了很多方式来寻找合作和交流的机会，分享社区发展的经验。城市社区发展较早，它们有很好的社区建设经验，可以分享给农村社区；城市社区和农村社区可以通过实地考察来进一步交流，可以在文化和教育方面相互学习。为了促进工农之间的互动，空闲的农村劳动者可以去与之相互支持的城市社区寻找机会，城市社区的劳动者也可以去农村社区帮助他们减轻贫困。此外，还可以促进两个社区之间的商品流通，例如，农村社区可以把新鲜的农产品直接输送到对应的城市社区，城市社区可以直接为农村社区提供资金、人力、技术、理念等资源，帮助他们，促进农村社区又好又快的发展。

3. 青岛：村庄与企业联合

在一些经济发达的地区，村里的集体企业和村委会联合起来，承担起了建设新型农村社区的责任。山东省青岛市的郊区北高村就是一个很好的例子。北高村有90%的劳动力是本村集体所有企业振华公司的员工。村委会主任同时也是这家公司董事会的主席。所以，在这里，村民和工人，村委会和企业是不可分割的。

随着村庄集体企业的发展，除了扩大生产以外，北高村还大量投资当地的社区建设以及改善农村居民的社会福利。最近几年来，北高村已经投入了3600万元用于规划和建立一个生态系统

健全的现代化农村。具体做法如下。

基础设施建设：从 1999 年开始到现在，北高村共建成 77 幢郊区住宅楼、18 座公寓楼，让社区的 176 户村民都搬进新居，使人均居住面积达到了 50 平方米。村集体给每户居民提供 6 万元的福利住房补贴。每一户居民家都有有线电视、电话、天然气、自来水。村庄里的所有马路都是水泥路，并配有良好的照明设施和排水系统。除此之外，村集体还修建了两个公园供居民休闲娱乐。

建立邻里互助中心：村集体投资 170 万元建立了一个面积为 720 平方米的邻里互助中心，是村民自我教育、自我服务、自我管理的综合性服务平台。中心设有村史教育、村民议事、便民服务、卫生服务、图书阅览、调解中心以及娱乐和健身场所。

提供医疗和健康服务：村集体投资 60 万元建立了一个卫生服务站。这个服务站占地 247 平方米，有 6 名全职工作人员，设有药物治疗室、观察室、物理康复室、急诊室、实验室，并配备了心电图和 B 超诊断等硬件设施。这个服务站面向邻近的 4 个村庄的 1356 名居民提供全面的医疗服务，包括出诊、咨询、检查等。

改善村民福利：村集体另外投资 1600 万元建立了一个占地 28400 平方米的老人之家。这个老人之家有 680 个床铺，向村庄里 60 岁以上、拥有养老金的老人提供服务。另外，村集体还建立了一个面积为 220 平方米的幼儿园，配有 5 名教师，附近 5 个村庄的 68 名学龄前儿童从中受益。除此之外，北高村还出资 210 万元建立了一所中学，里面配有实验室、微机房、美术室，拥有 16 名教师，附近 5 个村庄的 182 名学生注册入学。村集体有一个政策：北高村所有考上大学的学生都能获得 2500 ~ 5000 元的奖励。

北高村还建立了运动场、一座占地 700 平方米的文化园和一家大型超市以及其他设施。村集体向村民提供免费的农业技术指导和服务。

4. 云南省德宏州与上蔡县：动员群众

在走访农村期间，我发现了另一种农村社区建设模式。这是一种具有中国传统特色的方式，即在现有的社会体制下，通过动员群众在短时间内采取集体行动来处理特殊的社会问题，这被称为“人民战争”。采用这种模式的农村社区建设有两个典型的代表，一个是云南省的禁毒运动，另一个是河南省对流行性艾滋病的控制。

（1）云南省德宏州

德宏州是一个少数民族地区，位于云南省的偏远地区，与缅甸接壤。这里经济和社会都不太发达。根据 2005 年公布的数据，德宏有 25285 名吸毒者，占到德宏总人口的 2.42%，在云南省总吸毒人员中占 37.1%。在德宏，每 41 个人中就有 1 个吸毒者，87.3% 的吸毒人员来自农村。毒品泛滥也引起了严重的社会问题，如贫困、艾滋病、犯罪。

2004 年，德宏州被中央政府指定为禁毒防艾工作的重点地区，随后，当地政府也发起了全民禁毒运动。

来自不同层次的 1683 名政府官员组成了 3 个工作组，被分配到 370 个村庄。这场运动的第一期是三年。33 位县级领导和 110 位市级官员亲自负责这项任务。

工作组主要通过以下活动来指导禁毒运动：召开村民委员会会议、播放教育片、创作电视和广播节目、设立马路广告牌、向外出打工的人寄送信件和发送短信、向人们介绍吸毒的危害。

当地政府和工作组从外部和内部，包括在边境地带，努力抓捕贩毒人员。从政府到家庭，形成了四个层次的系统性组织来消灭毒品和监督吸毒人员。在村委会和工作组的领导下，每个村庄都将麻醉剂管理列入了村庄管理条例，并且每位村民都在上面签了字。此外，3617 支村民防卫队和巡逻队密切关注贩毒分子和

毒品。

另外一项任务是救助吸毒者。如果发现一个吸毒者，他的家人、亲属、邻居以及村里其他组织都会积极帮助他戒毒。德宏采取了“一帮一”或者“三帮一”的方法来帮助吸毒者康复，即一位共产党员帮助一位吸毒者或者三位非党员邻居一起帮助一位吸毒者，使他们能在社会上独立，做对社会有用的人。这项全民禁毒运动获得了很大的成功，吸毒人数得到了极大的控制。到2008年，在当地找到新的吸毒者就较为困难了。

自从家庭联产承包责任制实施后，全国已经很少有地方（约5%）还保留合作医疗，德宏就是其中之一。每个村庄有两个村医，医生负责基本医疗和公共卫生服务。合作医疗体系在这次禁毒运动中发挥了重大作用，同时，社区建设也加强了村民合作医疗体系的发展。

通过政策上的支持和经济上的帮助，工作组也帮助了村委会的发展。每个村庄都建立了一个村庄集会中心，包括一个娱乐大厅和一个操场，还有一个超市、政策指导站、图书馆等。工作组将他们的方法、制度、法规和创意留在了德宏，这有助于加强当地的社区建设。

云南省农村地区的发展不能只靠当地的努力。德宏教育水平远落后于全国平均水平。例如，瑞丽是德宏最大的一个城市，但是全市只有一所高中，80%的初中毕业生不能升入高中。当地经济也不发达，工业产品十分缺乏。这些少数民族的初中毕业生，普通话也不标准，不能在大城市找到合适的工作，于是就闲荡在社会上。这些都是毒品泛滥的根源。要从根本上解决这个问题，德宏需要国家的支持。政府应该有更多的财政预算来促进少数民族地区的教育、经济和社会的发展。社会福利制度应该考虑更多的由中央向地方、由发达地区向欠发达地区、由东部向少数民族地区转移支付。这符合社会主义制度的原则。

（2）河南省上蔡县

在河南省，有9个县是艾滋病高发区，上蔡县是其中最严重的一个县。在上蔡县，有5882位艾滋病患者和6157位艾滋病毒感染者，这占了全国的1/6。在这些艾滋病患者中，有96%是在非法采血站卖血的农民，他们通过这种方式来快速地获取收入，可也因为这个而感染了艾滋病。

河南省建立了200家诊所，每家有50000元的预算。最重要的是，上蔡县当地政府设立了50个标准化的村诊所，任何有超过20位艾滋病患者或艾滋病毒感染者的村庄都可以申请。80%～90%的艾滋病人在自己的村庄诊所获得了治疗，那些严重的患者会被转送到县医院。每一位病人都有一张卡和一个账号，每个月政府都会往卡里充入300元。在村诊所里，每一位病人都是自由的。村诊所拥有129种治疗的药物，这些药物的价格都低于买入价。如果病人所选抗感染的药物不在这129种标准药物中，费用就需要自己承担。有18%～20%的病人每月的费用会超过300元，超出部分的费用就由大病基金支付。

大部分诊所拥有3位工作人员，文楼村是上蔡县艾滋病情最严重的村庄，村诊所有9位工作人员。医生和护士都是从学校和当地的医院公开招聘来的。有242位管理员和监督员对病人每天的用药进行监督。他们每个月都会在村诊所召开会议。现在已经有来自4747户艾滋病人家庭的21106位成员加入了当地的合作医疗。

上蔡县建立了三个解决艾滋病问题的系统。第一个是预防系统，第二个是诊断和治疗系统，第三个是救助和帮助系统。除了医疗上的帮助，上蔡县也为艾滋病人和他们的家属提供教育帮助、生活帮助、物质上的帮助。艾滋病孤儿通过被领养，寄养在亲属家里。上蔡县还建立了模拟家庭，每个模拟家庭领养四个孩子，这样有利于集中照顾。上蔡县采取派工作队“包户联村”的方式，县政府、机关单位向52个村派工作队，帮助发展生产，

目标是治愚治穷。他们已经投资2000万元建立了570个温室大棚生产食用蘑菇。在工作组的帮助下，这些村庄现在正在组织“蘑菇合作社”，使蘑菇生产具有一个统一的计划和行动，包括建立温室大棚、购买作物种子、管理生产和销售产品。

对上蔡县而言，艾滋病让他们“因祸得福”。由于艾滋病，上蔡县引起了政府的关注，并获得了中央和海外的帮助，这些支持帮助他们建立了一个制度化的医疗服务体系。

总的来说，“人民战争”通过动员和利用社会上不同部分的资源，能够在短期内解决棘手的问题，是一项很好的措施。因此，可称为一种农村社区建设的特殊模式。

5. 诸城市：重新划设“中心村”

山东省诸城市的社区建设属于重新设计规划：既不是在行政村一级，也不是在自然村一级，而是在所谓的“中心村”。诸城市探索建立了标准化的农村社区服务中心。诸城市将附近的几个村庄划分为一个农村社区，并选择了一个地理位置居中的村庄作为“社区的中心”。每一个社区的覆盖半径是2~3公里，包括了3~5个行政村，1000~2000户居民。

村庄被划分为一个农村社区的依据是：地理上相近、覆盖范围合适、便于提供服务、中心村庄有发展潜力。在中心社区形成之前，如果其中一个自然村里的学龄儿童的数量没有达到建立一个学校的人数要求，这些孩子就得走很远的路去镇上或者乡里读书。现在，学校建在中心村里，附近村庄的孩子可以很方便地入学。同样，健康服务等其他社会服务也很容易获得。

诸城市已经为每一个中心村修建了道路、饮水、供热、天然气等基础设施，并建立了社区服务中心。每一个社区服务中心都提供“一站式”公共服务，包含了卫生、环境、教育与娱乐、计划生育、社会保障、公共安全、志愿服务等七个服务站。社区服务中心还提供生产准备、增产、产品营销服务，也有为老人妇女儿童提供卫生健康等服务的志愿组织。几乎所有的公共服务都集中在这个中心社区里。2008 年 6 月，诸城市已经建立了 208 个农村社区，这些农村社区覆盖了诸城市的每一个区域。

诸城市的社区服务中心并不等同于政府的行政部门，它是一个特殊的服务平台。它向农村居民提供社会服务，但并不干预村民的自治。它基于更合理科学的设计，更加人性化的发展。当地政府的任务是指导、协助、服务、监督农村社区中心的发展，而不是领导。在中心村庄建立社区服务中心实现了农村社区服务空间分布上的最优化，并不会因为半径太大难以传递服务或者太小而浪费资源。

这种农村社区建设所提供的服务只出现在我们国家的部分发达农村，并在当地逐渐成为一种制度。当然，这种社会服务还不规范，许多居民需要的服务项目还没有包括进来，特别是那些在发达国家已经发展成熟的社会服务项目。

三　小结

本章探讨了中国农村地区不同的社区建设模式。这些模式，代表了中国不同的社会、经济发展水平。纵观不同的社区建设类型，村民委员会、志愿者组织、企业、当地和中央政府的参与方式不同。在新的时期，对农村社会管理方式的探索，将是保障农村社会福利水平和服务畅通的基础。而农村社区建设，实际上包括了农村的社会建设和社会服务两项。

第一，探索建立新型的农村社会管理模式。怎样在农村经济改革后的真空地带，建设起社会管理和服务的机构与机制，诸城市等地区的工作是农村公共社会管理和服务有效结合的探索。

第二，村委会在农村社区建设中起着重要的作用。在我国农村地区，村民民主选举产生的村委会作为农村社区建设的主导力量，发挥着牵头的作用。它代表了村民的意愿和力量，同时也是

政府政策的基层执行机构。它的坚强有力是农村社区建设发展的基础。

第三，志愿者和社会组织在农村建设中起着重要的作用。当村委会运行不力或者力量有限不能提供具体的服务时，志愿者组织发挥着服务传送的作用。在一些经济欠发达地区，地方财政有限，不能充分资助农村建设，志愿者可以动员村民和城乡各界社会力量，有效地组织和调配社会资源，为社区服务和自我服务。在资源有限、经济欠发达地区，农村建设依旧能够开展。例如江西省的志愿者，其作用某种程度上就像过去的乡绅，一些学者称其为农村乡绅的复苏①。因此，我认为，“志愿者”不是改革以后的外来词语，它也是中国传统文化的一部分。

第四，在一些地区，农村集体所有制企业成功，为农村社区建设和农村的社会福利奠定了坚实的经济基础。在青岛，农村企业的发展使得企业与村委会成为一体。许多地方的企业发展了，有了集体的积累，建立了现代化的社区，如宿舍楼、老年活动站、商业网点、医疗中心以及学校。企业，特别是有社会责任感的企业也是社会力量的一部分。

第五，在农村地区，群众性的“人民战争”仍然是解决特殊问题的有效方法。在我国，发动群众，动员群众，组织群众，走群众路线在社会主义建设的历程中起到了显著的作用。在那些特殊的地方，如云南少数民族地区，河南艾滋病猖獗的地区，依然需要全民运动来解决这些棘手的问题。它可以在较短的时间动员相当规模的社会资源，聚集力量去打赢一场战役。

第六，我们所提的城镇化，不是建设新的城市，不是原有城市的扩大，也不全是让农民工融入城市；城镇化，不是搞土地财政，不是开发新的房地产，也不完全意味着有新的经济增长机会。城镇化的核心，是建设新农村，让农村逐步城镇化。目前农

① 蔡建勇，2008，《村民自我管理再思考》，内部文稿。

村的青年劳动力大多外出打工，同时一些农村地区，却荒于建设，濒临凋敝。农村社区建设，就是建设农村，建设农民的家园，这也是国家庞大的后花园。

第七，探索和发展新型的农村社区服务事业。农村社区的建设，很大程度上要改善农民的生活，这就要建设和发展农村的社会服务业，缩小和城市的差距，让农民在乡村也有和城市近似或者一样的生活水准。建设标准化的服务网络，让曾经只限于城市地区的社会服务扩展到农村地区，从而提高农民的整体生活质量，不仅可以使劳动力从其他领域向服务业转移，也可以使劳动力就地转移，可以让分离的农村家庭重聚。

第八，培训农民工和农村劳动力，提高农村劳动力的综合素质。推动社会服务的专业化和产业化需要培训大量的农村劳动力，这个过程可以让农民掌握新的技术，提高生产能力和综合素养。

第九，农村社区建设，是对农村基层社会治理的探索。它让政府在农村基层的管理变为服务，同时，农民积极参与，这种参与是社会组织、企业和个人的共同参与，打造了农村社区社会服务的平台。

第十四章

经济、福利的再集体化与社会团结

人民公社解散后，农民从集体中解放出来，实行了个体农户承包的联产责任制。事实上，在市场经济发展的过程中，在中国农村，一方面，完全的个体所有者或是分散的农户并没有完全按照人们预期的那样以完全私有化的形式出现。许多地方的农民在生产和流通领域中并没有完全从集体或是合作组织中脱离。一些人期待的美国式的大农场主也没有出现。在一些地区成立合作社等形式的农村生产和经营模式迅速发展，这个进程被一些学者称为“后集体主义”① 或“新集体主义”②。继而，农村社会福利表现的集体主义内涵也以不同的方式开始复归。

一　经济的再集体化

人民公社时代结束，家庭作为独立的生产单位后，个体农民对合作服务、合作开发、财富积累和安全保障等有了强烈的需求。根据一项对 29 个省市 274 个村庄 7448 个农户的调

① 项继权，2002，《集体经济背景下的乡村治理：河南南街、山东向高、甘肃方家泉村村治实证研究》，华中师范大学出版社，第 6 页。

② 王颖，1996，《新集体主义：乡村社会的再组织》，经济管理出版社，第 197 页。

查，84.2%的被调查者透露，作为个体农户，面对新的家庭联产承包责任制，他们有越来越多的困难①。另一项1995年覆盖25个省100个县100个村的调查研究显示，74%的村民认为急需建立和完善农村集体经济组织②。因此，农村个体农民设法重新发展集体经济，同时，政府和社会提供帮助和支持。这样，经历了80年代短暂的混乱和阵痛后，一些地方的集体经济迅速在农村出现，这被称为农村集体经济的复兴，或"新集体主义"③。

80年代以后，农村集体经济重新出现并迅速发展。农村改革后出现了两种集体经济。一种是农村社区集体经济，这是一种新的局部合作经济，填补了之前生产大队取消后留下的真空。表14－1阐明了这种农村集体经济的发展状况。

表14－1　农村基层组织和集体经济的状况（1994）

	农村地区的社会组织数量（个）	集体经济组织数量（个）	集体经济组织所占比例（%）
乡　镇	44768（1999年）	36953	82.54
村	733841	670000	91.30
村大队	5342620	1510000	（包括3700000个村小组的村级集体经济组织）97.5%

资料来源：根据农业部合作经济管理部门的统计和张晓山④（2001：31）、韩元钦（2003）的数据计算得出。

1994年，村和村民小组一级的区域性农村集体经济组织有

① 赵昌文，1994，《改革以来我国农民组织化程度的系统考察》，《社会科学研究》第2期。

② 韩元钦，2003，《应充分重视农村集体经济》，http：//www.eol.cn/20030403/3081463.shtml。

③ 项继权，2002，《集体经济背景下的乡村治理：河南南街、山东向高、甘肃方家泉村村治实证研究》，华中师范大学出版社，第169页。

④ 张晓山，2001，《中国乡村社区组织的发展》，《国家行政学院学报》第1期。

218 万个。67 万个是建立在以前的生产大队基础上（与以前的 370 万个生产队有关），151 万个建立在从前的生产队基础上。1994 年，82.54% 的乡，91.3% 的村和 97.6% 的村民小组有了集体经济。从这个角度看，农村地区集体经济复苏了很多。

第二种集体经济形式是合作集体经济，包括农业专业合作经济。为了满足市场的需求，农村出现了大量专门的合作经济组织，农民经济专业化和社会化程度迅猛提高。1994 年末，已经有生产、销售、技术服务、金融领域的组织 148.4 万种。26000 家供销合作社和信用合作社出现了，其中大部分转变为股份制经济。

1994 年，除了集体土地之外，集体经济部门的固定资产总额有 9363 亿元。这比人民公社时期三个层面（人民公社、生产大队、生产队）的固定资产总额增长了 8.1 倍[①]。1998 年，乡和村的集体固定资产总额增加到 10456 亿元。1999 年，村一级（包括乡镇）的集体经济组织的资产（包括土地、矿产和自然资源）约有 7020 亿元，平均每个村超过 95000 元。东部沿海地区的集体经济发展迅速。并不是最富裕的苏南锡山的工业总产值就达到了 640 亿元，自 80 年代以来增长了 60 倍。拥有 33 个乡镇的锡山市，有 5～6 个镇的工业总产值超过了 25 亿元，15～16 个镇在 10～25 亿元，11～12 个镇在 10 亿元以下。这个市里有 85 个乡村，每个村的工业产值都超过了 1 亿元，其中最高的有 8 亿元。在北京，到 2000 年底，集体资产总额为 911.3 亿元，比 1995 年增加了 94.3%，村级产值有 474.5 亿元，比 1995 年增长了 80.1%。相比较而言，中国的中西部地区，集体经济发展缓慢。但这并不意味着集体经济没有进展。我在 1998 年去了内蒙古、甘肃、宁夏，又在 2000 年去了贵州做田野调查。在贵州遵义地区，农村集体资产在 1978 年累计有 4071.45 万元，平均每个生产

① 项继权，2002，《集体经济背景下的乡村治理：河南南街、山东向高、甘肃方家泉村村治实证研究》，华中师范大学出版社，第 169 页。

大队 8800 元，集体农场的机械化工具价值 671.4 万元，平均每个大队 14.6 万元。而在 80 年代初，这个地区的集体经济几乎为零。1984 年后，农村集体经济开始发展。到 1994 年，村级集体固定资产总额为 9288.48 万元，平均每个村 12.57 万元，农村集体累计有 4347.02 万元，每个村平均 5.88 万元①。与中国东部相比，中西部的集体经济发展明显滞后。

因此，在 20 世纪，集体主义依然和农民的生产、生活息息相关。集体经济在中国的历史中占据了重要的地位。在中国的历史发展进程中，曾有三股力量促进农村合作社的出现：国民党，乡村建设家，如梁漱溟、晏阳初，以及中国共产党②。改革以后出现的农村集体经济是新集体主义在农村发展的第四次浪潮。获得了生产自由后，他们仍然想要联合起来更好地生产。一些学者将这次农村的再集体化进程称作“新集体主义”③。新旧集体主义的区别在于，农村改革前的集体主义着眼于集体利益，个人服从集体，集体服从国家。改革后的集体主义承认个人自主和经济利益，是在个人利益的基础上，接纳合作意识，其和放任自由主义经济发展有些逆向。这和经济全球化的趋势以及市场竞争的背景密不可分，单个农民在市场经济大潮面前，期待抱团来应对。同时，新集体主义在生产领域也是一种社会意识形态，代表了合作的态度和团队精神。

二　福利的集体特征

其实，近些年出现的不仅仅是农村经济方面的集体主义倾

---

① 项继权，2002，《集体经济背景下的乡村治理：河南南街、山东向高、甘肃方家泉村村治实证研究》，华中师范大学出版社，第 170 页。

② 项继权，2002，《集体经济背景下的乡村治理：河南南街、山东向高、甘肃方家泉村村治实证研究》，华中师范大学出版社，第 100 页。

③ 王颖，1996，《新集体主义：乡村社会的再组织》，经济管理出版社，第 197 页。

向，更重要的是农村社会福利分配领域的集体主义。如果说，生产领域还可以并且能够以私有的形式、个人的方式运行的话，那么福利分配领域则是一个绝对集体的概念。

这一节在阐述集体经济和福利关系的基础上，探讨农村出现的福利的集体主义。

1. 集体经济是农村福利的经济基础

集体经济至少从以下几个方面承担着提升农民福祉与支持社区繁荣的功能。

第一，集体主义经济促进了地区经济发展，给社会创造了更多的物质财富；第二，增加了集体资产和集体财富的积累。第三，集体经济给公共基础建设、社会服务和村民福利提供强有力的支持，全面增强了社区的公共福利。第四，集体经济给农民带来了利益，提高了他们的生活和收入水平，也给农民带来了更多的就业机会。第五，集体经济可以调配社区资源。

例如，在广东省惠州地区，2001 年整个村集体的固定资产相当于29.43 亿元，集体经济收入总计5.36 亿元。单个农村集体经济收入部分超过 100 万元的，占 1043 个村的 3.16%，超过 10 万元的占 30%，5 万～10 万的占 47.7%，低于 3 万的占 17.4%。东风村在 2001 年有集体固定资产 110 万元。同年，这个村花费了 410 万元完善道路和水利工程，改善学校设施，解决贫困家庭的困难，为农民缴税，承担村内儿童九年义务教育的学费和其他花费①。

农村集体经济通过各种渠道提供福利。它不仅在传统的福利领域，例如五保、教育、医疗等方面发挥作用，也在更广阔的领域，特别是一些新的福利制度探索上发挥作用。举例来说，上海的农村养老保险计划就是由农村的集体经济支撑的，北京也制定了同样的养老计划。因此，集体经济使农村福利能付诸实践。

---

① 肖志恒，2002，《积极发展村集体经济》，《求是》第 18 期。

很多富裕地区有比欠发达地区更优越、更广泛的福利服务。但是有发达的经济并不一定就有好的福利服务。有集体经济的地方，因为集体掌控资源，具有约束力，可以帮助处理好农民的一些福利问题。比如，养老社会服务问题，因为有集体经济，可以有效处理老人的赡养照护问题；同时掌握了经济上的奖惩权，也就掌握了纠纷调解、村庄治理的控制权。

2. 集体经济是农村福利的社会基础：建立集体福利分配机制

在农村改革之前，农村社区对农民负最大责任，包括生产和生活领域，尤其是在福利领域，如提供医疗保障、互助互济、建设基础公共设施、开展文体娱乐活动、推动农村义务教育等等。但是，那个时候，经济发展水平和科学技术水平有限，农村的集体经济积累也非常有限。所谓社会基础，就是在经济基础上，以集体的名义，给予村民福利并实现村民的社会权利，即福利保障。这个保障是在一定范围内满足村民的需要。集体经济的发展，给社区福利的改善提供了基础和先决条件。而重新建立福利分配机制，是集体主义的又一显著特征。

改革强调个体农户的努力，激发了个体的积极性，但同时也排除了村庄集体提供的保护。90 年代后期，很多前集体企业进行了体制改革，变成了个体或共同所有制，对生产力产生了积极的影响。在所有制改革后，一些人保留了所有权，其他人与企业不再有任何关系。改革之后，这些企业不再提供社会福利。在分配和收税过程中，国家直接面对个体农户，村庄不再扮演中间人和调解员的角色。农民个人更加原子化，不仅生产是个人行为，更重要的是，经济的繁荣与落后也是个人的事，收入的不同产生了两极分化。

经济的发展引发了新集体主义，这是改革之初没预料到的。增加集体福利的关键是怎样对待经济发展的结果，即是个人富裕

还是村庄共同富裕。一些地方比以前更繁荣了，他们仍选择共同富裕的原则，选择新集体主义，在这个原则下执行区域福利政策。因此，很多村庄不单是农村的居住点或是纳税、土地分配的单位，也是提升农民福利的社区。在中国农村，不同的地方选择不同的集体主义组织方式来处理福利事务。

第一，农民的福利是建立在集体经济、合作经济、共同投资，甚至是个体经济基础上，福利分配在社区领域实现。集体经济利润是福利提供的基础。正如上文所提到的，社区经济在增加地区财富、提高收入和雇用员工上扮演了重要角色，从而增加了整个社会的总体利益和福利。我在上海、北京这样的经济发达地区调查，发现它们已通过了农村企业就某些社会福利的立法。按照法律要求，不论是何种所有制形式的乡镇企业，都要致力于为整个社区的人提供农村养老和其他福利。浙江省还针对乡镇企业制定了要负担残疾工人养老的特殊法规。

最初福利项目仅限于社会保险，特别是养老保险。现在福利项目的范围更广。在许多地方，村里的集体经济还支持着老年活动中心、老年大学、日托中心等服务场所，如我在云南玉溪所见。

第二，社区内的福利分配也是以集体经济为基础。看似承续了以前人民公社的模式和原则，但是与以往不同的是经济单独管理，按照经济和市场规律运作，经济效益明显增加，因此带来了福利分配的自主权、福利项目的增加以及村民生活的极大改善。在很多乡镇，集体经济依然强大，并保留着集体福利的特征。如农业部列出的南街村的集体企业在 100 家最大的农村企业中居第二位，1997 年的产出超过 16 亿元[①]。南街村的村民愿意将土地归还集体，加入集体企业。1990 年南街村将个体农户的土地都联合

① 项继权，2002，《集体经济背景下的乡村治理：河南南街、山东向高、甘肃方家泉村村治实证研究》，华中师范大学出版社，第 171～174 页。

起来，并实行新集体主义式管理。南街村是中国的特例，但它代表了仍存活在人们脑海里的旧日理想。南街村的村民享受到了非常广泛的福利，村里提供免费的饮用水、电力、气、面粉和油等14种不同的项目。村里还向全体村民提供免费的住宅、教育、医疗保健、养老和娱乐设施。村民的收入差距不大，所有的福利开支从集体收入里出。南街村是农村经济支持福利非常典型的案例，也是中国一种农村福利的代表。尽管现在的农村组织看起来像人民公社，但它们的功能已经和从前完全不同。它们的宗旨是发展生产和提高农民福利。另一个典型是江苏省江阴市的华西村。华西村建立了所谓的“一分五统”政策：一分，就是村与企业要分开；五统包括福利由华西统一发放，村庄由华西统一规划建设等。

如果不采取福利集体主义的方式，让社区经济发展和福利保护都在集体体制之外，完全按照市场规律，福利由个人负责的话，存在另外两种对农民的福利保护方式。一种是在不发达地区，福利完全由家庭提供；另一种是在经济发达、开放的农村地区，农民参加商业保险，家庭支持作为补充。在前一种方式中，我们发现，一个贫困的家庭，其成员中有一个人得了大病，全家都会遭殃。子女会因此辍学，家庭会因此陷入贫困。后一种是在富裕和经济发达的条件下才能选择，而贫穷弱势的农村居民根本付不起个人保险的费用，作为个体的农民也没有参加商业保险的意识。

虽然对以上集体主义福利形式有不同的评议，甚至强烈的争论，但是有一点不可否认，即福利的分配是集体主义的特征，如果不体现集体主义，就不是福利分配。

三　集体主义、社会主义与福利原则

我们需要搞清楚福利的集体主义特征所包含的意义。

农村经济再集体化和集体主义导向的福利正在兴起。其实，

在生产和流通等经济领域，目前出现的集体化现象是农民的一种聚集。在经济领域，虽然有新集体主义的趋势，但是经济运行依旧是多元的，即多种经济模式并存。经济发展需要有效益，但也要遵循自身的规律。在当前的市场经济环境下，尤其是在经济全球化的趋势下，个体的农业生产遇到了前所未有的挑战。个体很难预测市场的变化与趋势，农民需要专门的经济组织或者社会组织对他们进行从技术到管理的支持。个体农民需要集体的保护，所以新集体主义出现了。新集体主义使农民能够在市场经济的竞争中占据更有利的地位。导致新集体主义经济出现的另一个因素则是中国农民对集体文化的承继和对集体生活的眷念。中国有集体主义的文化、历史传统和实践，这是一个特殊的遗产。但是，在社会福利领域与经济领域不同。因为福利分配领域，是以社会全体成员的福祉为出发点的，以社会公正为原则，所以，集体是一个基本单位，特别是在社会主义国家。

福利制度体现的是集体的团结。社会政策领域有许多关于福利国家的阐述。对于大多数西方福利国家来说，福利国家不能完全解决社会问题，仅仅是弱化了资本主义体系。民主社会主义思想家认为，资本主义的发展、对工人的剥夺导致了工人阶级与资产阶级矛盾的激化。于是，福利国家出现了。它是从自由资本主义向社会主义转变的重要中转站，社会政策在这种转变中起着非常特殊的作用[①]。社会福利制度，弱化了资本主义体系粗糙的棱角，把对立的阶级，特别是工人阶级和资产阶级，通过社会保险、社会保障和社会福利整合为一体。中产阶级也愿意出让自己的一部分利益，建立全民福利制度。此时，是用各阶级间的合作来取代各阶级间的对立与斗争。因此，现代福利国家的出现是各个阶级组成联盟共同面对危机与风险。集体是社会福利最基本的因

① George, Vic and Wilding, Paul (1994), *Welfare and Ideology*, London: Harvester Wheatsheaf, p. 74.

素。巴尔提出，社会主义的自由概念很宽泛，包含了从法律和政治延伸到经济领域的个人自由（当然这只有在没有贫穷和实质的财富、权利的不平等时才有可能），与自由主义者形成鲜明对比，社会主义者将政府的干预行为视为自由的基本组成。① 而福利国家是政府的干预手段。

集体的团结体现的是平等与公正的原则。吉登斯指出，欧洲国家要建立起强有力的团结和保护体系。平等是福利国家的核心概念。平等是每一个公民都能得到公平的待遇。这个公平的待遇在福利领域就是每一个人都应该公平地享有诸如住房、健康、受教育、养老等的权利。公正的关键因素就是平等，表现了民主社会主义的理想。公正是社会福利制度建设的基本前提和原则。公正就是要消灭剥削、消灭被奴役；而这个对每一个人公平的制度，不是个人能实现的，必须依靠集体的努力、社会的团结。西方国家福利制度的建设，体现的是相对的公平与平等，而不是满足最终结果的平均。平等不是绝对的，不是全部的不平等都是不公正。福利的出发点是满足人民的基本需要，让社会的每一个成员都能够得到基本的生活保障；其次，它并不是完全地填平差别，它承认人存在各种能力的差别，并且给予这种差别以自由的发展机会和公正的回报；再次，它创造让每个人的潜能得到充分发挥的平等机会。

平等与公正是一种道德意识。巴尔认为福利国家的基本问题不是经济问题，而是道德问题，这是一种集体主义的观点②。巴尔指出，根据集体主义的观点，社会主义的平等与满足人们的基本需要原则相关，并假设按需分配是为了满足平等的要求。在这个集体中，要有关于个人利益和公共福利的权衡，如果是以共同富裕为目标，那么满足基本需求则是平等的体现。西方社会政策

---

① Nicholas, Barr (1998), The Economies of Welfare State, Oxford: Oxford University.

② Barr, Nicholas (1998), *The Economics of Welfare State*, Oxford: Oxford University, p. 54.

学者认为社会主义的另一种主要价值是博爱。博爱意味着合作和利他，而不是竞争和自私自利。利他主义在西方社会政策的著作中是一个反复出现的词语，而作为集体主义基础的福利制度，就是一种利他主义的体系。当社会遇到问题时，人们不是只考虑自己不顾他人，而是把社会看成一个整体；每个有能力的人都伸出手来，奉献自己可以付出的一部分，帮助那些困难的人共同度过风险危机。“社会有责任保障全体人民得到一个最低的生活水平。”[①] 而在自由市场经济中，我们也见证了极端个人主义、利益至上、道德滑坡、人与人之间不信任和价值体系的缺失。

中国宪法规定，社会主义体制是中国的基本社会制度。中国的社会主义制度是一个国家新的选择，但是也是对传统集体主义文化的继承。邓小平在1985年指出：“社会主义有两个非常重要的方面：一是以公有制为主体，二是不搞两极分化。”这些表述阐明了社会主义国家的特征：社会主义制度的本质特征是公有制，社会主义制度的原则和最大优越性是共同富裕。所谓社会主义的生产方式，即全民所有制和劳动人民集体所有制，它们是公民福利的经济基础。所谓共同富裕，实际就是社会政策弘扬的公平公正的原则，它也是公民福利的原则和组织分配的原则。社会主义的福利制度将体现团结、整体和谐和一体化等。回顾近年来中国农村出现的经济新集体主义和福利集体主义的形式与倾向，我们可以发现这些改变是显著的、根本性的。它们表达了农民对一种新的福利方向的渴求与探寻。而这种渴求与探寻，是农民本能的追求，也是社会主义国家实践与教育的结果。

有人说，集体主义会压制民主。实际上，在福利领域，集体主义代表和保障民主权利。说到底，集体经济的作用，就是保障人民的福利生活，消除贫富差距。社会主义，不仅在经济领域体

---

① Bäckman, Guy (1991), *The Creation and Development of Social Welfare in the Nordic Countries*, Finland: Tampere University, p. 6.

现，更在分配领域体现。社会主义一直是社会福利制度出现以来，集体福利追求者渴望的一种制度体制。它的目标是人民在平等的基础上幸福。因此，中国是社会主义国家，中国农村的政治运动和经济活动、社会行动都支持了这一点。如果国家只强调个体经济发展，而忽视了人民整体福祉提高的意愿就偏离了社会主义原则。对于具体的福利的民主内涵，我将在下章讨论。

也许人们会说，土地私有化一样可以提高农民的基本福利，为什么非要搞集体主义。不谈社会政策理论关于福利的集体主义特征，仅仅就中国的现实来谈，我们发现在中国历史上，个体小农经济不能对抗大规模的土地兼并与集中，从而导致了农村的两极分化，梁漱溟、晏阳初等一大批有志于农村改造的志士仁人，都没有从根本上提高农民的福祉。因为，他们没有从根本上解决农民的土地问题。因此才有了 20 世纪中期，中国共产党的《中国土地法大纲》。而改革开放的尝试，如小岗村包产到户的开拓性实验，“一年超越温饱线：廿年没过富裕坎”①。小肖村到 2003 年还是“江山依旧，旧貌犹存”②。到了 2012 年，小肖村集体经济收入 410 万元，面貌才有了改观。

四　小结

现在中国的农村福利体系既与西方国家不同，也与中国以前的形式不同。与西方情况不同的是中国的社会主义制度，在农村体现为公有制下的集体所有制，包括集体经济的运作和福利体系的分配；与过去不同的是现在的农村在市场经济体制下，有了新的乡村民主自治。民主的实质，应该是人民作主、为了人民，鉴于这样独特的结构和体系，农村社会福利在中国有其特殊性。

① 肖波、杨玉华，2007，《今日小肖村：一年超越温饱线，廿年没过富裕坎》，《经济参考报》7 月 19 日。

② 陈桂棣、春桃，2004，《农民调查》，人民文学出版社。

第一，一种合作的趋势，即一些学者所说的新集体主义的趋势，在中国农村的经济生产领域和福利领域都已经出现。

第二，农村出现了生产经营方式的新集体主义趋势。中国农村新集体主义经济的出现，表明中国农民在面对全球化市场竞争的时候，有组织起来的渴望与需求，按照市场规律，整合资源，发挥竞争优势，产生更大的效益。市场可以容纳多种经济体制，集体与市场不是对立的，单个的个体以集体的形式联合是为了在市场上更加强大。

第三，福利分配的集体主义特征是社会福利体制的关键要素。中国农村出现了多种集体主义倾向的福利分配方法，这是农村社会福利体系的新尝试。生产领域的再集体化是农民的选择，而社会福利分配领域的集体化是社会福利制度的特征。福利国家理论认为，所谓社会福利就是组织起来共同对抗风险，福利的再分配一定是在集体内执行。

第四，共同富裕是社会主义的本质特征。集体主义是共同富裕的目标、原则和途径。中国和西方的历史发展经验证明，极端的私有化和福利个人负责制与社会公正的原则相悖，会导致财富集中、两极分化和社会不平等现象出现，不仅不能提高农民的福利水平，还不能保持农村社会的凝聚力、整合与团结。西方社会政策理论认为，社会团结，特别是各阶级的联合，是福利国家制度的基础，而集体主义原则下社会的团结增强了社会的融合和凝聚力。

第十五章

福利的政治基础：基层民主

作为一种再分配制度的福利体制总是和政治相关。所有的福利体制都与思想意识形态、政治体制联系在一起。毛泽东说过，人们的社会存在决定人们的社会意识。反过来，人们的社会意识也反映了其所在的社会环境。一定的意识形态代表一定的经济、福利主张和立场，一定的福利政策也代表者受益群体的利益。而这些经济和福利利益的表达是通过政治制度完成的。中国农村的福利和政治也有这样的关系。其实，不仅现代，就是中国古代社会里也有过早期农村基层民主的萌芽，而社区的自治和当地百姓的福祉有很大的关系。在人民公社时期，农民还有集体的民主生活，在集会上可以发表意见。现在，在经济上起步的农民也需要一个民主参政的渠道。因此，需要关注农村基层民主建设。

农村经济经过20年的发展，有了不同以往的发展轨迹。农业生产成为一种产业，就像贸易、服务业或是其他商业领域一样，开始遵循市场规则。1981～1997年，农业生产占GDP的比例从31.8%滑落到18.7%，到了2000年以后维持在14.5%左右。市场经济改革不仅有新的经济运作方式和组织，而且农村居民也在经济形势的变化中，逐渐意识到需要更多的政治和社会权利。因为经济不会在真空中发展，与经济利益相关的是政治因素。

一　走向村民自治

村民自治，是在人民公社消失后，乡村行政出现真空地带，出现在社会领域的一种管理机制。它最初自发地产生于民间，后来发展到由政府推动，国家制定法规。

村民自治发起于20世纪80年代中期。随着包产到户的实行，人民公社和生产大队的解散，农村地区的社会事务管理处于真空状态。1982年的宪法确立了村民自治的法律地位。1983年国家发布了《中共中央、国务院关于实行政社分开建立乡政府的通知》，村民委员会本质上反映的是一种村民自治，承担了乡村事务管理的责任。村民自治的进程包含三个阶段。

1980～1987年是村民自治的出现阶段。家庭联产承包责任制从根本上改变了生产分配的方式，调动了农民的生产积极性和自主性。同时，曾是生产资料积累和税收工作的管理机构的“人民公社”，也结束了自己的使命。在基层没有能处理农村事务的机构，一度造成了农村地区处于管理无序和无规章的状态。

因此，一些地区的农民率先成立了一种新型组织——村民委员会。1980年2月，广西壮族自治区宜州市屏南乡果作村农民选举产生了第一个村民委员会。随着村民委员会的出现，“三老会”[①] 以及村民代表大会也出现了。它们接手了处理重大村务的职责，同时扮演着咨询和指导的角色。村委会要解决村里的关键事务和问题，包括社会保障、土地使用的混乱、村民纠纷、水利建设和森林保护等。

中央政府注意到并认可了村民委员会。1981年6月，《关于建国以来党的若干历史问题的决议》明确指出，“在基层政权和基层社会生活中逐步实现人民的直接民主”。1982年，新宪法涵

① 三老会指老支委、老干部和人民公社老社员。

盖了新的村民委员会，明确规定了村民委员会的性质和任务，确立了村民委员会作为基层群众性自治组织的合法地位。从此以后，村民委员会在中国的农村地区普及起来。建立村民委员会成为组织农民、发展基层民主和改进农村管理体制的标志。

村民自治的发展阶段是1988~1998年。村民委员会成立后，农民有了自我管理、自我教育、自我服务的途径。1987年，全国人大通过了《中华人民共和国村民委员会组织法》，给村民自治提供了法律保障。1992年，民政部在山东省章丘市召开会议，交流村务管理、民主管理的经验、成果和法规。1994年，中共中央召开了“全国农村基层组织建设工作会议”，指出要完善村民选举、村民议事、村务公开、村规民约等多项事务。民政部在农村地区村民自治的经验基础上总结出村民自我管理是“四种形式的民主”，即民主选举、民主决策、民主管理和民主监督。1997年10月，中共十五大将村民自治放入了工作报告中。《村民委员会组织法》是这一时期里程碑式的发展。1998年10月，党的十五届三中全会提出了到2010年建设社会主义新农村的目标，在经济上，坚持以公有制为主体、多种所有制经济共同发展；在政治上，加强农村社会主义民主政治建设，进一步扩大基层民主，保证农民依法直接行使民主权利，这次大会和《村民委员会组织法》进一步推动了农村基层民主的进程。

1998年以后，是村民自治的普及时期。经过15年的实践，1998年11月，第九届全国人大常务委员会第五次会议通过了重新修订的村委会组织法。村民委员会和家庭联产承包责任制、乡镇企业一起被列入20年来农村改革的三大重要成就。

虽然农村自治得到了国家的肯定和政府的推动，但另一个问题出现了——它是确实能让村民自主，村民受益，还是只是政府管理农民，从农民那里获得利益的工具？此外，如果它是自我管理的单位，它是否能提高村民的福利？根据官方定义，村民自治的本质有四个内涵：民主选举、民主决策、民主管理和民主监督。但如何才能让这些工作有利于村民福利?

民主选举是村民自治的首要环节。这意味着村民可以直接选举村委会干部或解除他们的职务。一届村委会干部通常有3～7人，包括主任、副主任和其他成员，任期为三年。各地村委会成员数量不同。有的地方根据人口数量决定少于1000人的村有3～5名村委会干部，多于1000人的有5～7人。有的地方根据农户数量决定，少于100户的村庄是3个成员，200～300户的是5个成员，多于350户的要选出7个村委会干部。少于100户的是小村庄，中等村庄是100～350户，超过350个农户的为大村。村委会选举竞争激烈，用流行的话说叫“海选”，即所有选民都有权提名、被提名。民政部的数据显示，中国村民在村委会选举中的参与度超过90%。很多地方的竞选没有规章。当委员会中的某位成员不能有效行使他的权力时，村民就有权解除这个人的职务。当一名干部被解职后，会进行递补选举。直接选举与村民的福利密切相关。

拥有选举权对村民来说非常重要，因为选举的结果与他们提高自己的福利等相关。村民自治让村民在决定自己的事务上有了更多的选择，包括村内的福利事务。我目睹了1998年1月吉林省玉田村和前进村的选举。前进村有两名强有力的候选人竞选村民委员会主任。一位是前任主任姓李，他是中共党员，在村民中很有威望，赢得了公众民心。另外一位候选人姓孙，他是一个砖厂的老板，拥有一座有100名村民工人的煤矿。孙的产业给村里每年贡献利润8万元，在过去的五年里他一共给村里上交了40万元。这些钱作为村里的公共资金，用于提高村民的福利。两个候选人均为36岁。1400名村民中有980个合法选举人。孙在预选中获得了624票，在1998年1月15日的最终选举中赢得了756票，而李只得到了106票。孙认为李是一个非常友善的人，村民都很爱戴他。孙表示，他会向李学习如何关心村民。无论如何，在市场经济的大潮中，村民需要的主任不仅仅要善良，同时需要有发展经济的才能。因此，孙打败了李。孙说："我现在很富有，但是，我想带领全村村民走向共同富裕。"当地的选举激发了农民的热情和活力，因为选举与农民的切身利益息息相关。尽管政府对地方选举有推动，但这个进程仍被认为是村民自治的表现。

因为村民选举村委会成员，因此村民对村委会成员的命运——上任或解职——有直接掌控。一度，乡镇政府会任命村干部，因此村组织在一定程度上被视为政府行政机构的一部分。它们大多数时候是为了完成上级机构的命令。例如，完成国家计划粮食生产，监督计划生育，规划水利，等等。农村选举使村民拒绝或抵制政府选派的人成为可能，村民会选择自己拥戴的人。因此，村委会成员必须适应从政府代表到村民代表的角色转变，他们需要将工作重心放在村庄一级，以反映村民的利益。村里的负责人不再是政府派来的代表，而应该是充满才干、敢于为村民办事的人。

村民委员会有双重职能：一个是社会管理，它引导税收、粮食生产和计划生育，如凯利赫（Kelliher）所述，选举的目的之一是建立能掌控濒临崩溃的农村的管理机构[①]；另一方面，它直接与村民的权利、福利相关。山西省的一个例子进一步描绘了当时村民自治在执行上的问题。一个村民带着《村民委员会组织法》到镇政府询问："为什么这种选举没有在我的村子里开展？我们还能不能投票选出我们自己的村民委员会。"农民对选举的关注和渴望表明了他们对自身事务、利益和福祉的关心。自治是提高福利的方式，更好的福利是自我管理的主要和长期目标。通过自治，农民有机会从他们自己的群体之中选出正确的人，引导他们追寻幸福。

村民委员会职能的改变可以从村民对当地选举的关注度看出

① Kelliher, Deniel (1997), The Chinese Debate over Village Self - Government, *The China Journal*, No. 37, January, p. 70.

来。正如上面讨论所显示的，农村居民对直接选举有真正的兴趣。1998年，我在吉林省调研时的真实经历或许可以提供更多的解释。我到村庄见证了当地选举前的真实场景。为了能在第二天一早看到选举实况，我住在了乡下。早上6点，乡里的干部把我叫起来，让我火速赶到村里。上午9点，外面的温度是零下40摄氏度，大部分村民已经到达选举集合地点。我分别询问了几个村民关于选举的问题，试图躲开人群，以免其他人听到我们的谈话，村民坦然地回答说："我们不需要秘密交谈。"然后我问他们："你们是真的很在乎选举吗？"村民反问道："如果我们不在乎的话，那我们为什么来这么早？"他们的言论趋于一致："这个事情关系到我们每个人，我们非常在乎""我们选择了他们，他们必须为我们服务"。其中一人说："尽管他会和我有争执，但我能忍耐，因为是我选的他。"

根据经济学家的统计，1988年国家征收的农业税占农业总产值的66%。1994年后，这个税占农业总产值的比例低于3%[①]。农业税在2006年最终被取消。因此，尽管村委员会承担了政府在乡村一级的职能，但它并不是以攫取农民利益为出发点和结果而出现的。尽管现在农村选举的确有局限，其影响力范围被限制在村庄内的村民事务，但是这种选举已经大大地反映了村民的心声。当然这还很不够，反映村民意见的渠道仍然需要增加。无论如何，政府确实推进了基层民主实践。

在一定程度上，一些村民对自己福利的关心远远超过民主，甚至会造成一种民主的扭曲。一些地方的农民确实对直接选举漠不关心。事实上，一些地区为了让农民参与选举甚至给农民支付现金，《人民日报》报道，山西省老窑头村一名村委会候选人，承诺在成功竞选后给每个村民1800元。这是不是贿选？现实中

---

① 蔡昉，1999，《合作与不合作的政治经济学——发展阶段与农民社区组织》，《中国农村观察》第5期。

确实存在一些竞选活动的改变。例如，在候选人最初的演讲中，承诺成功后会给村里60岁以上的老人发100元养老金。就其本身而论，这是一个好的福利建议。但是后来，为了满足村民更强烈的愿望和更高的条件，不仅津贴发放提前到了选举前，支付的额度也提高了。这样的福利津贴从老人扩展到每个村民，提高到每人1800～2000元。另外一个事件发生在2003年12月河北省上巷村[①]。一个候选者为获得村委会主任的职位花费了600万元。他在正式选举前花了大约360万元。在这种情况下，选举已经完全失去了意义，村民真正关心的是个人利益而不是谁将负责村庄的事务。这就是候选人以民主之名通过贿赂来赢取他们村委会干部的地位。

很多关于中国式民主的著作只关心民主选举，但只通过选举的民主永远不能达到民主的目的。民主选举只是产生领导人的一种方法，并不能保证管理过程的公正，更不能保证选举出来的人是为了公众利益服务。

正如西方学者所指出的，民主不是一种非此即彼的现象，而是一个连续体[②]。因此，民政部在地方经验的基础上总结出自治有四个要素，即民主选举、民主决策、民主管理和民主监督。

二　基层民主内涵

民主决策是村民自治的第二个部分。民主选举产生村民委员会后，一些成员可能会滥用他们的权力。这种滥用包括委员不为村民谋取利益，或公然追求自己的利益。民主决策的作用是杜绝这种权力滥用。民主决策意味着村民要全程参与到和自身利益相关的重大事项的决策中来。重大事项包括出售村集体土地，村民

---

① 中央电视台报道，2004年1月29日。

② Diamond, Larry and Myers, H. Ramon (2000), *Introduction: Elections and Social Organization in China*, China Quarterly, p. 257.

贷款，农村税负减免，补贴分配，村集体收入安排，集体资金的收集和在建设学校、村道路以及其他公共设施方面的投入，村经济的运行，甚至村民房基地的分配。

那么这些决策是怎么来的呢？它们在何种程度上代表了村民的利益？1987 年 11 月 24 日，全国人大第二十三次会议审议通过了《村民委员会组织法》。它指出，村民议会是村庄最高决策机构，是村民自治的主体，村级所有重要事项都必须由村民议会决定。村民议会成员是村里全体拥有民事权利的村民。年满 18 周岁的村民即拥有合法加入村民议会的权利。村民议会定期举行，如果有 1/5 的村民提议（2010 年修订为 1/10），即应当召开额外的会议。村民委员会在村民议会上报告工作，通过多数表决做决定。村民议会是当地涉及大多数人和最大范围的组织。这种类型的组织决定了它能最大程度、最直接地代表村民的利益、愿望和需要。

村民议会可追溯到社会主义改造时期（1949～1956 年）。那时，民主政治权力机构在农村基层建立，包括乡机构和农业生产合作组织。第二步是人民公社时期（1957～1982 年），在实践中，人民公社行使农村基层权力。但是目前在实践的过程中，村民议会遇到了特殊的困难。第一，村庄通常很大，村民很多。村庄通常有1000～3000 人，还有的有 8000～9000 人，超大的超过 1 万人。号召如此多的人来参加会议，有时候，会议就变成了形式。第二，村民居住分散，有的在十里之外，召开会议的时候，远处的村民很难参与。第三，因为农业生产的季节特征，农忙时，很难召集齐村民。第四，在家庭联产承包责任制实行以后，农业生产有个体性特征，农民活动分散，没有统一的时间表，很难选择大家都合适的时间。第五，许多人外出打工经商。在这种情况下，必须要有一个新的机制来解决这些问题。举行村民代表大会应运而生。这个形式第一次出现在山东省的招远市。

招远市有 16 个乡镇 729 个村 155000 户居民，共计 568000

人。1988 年，招远市宋家镇石棚村有 200 户居民，分成了 19 个村民组，每个组投票选出一个代表，村民代表大会就是由这 19 个代表组成。村民代表大会定期召开会议，决定村级事务，解决各种矛盾和问题。村民议会成员从每 10 ~ 15 户居民中选出一名代表。再比如，四川省大石镇 1991 年有 3899 个村民代表。村民代表的平均年龄在 44.2 岁，其中 35.7%（1393 人）是中共党员。850 人是村干部，占 21.8%。女性占 21.2%，有 825 人。普通村民一共有 1793 人，占 46.0%。村民代表大会制度的出现在中国农村有一个社会背景。根据传统社会结构，有三个体系对此有直接的影响。第一个是人民公社时期生产队社员的代表大会。许多农民有过那个经历。第二个是人民代表大会代表的选举，农民直接到乡里选举。第三个是村民自治。这三个制度对村民代表大会有直接的影响。村民代表大会在 1988 年后普及开来。

下面举几个村民议会和村民代表大会民主决策的例子，看看这些机构是怎么对村民福利起作用的。2007 年，我去了重庆市开县麻柳乡。贫穷落后的麻柳乡地处山区，位置偏远、交通不便，泥石流导致水土流失严重。当地干部设立了多种罚款项目，苛捐杂税严重，而公共事业、公共建设无人问津，湍急的河流上没有桥，1999 年导致一名上学的学生被淹死。村民联合起来，包围了乡政府讨说法。新的乡政府成员选择建设双河口大桥作为突破口，建桥方案由全民公决，并且做到财务公开。

这个过程充分展示了民主决策。他们的具体方案是：第一，收集民意。第二，召开村民代表大会商讨方案。第三，公布初步方案。第四，民主讨论完善确定方案。这一步要征求村民意见，形成最终方案；推选项目小组组长，村民代表要占到 50% 以上；推选群众财务管理委员会，每村推荐一名群众，建立理财小组。所有财务由理财小组管理，村组干部干事不管钱。第五，户户签字表态，赞同率要达到 85% 以上项目才可以实施。第六，分解工程到户。第七，村民小组组织实施。第八，竣工结算张榜公布。

这是民主决定村民公益事业的例子。

可以肯定的是，自治能更好地执行国家的粮食收购、税收和生育控制计划。村民议会和村民代表大会减轻了村委会的负担。1992 年，村民议会和村民代表大会创立一年后，山东省赵县面临收购 109 万公斤夏粮的任务。在粮食征收时，村领导希望每户都能参与其中。由于村民代表大会已经建立，他们决定减免困难家庭的粮食征收任务，但是其他农户必须按时保量地上交粮食。这个决定使所有村民在一天内完成了 6550 公斤的粮食收购任务。凯利赫（Kelliher）认为，自治并没有改变国家的要求，只是让人们决定如何面对这些要求①。的确，自治帮助国家管理乡村。

乡村自我管理要通过提高福利来服务村民。在现在的农村经济环境下，国家的经济政策需要适应农村的需求。同时，农村自我管理减少了村民的负荷，平衡了他们的利益。但是，决策一定是根据绝大多数人的意见做出的吗？如果大多数人的意见并不能反映事情的本质会如何呢？要回答这些需要对自治做进一步研究。

村民自治的第三步是民主管理。民主管理意味着全体村民讨论和制定《村民自治章程》和《村规民约》，这些章程与约定根据当地的实际情况制定，也应该与国家的法律法规相符合。章程明确规定了村民的权利、责任、义务和不同类别组织的工作方法，以及对经济管理、社会保障和计划生育的要求，以便增强村民自我管理、自我教育、自我服务的能力。

《村民自治章程》对村民和村干部来说是一本全面的指南，它被村民称为“小宪法”。它不仅是需要遵守的规则，也是提高农民素质和让农民进行自我教育的教科书。村公约和村承诺通常

---

① Kelliher, Deniel (1997), The Chinese Debate over Village Self - Government, The China Journal, No. 37, January, p. 73.

决定一些特定的事，例如社会治安、森林保护防火和其他村民的基本行为规范。

湖北省民政厅官员认为自治是把党的政策和需求转变为大众自己的愿望①。自治是连接国家和村民的通道。如果上级管理部门有和农民相同的想法和目标，其制定的政策就能变成大众自己的要求。但最首要的还是国家要站在人民的立场上。

增加农民的收入非常必要，另一方面，教育农民也是一项重要的工作。如今，自治是村民自我教育，或政府民主教育计划的一部分。当代中国更多的民主要素被结合到村民自治中去。因此，自治与自我学习和自我服务是密切相关的。在西方国家的发展中也可以发现同样的现象。贝弗里奇 1942 年发表了他的报告并建议政府应该找到对抗贫困、疾病、愚昧、肮脏和懒惰这五大弊端的方式。这个报告奠定了福利国家的基础。福利计划是避免五大弊端的措施。中国有悠久的农耕文化，那时大多数人是农民，上述特征也很明显。贝弗里奇指出，有必要运用国家的力量，没有任何限制地来消除这五大弊端②。因此，讨论显示福利与民主从来不曾分离。

民主自治的最后一步是民主监督。民主监督的条件是所有村内公共事务都应公开和开放，这意味着村民要对村委会和他们的日常事务评估考核。在民主监督原则下，农村要组织 3 ~ 5 名村民组成理财小组。这个小组没有村委会成员。小组工作包括定期对村务执行情况进行评估，收集村民意见和要求，支持村委会改进工作，评议村收支情况，将评估结果报告给所有村民。很多村利用公告栏和广播宣传这些事务。举例来说，低保户的数量和姓名都会登在公告栏。小组成员不能将福利分配给自己或亲戚。如

① Kelliher, Deniel (1997), The Chinese Debate over Village Self - Government, *The China Journal*, No. 37, January, p. 73.

② Beveridge, Willam (1944), *Full Employment in a Free Society*, London: Allen& Unwin, p. 254.

果一个村接受了国家救济，村民议会会讨论分配方案，讨论结果需要连续公示。根据民政部 1994 年的调研报告，湖南嘉禾县金塘村举行了环村公路的公开招标会。村公示了整个建设开支。所有村里的福利事务都应以同样的方式公开。这种制度确保了公平公正。有 1/5 的村民提出罢免某一个村委会成员，村里就会对其解职。

2002 年，中国有 25712 个乡（包括 1517 个民族自治乡），19216 个镇，832987 个村。有 300 万乡镇干部和 358 万村委会成员。超过 80% 的村委会建立了村民议会和村民代表大会。这种制度成为村务管理的基础。

三　自治和农村福利的关系

首先，村民自治改变了传统的福利观，福利从国家恩赐变成了每个人的权利。在古代中国，福利被认为是皇帝的赏赐；人民公社时期，福利更多的是一种安排，农民作为客体接受服务。

在这些福利制度下，农民的选择和自主能动性是有限的。农村地区出现自治，表明农民的经济利益和社会福利关系密切。当制度赋予的福利和集体保护不复存在时，就需要一种新的方式来平衡农民的需求，因而产生了一些基本的民主诉求。在现代社会，福利是农民追寻的社会权利。农民意识到自己的福利可以被自己掌握。例如，1991 年湖北省随州市新街乡姚庙村打算建一所学校，但有些犹豫，因为可能增加农民的负担。这件事在村民代表大会上提了出来。代表们对这个事进行评估，他们相信学校建好了会提高村民的个人素质和促进经济发展。他们认识到优秀的教育是姚庙村发展的源泉。姚庙村经济发展良好，村民能承担修建学校的开支。因此，修建学校的计划通过了。1994 年，有 103 名学生从姚庙学校升入了大学，其中 74 人是姚庙村民。

其次，通过自治，村民不仅可以享有福利权，在一定程度上，在福利项目和数量上可以有选择和决策权。村民自治让福利计划能迎合村民的要求，更适合村民。民主需要有效的公共机构。比起在福利计划上提建议，村民更愿意一起参与。确实存在一些项目不会提高村民的福利，甚至会损害其利益。在很多案例中，跟福利相关的项目被放到村民代表大会上进行讨论，包括集体土地的使用和利益、集体企业的发展、土地流转、农村养老、扶贫等。2010 年，我去广西和贵州调研。看到了那里的村庄项目，由村民会议讨论，是先修路，还是先修篮球场，抑或是村活动室、学校，村民商讨后，决定该上的项目。国家财政拨款支持，然后各户出工完成。因为各户出工出力，所以，大家对公共福利设施也非常爱惜。过去的公路任大车随便压，现在是自己出工出力修的，就找人守着，不让破坏。

再次，基层民主可以减少福利资源的滥用和浪费的程度。村民委员会有效管理集体经济才能使其与多种经济组织全面合作，包括国有的和集体所有的。近几年来，集体经济在一些地区成为很重要的力量，但这并不意味着这些地区集体资源都能为农民所用。一些村镇的干部滥用集体资金，例如，他们中的一些人堂而皇之地把集体资金用于办公楼、宾馆修建，汽车和其他设施上。集体经济在中国的部分农村地区很混乱。因而，需要一个好的管理集体经济和农村福利的制度。村民自治就是正确的道路。

村民自治为农村福利提供了制度保障。在这个制度里，民主选举是基本，民主决策是关键，民主管理是基础，民主监督是保障。所以，村民自治是基层民主，并保证福利分配在民主管理之下，保证这个过程公平公正。

自治是一种民主教育，同时也有益于村民福利。中国在当前的形势下，民主与法律制度不能分割。要一边让农民按照既定的规则组织起来，一边让农民学习如何通过民主程序得到和运用他们的权利。

自治正面临以下问题：国家并没有对提高农村居民福利给予足够的重视。国家应该把更多的注意力放在农村转移支付上，放到农村的基本建设、社区建设、福利制度建设和农民福利上。农村居民和城市居民享有同样的公民权利是目标。这意味着国家将农民带入了社会和政治生活的新高度。

四　政治民主道路探寻

中国农村的政治正在逐步民主化的进程中，越来越多的农村居民能够参与其中。民主和福利是密切联系的，将欧洲国家的民主道路和我们国家的历史发展轨迹相比较，我们也可以看到福利和民主之间的联系。

1. 西方国家的民主道路

福利国家在西方学术界，被描述为一个国家建设的政治工程。马歇尔（T. H. Marshall）认为过去300年的西方现代化是一次以公民权的全面扩张为特征的进程。这是一段公民权扩大和享有公民地位的人民数量增长的历史①。我们同样也可以说这是一段当代民主发展的历史。

表15－1　西方公民权的发展

	民事权利	政治权利	社会权利
代表时期	18世纪	19世纪	20世纪
定义原则	个体自由	政治自由	社会福利
典型措施	人身保护，言论、思想和信仰自由，缔结法律合同的自由	选举权、议会改革	免费教育 养老保险 健康照顾 （福利国家）

资料来源：Marshall，Thomas，Humphre（1963），*Sociology at the Crossroads*，London：Sphere，pp. 70－74.

---

① Pearson，Christopher（1991），*Beyond the Welfare State? The New Political Economy of Welfare*，Cambridge：Policy Press，p. 23.

在西方国家，制度型的福利国家象征着公民获得了社会权利，这是民主政治发展进程中的最后一个环节。福利国家走上了社会民主的道路，这一道路在很多学者关于福利国家发展历程的记录中有过描述。伦纳德（Leonard）认为，工人阶级形成和壮大的史实对理解社会政策发展中阶级斗争所扮演的角色是必不可少的。现实物质世界存在的矛盾反映了意识形态领域的分歧，福利国家的出现即可以被设想为既有资本主义发展的需要，也可以被理解为是有组织的工人阶级政治斗争的结果。乔治（George）和怀尔丁（Wilding）指出，福利国家是工人阶级与和其对立的资产阶级及其联盟长期斗争的成果。这一斗争在工业化早期就形成了。工业化初期，各地形成了工会以及其他工人阶级政治团体，这些组织直到今天依然以各种不同的形式存在[①]。“福利国家”这一专业术语在第二次世界大战之后迅速进入了人们的生活。20 世纪 40 年代的英国社会立法浪潮似乎开启了一个新纪元，出现了多个概念来描述这个新时期：“后工业时代”“混合经济”“福利社会”，甚至“民主福利资本主义”等[②]。

“资本主义、社会民主主义和福利制度三者之间的协调并存意味着过去‘有组织的资本主义’的‘疲惫妥协’”[③]。今天，西方国家在管理方式上经历了自由放任之后，经过了阶级运动、组织工会和议会的民主途径。民主和福利是资本主义的产物，是资本主义国家开展社会管理的手段。通常，福利制度会出现在现代民主国家和民族国家。民主权利正如马歇尔在《公民权理论》中陈述的那样，包括社会、政治和民事权利。这些权利通过议会来传达，通过福利国家来实施。

---

① George, Vic and Wilding, Paul (1994), *Welfare and Ideology*, London: Harvester Wheatheaf, pp. 74 - 75.

② Gough, Ian (1979), *The Political Economy of the Welfare State*, London: Macmillan.

③ Piearson, Christopher (1991), *Beyond the Welfare State? The New Political Economy of Welfare*, Cambridge: Policy Press.

北欧国家可以说是这种社会民主制度和福利国家的典型代表。社会主义劳工运动有很深远的影响，它们把创建的福利国家称为人民之家。社会民主党的力量在一个世纪以来逐渐强大，其纲领在2009年明确宣布："社会民主党要使民主的理想渗透到整个社会和人们的相互关系之中。我们的目标是建立一个没有高低贵贱，没有阶级差别、性别歧视和种族差异，没有偏见，一个人人都需要，一个人人都有位置的社会。"社会民主党理论家尼尔斯·比莱卡在其《面对现实的社会主义》一书中说，劳动法等社会政策是对"作为资本主义基础的私人财产绝对主权和自由竞争制度的一种废除"①。但是，由于西方福利国家的私有化制度，即使是非常民主的福利国家，也没有完成从资本主义到社会主义的平稳过渡。

而另一方面，一些西方所谓的民主国家，仅有民主的形式，内涵已经失去了民主的真谛。在新自由主义崇尚的"自然法则"的理念下，最自由的人有能力控制最强有力的集团，而这些集团左右了所谓民主的形式。国家的原则和核心政策的制定也会为这些集团服务。这时候国家的目的已经背离了民主。

2. 中国的基本民主形式

中国的民主发展不同于西方。中国的情况很复杂。一方面，中国长期处在封建主义传统专制制度的统治下；另一方面，中国有深厚的基层民主基础，这可以从三大历史遗产中发现。第一个是农村村民议事的传统。村庄是一个村民集中居住的场所，几千年来村民之间的对话被历史文献记录了下来。这种无意识的讨论创造了一种无形的力量，影响、主导和控制了村内的思想和事务。即使没有正式成文的法律，村民议事的传统在农村社会也可

---

① 高峰、时红编译，2009，《瑞典社会民主主义模式：评述与文献》，中央编译出版社，第6页。

以发挥很重要的作用。第二个是乡村士绅。在中国农村，乡绅管理村庄的具体事务有悠久的历史。在农村地区，有声望的人参与村庄事务，并提出自己的意见，重要人物影响着乡村管理，处理各种问题。如果没有他们的参与，村里重要事情不能得到解决。中国共产党的土地改革削弱了封建宗族对村庄的控制，农村精英分子们必须通过其他方式崭露头角，获得关注。他们作为村民代表出现在当代农村民主自治的舞台上，通过村民代表大会吸引了大批村民。第三个是组织制度。农会、合作社和农民协会等组织在农村改革中扮演了重要角色，如今人民代表大会制度直接体现了民主。人民公社的会议和代表大会的成员为现在的村民代表大会储备了知识、预设了结构。所以，中国的基层民主蕴含着强大的力量。

同时，国家的立场与西方不同，以不同的方式展示。从古至今，中国政府总是管理或掌控着个人事务。一方面，中国哲学崇尚“仁政”和“父母官”。在一个传统的农业社会，政府从顶层到底层的渗透已有很长的历史。农民从来没有想过自己的权利，但是公民社会在中国的确存在。在今天的中国，国家通过一系列政治改革将其表现出来。以前的人民公社，如今的乡镇和村委会都使对中国农村的控制成为可能。

农村民主建立在社会主义原则基础上，它绝不会改变国家的性质。建立中国的基层组织——村民委员会是组织团结村民抵御风险的一种方式。问题在于村委会的作用在许多地方被削弱，并局限在村的范围。如果农民需要国家和上级机构更改政策，他们需要更多的组织类型。例如，需要确保农民在人大代表会议上有更多的席位，允许农民有农民协会或其他组织等等。

在整个国家，农民有权和城市居民共享合理的分配和福利。农民缺少政治渠道去呼吁和实现他们的社会权利。农民的政治地位在削弱。农民依然是中国最大的群体，但是他们在全国人民代表大会上的代表数却在减少，同时，越来越多的商业精英却进入

人大。从第四次全国人民代表大会开始，农民代表数所占的百分比就开始缩减。农民代表在第四次全国人大上占 22%，第五次时占 20.75%，第六次时占 11.7%，第八次是 9.4%，1998 年的第九次会议上只有 8%[①]。农村人口代表数是城市居民的 1/4。全国人大上缺少了农民的声音。与此同时，随着人民公社制度的瓦解，农民的集体，社会和生产组织也解散了。因此，他们对自身福利的期望不能被妥当传达，他们的权利也得不到保护。两极分化越来越严重，农民是失利的一方。

自治并不意味着取消领导或权威，不是助长个人主义，也不是排除国家的管理。当现代社会出现后，农民并没有为市场经济做好准备。因此，他们需要全方位的培养，包括上文提过的民主教育。没有国家的管理，中国农村会变成一盘散沙，保护不了个体农民的福利。村委会成为中国特殊的社会组织。他们代表了农民，并扮演着自治和管理者的角色。关于管理这里有一个北京的例子。过去，农村土地征用后，很多农民将土地征用资金滥用了，一些农民修建了不必要的大房子，一些人将得到的钱全用于吃和娱乐。钱全花光后，农民面临贫困的威胁。因此，政府帮助农民管理这些钱。这涉及通过一项法律来要求乡镇和村委会管理和监督农民的钱。他们先支付了农民的养老金，农民可以按月收取现金。所以，当国家没有为农民福利预算资金时，也可以通过管理和不同行政级别的法规来影响农民福利。

五 小结

第一，中国农村正在进行基层民主建设——农村自治。这个民主过程不仅仅是民主选举，还包括民主决策、民主管理、民主监督等，共四个内容。它是一场中国式的民主建设与实践。

① 《人民日报》1999 年 9 月 15 日。

第二，真正的基层民主必须是人民民主，人民民主赋予每个公民参与、决策、管理与监督的权利。农村自治是管理和处理农民事务，特别是与福利相关事务的民主性的措施。它决定了社会的建设、资源再分配和福利的取向，而这些民主进程，也训练了农村居民参与社会建设。

第三，基层民主政治反映了农民的政治主张、福利需求以及自我管理的能力。中国农村的基层民主实践其实有悠久的历史和深厚的基础。当代中国农村有自治组织村民委员会，这个组织必须代表农民的利益，反映农民的需求。

第四，福利国家是伴随着政治运动，尤其是民主运动的发展而出现的。在西方国家，工人阶级反抗资本的压迫和剥削，以政治斗争的方式，争取福利权。这种激烈的斗争方式逐步被政治协商式的民主方式代替。西方国家，特别是北欧走社会民主主义道路的福利国家，实际上是在探寻一条可以管理的资本主义道路，或者说是平稳地向社会主义过渡的道路。而我们的国家是社会主义国家，社会主义原则和制度是实现民主的根本。

第五，基层民主自治是避免集体资金滥用和腐败的好方法。它可以保证福利在分配的过程中受到群众的监督，公正透明。当然，最重要的是保证基层民主的真正实施。在实践中，还有相当长的路要走。

第十六章

结束语

中国农村社会福利近十年有了新发展。在医疗卫生保险方面，2006 年新型农村合作医疗制度建立，2012 年我国开始实施城乡大病保险制度。在养老保险方面，2009 年，新型农村养老保险制度出台。救灾和贫困救济社会救助体系法规包括了 2007 年的农村居民最低生活保障制度，2004 年的自然灾害应急救援制度，2006 年对 1956 年制定的农村五保制度的修订，2003 年农村贫困家庭社会援助制度的建立，2003 年农村医疗救助制度的建立，2004 年的教育援助、住房援助和 2003 年的司法救助制度。

近年来，社会保险有所发展，覆盖范围也在扩大。据中国人力资源和社会保障部发布的数据，2002 年，城乡基本养老保险覆盖到了 8200 万人，并且在 2013 年覆盖了 3.0552 亿人，在 10 年间，增加了 2.7 倍。2002 年，基本医疗保险覆盖到 1 亿人，2013 年达到了 5.5277 亿人，在 10 年间，增加了 4.5 倍。2002 年，失业保险覆盖 440 万人，在 2013 年达到 1.5735 亿人，在 10 年间，增加了近 35 倍。2002 年有 4575 万人加入工伤保险，2013 年达到 1.8824 亿人，在 10 年间，增加了 3.1 倍。生育保险覆盖已从 2002 年的 3500 万人增加到 2013 年的 1.5445 亿，增加了 3.4 倍。在 2002 年，有 5500 万人加入了农村养老金计划，2011 年达到了 3.2 亿，在 10 年内增加了近 5 倍。

同时，社会福利的公共支出也在不断增长。2007 年，教育支出占了国内生产总值的 2.9%，2012 年达到了 4%。2007 年，医疗服务的公共支出占到了0.8%，2011年达到了1.4%。2007年，社会保障和就业的公共支出占0.2%，2011年达到了2.4%。2011年，公共服务支出占了2.3%，住房支出占了0.8%。在2007年，所有的社会福利公共支出占了7.4%，到2011年，达到了10.4%。虽然上涨迅速，但是与欧洲国家，尤其是北欧国家相比，社会福利的公共支出水平还是很低。

当然，这十年的发展变化很快很大，因而可能更具有含义。但是，不仅我的叙述跟不上，而且，我觉得，仅仅对这种福利项目的增加或者削减进行描述，对我来说没有更大的意义。许多实际的研究者、决策者在一线紧紧地追踪、关注着这些变化。

我想退后一步，在宏大历史背景的脉络中，在中国和西方的国际比较中，思索中国农村福利的存在、特征以及其映射的意义。

一　中国农村福利框架：一种中国“模式”

如何梳理中国农村福利发展的历史及在市场改革大环境下构建的农村福利制度，这一想法引导我进入中国农村福利研究领域。我发现了一些有趣的现象，也逐渐明确了自己的观点。

根据福利国家的理论范式，如在导言部分中所提及，最早的福利制度或者模式的分类是蒂特姆斯的制度型模式和剩余型模式的分类。由此有了社会权利和普遍主义的理论阐述。艾斯平－安德森将西方福利国划分为三种不同的模式：自由主义、社团主义及社会民主主义模式。金斯伯格（Ginsburg）在其《福利模式的划分》（*Divisions of Welfare*）一书中，也将福利国家限定在资本主义社会条件下。

中国的社会福利体系有很大不同。中国的例子从很多方面来讲都很独特。中国传统的释、儒、道三家结合的东方文化特征，使其区别于基于基督教的西方文化社会体系下的福利制度；即使

中国的福利体系学习了苏联，也因为文化传统与苏联相异而导致福利体系具体体现不同。同时，中国的社会主义制度特征也把它从东亚中独立出来。有一位韩国社会福利学者说："为了推进我们的认识，我们需要为非欧洲的福利国家建构一个模式。"① 韩国学者已经率先独立阐述了韩国的福利体制，当然是从技术上阐述的，例如，有了多少社会保险条例等等，并把它描述成一个模式。但是韩国学者的阐述，没有质的变化，韩国依旧属于资本主义体系。

中国的不同是中国有自己独特的福利模式。中国福利制度的不同表现在文化和政治构成上。总体来讲，中国的农村福利模式，某种程度而言就是东方传统文化与社会主义特质的集合。把这个模式写出来，或许是对社会政策领域的一个补充。

中国运用现代国家管理方式把传统文化和现代福利制度连接起来，例如，家庭供养和孝顺老人的原则同时被写入了国家宪法和村民委员会组织法；古代的"保甲"进化为当代的村民委员会；古代的村民议事成为今天的村民自治；而传统的集体主义文化，则延续到今天的福利思想和管理中等等。

社会主义原则是中国福利制度的另一显著特征。中国公开宣称自己是社会主义国家，发展目标是共同富裕。社会主义不仅有美好的出发点，而且有优越的制度体系。尽管在它的发展和探索过程中，或者有过度的、全盘的中央集权制的计划经济体制导致的效率问题，或者有人把官僚机构和腐败等现象归结于它，或者也可以列举出它更多的不完善。但是，中国农村福利的发展进程，不容我们质疑社会主义的发展方向和社会主义的制度体系。

西方学者称，资本主义发展了福利国家因而改变了资本主义

---

① Kwon, Huck - Ju (1999), *The Welfare State in Korea. The Politics of Legitimation*, London: Macmillan, p. 142.

的衰落①。资本主义国家在早期，充满了殖民和掠夺，但是，今天它的某些部分在某些地方发生了变化。我们看到西欧，特别是在斯堪的纳维亚国家，社会制度的理想设计里有了越来越多的社会主义元素。那里，在平等团结等原则下，公民拥有普遍的社会权利，享有包括家庭津贴、住房、教育、卫生、就业、社会服务等广泛的福利。因此，克罗斯兰（Crosland）说："传统的社会主义在很大程度上关注资本主义的罪恶，并且有推翻它的愿望。但是，今天传统的资本主义已经被改革和修正得看不出它的原样，它有了相当不同的社会构成。所以社会主义必须关注自身了。"

遗憾的是，有些预言过早下了断语。国际金融危机给西方资本主义社会带来的冲击和因此导致的社会问题，让欧洲的社会价值和尊严扫地；美洲的两极分化不仅根深蒂固，更是导致国际动荡的根源。所以，资本主义制度不能改变其根本的问题，即生产资料的私人占有等资本主义生产关系产生的矛盾。中国的社会主义公有制，包括农村的集体所有制，则是中国同西方发达国家的本质区别，也是让中国继续繁荣的保障。社会主义除了消除了资本主义的基本矛盾以外，还有更加明显的优越因素：第一是人民当家做主和社会公正的原则，它让社会团结，减少两极分化。第二是社会主义制度，它是社会福利制度的保障。公有制的经济基础，给人民提供了福利分配的经济支持。第三是社会主义制度下的总体规划和宏观调控，这包括了财富的转移支付和再分配。中国的社会主义道路和近年的改革已经让中国走上了一条快速发展的道路。

中国社会福利体系的微妙之处还在于把传统文化和当代的社会主义体系做了很好的嫁接。社会主义不仅仅是中国从西方借鉴

① George，Vic and Wilding，Paul（1994），*Welfare and Ideology*，London：Harvester Wheatsheaf.

而来的，更是中国传统文化的继承。中国传统文化中的福利理想、集体主义、家庭、社区、社会组织和网络直至国家都表现了集体的福利功能与作用。

这些不仅是软实力，也是制度。在中国，传统福利意识形态及传统福利支持系统也一直存在。但是，在中国，这些系统既是非正式或非官方的，又是正式的。说它们是非正式的，是因为传统福利不全部由国家预算提供支持；说它们是正式的，是因为国家一贯都涉入这些福利体系，诸如早期的人民公社、现在的村民委员会等是由国家设置的，国家甚至提供部分资源支持。另外，一些与福利有关的道德准则也被写入了官方规程中。在今天的市场经济条件下，国家计划和社会主义理念仍是中国农村福利体系的重要特质，社区和集体生产组织织成的网络仍然给中国农村福利以强有力的支持，关于和谐与平衡、家庭与社区的传统哲学文化遗产依然是当下中国福利意识形态的重要组成部分。

我的中国农村福利体系研究，给出了一个大框架。通过它，可以窥探以上讨论的相关问题及其意义。我在阐述中国农村福利的时候，也在讨论这一福利体制组成部分的特殊福利功能；同时，从政治、经济、文化和组织等多个维度来理解农村福利结构，以及这些因素相互渗透、相互作用的内在联系。希望这个模式，不仅对中国的文化传统，对社会主义制度，而且对福利国家的发展前景，有一定的启示。

二　中国农村福利的特征

本书阐述了中国农村福利的发展和现状，并对其作了分析和讨论。现在我将归纳这个福利体系的特征。中国农村福利的所有特质组成了独特的福利框架。

1. 中国传统文化的特征

较之城市，传统元素在中国农村被更好地保留下来。多年来，传统思想、文化、社会建设及政治体制等一直影响着中国农村福利体系的形成。农村福利体系很好地继承了传统福利意识形态及其系统建设思想。即使在今天，中国的农村福利在市场经济条件下，依旧能够从它的传统中获益。中国的福利具有传统的特征。作为一个古代的哲学概念，国家赐予的福利或者说仁政思想对国家承担福利责任有深远的影响。传统文化，例如福利的意识形态及实践中的大同、民本、仁政、天人合一等思想都属于中国传统哲学思想及福利遗产；家庭，亲属和社区的相互支持，仍在农村福利中起着不可取代的作用。福利意识形态的传播方式与教会在西方国家传播福利思想的情况不同。在旧中国的乡村社区，中国社会特有的一种阶级——乡绅一直是传统哲学的传播和传承者。他们传播着福利理念，并因此而实质性地影响到了农村生活。虽然现如今，乡绅这一阶级已不复存在，但农村中的志愿者和传统思想及文化已然稳固地扎根在农村社会。

我们可以说这些传统是陈旧的，但另一方面它又在发展中不断更新。集体主义不仅仅是一个原则或者说是社会主义理想的基础。实际上，它也是中国传统文化的承袭。集体主义精神渗透到社区（镇或者村庄），组织（老的保甲制度和今天的村委会）和家庭之中。这些遗产，我们依旧能在今天的国家福利体系中看到，它们还在持续发挥功能。

2. 国家的作用

在中国的政治及社会生活中，特别是在福利制度领域，国家自古至今，都负有责任。

现代西方社会政策学认为，国家干预分配是福利国家的关键所在。当一个国家大量干预全民福利时，其才称得上是福利国家或有福利体系。西方社会政策理论清楚地表明国家福利的作用："福利国家通常用来描述政府在个人和家庭收入、医疗健康护理、住房、教育和培训以及个人照顾服务等领域的行为。政府的行为不仅仅包含了直接的福利和服务提供，也包括对各种福利规则的管理。后者包括雇主提供职业福利，非营利性机构、慈善机构、工会、社区、宗教和其他组织提供的福利，以及家庭成员、朋友和邻居等非正式组织提供的福利。"①

在中国历史上，国家具有压倒性权威，并被中央集权化。国家干涉人民的福利在很久之前就有记载。在历史上，国家有蓄洪系统，贫困救助和赈灾救灾措施，早在汉朝，就有国家赈灾济贫粮仓。晋、隋、唐、宋、明、清延续了常平仓的规定与做法。这些是国家干预农村福利的主要方式。

中国共产党执政以来，制定出国家承担责任的福利体系。它使用了强有力的政治力量改变农村经济局面，使农民很快地改变了他们的生存状态。新中国成立后，国家通过土地改革、合作化运动以及人民公社，实现了对农村的重构。福利政策不再仅仅是国家干预的一部分，更成为国家计划的一部分。如新中国成立之初，在社会经济二元体制下，农村福利体系就被建立起来，相继建立起农村合作医疗制度、救灾救济制度、优待抚恤和五保供应制度等。

其次，现代福利国家强调国家干预是为了公平，为了"人民的国家"。看中国国家干预福利的进程，如果把仓储制度算作国家明确干预福利的方式，这要比 17 世纪英国的济贫法早许多年。而且，中国最初的国家干预是为了济贫赈灾。英国的济贫法最初产生的原因不是救济穷人，是为了维护资产阶级的利益，管制"打搅了"资产阶级宁静生活的流浪乞讨者，把他们关进"贫民

① Ginsburg, Norman (1992), *Divisions of Welfare. A Critical Introduction to Comparative Social Policy*. London: Sage Publications, p. 1.

习艺所”，通过强迫劳动改造来施予救济，对逃跑的要打上烙印。

中国古代的传统哲学观念，儒家思想讲的是“仁政”，即政府要悯恤子民。现代社会主义中国的国家干预，其实也延续了中国文化的传统，但是也有了新的内涵，即为人民服务。西方现代社会民主主义福利国家，即北欧福利国家也提出了“人民之国家”的提法[①]。现代福利国家主张的平等公正是国家干预的前提。

3. 集体主义的基础

作为中国核心文化一部分的集体主义精神，与福利原则有一致性。中国历史文化的延续中，集体主义文化已经经历了一个长期的发展。传统的集体福利文化已经渗透到家庭、社区和组织里。

传统的方法在今日的中国，也没有过时，反而被进一步强化，例如家庭和社区的福利功能。同时，中国共产党创立的群众路线和群众运动在某种程度上也发挥着作用。在市场经济和全球化的趋势下，集体意识与组织不仅仅是传统的，还有了现代意义。农村经济改革后，被称作“再集体化”或者“新集体主义”的农村集体和合作组织再次出现。近来兴起的各种农民协会，很大程度上标志着传统集体主义文化的复苏。当下某些福利的提升，与国家所鼓励的再集体化不无关系。当然，这种新的集体主义与人民公社时期的集体主义是有区别的。新集体主义尊重个人权利和个人生产销售的自主权，而旧的集体主义在某些方面严格控制着农民的生活，如农民不能随意流动，也无权决定农产品的生产与销售事宜。另外，新集体主义或再集体化本身发生在市场经济条件下，在生产经营上遵循市场原则。生产单位内部则充分发挥了福利功能，将个体农民纳入组织，集体进行生产、销售、

---

① 高锋、时红编译，2009，《瑞典社会民主主义模式——述评与文献》，中央编译出版社，第4页。

获取收入并对收入进行较公平的再分配。这里我对农村福利的集体主义做一简单的归纳。

第一，农村集体构成一个社区网络。与城市不同，农村居民与自己所属的大家庭及地方社区之间有更为紧密的联系，由此农村保留了更多影响福利运行的传统价值与礼节。村庄不仅仅是一个居住的地方，更是一个生产单位，地方经济的好坏影响着所有村民的生活方式与福祉。生产与生活的联合催生了中国农村的草根民主。

第二，集体进行经济生产。我国农村的集体经济遵循传统文化及社会主义原则，经济改革前，国家组织农民进入生产队，改革后推动农民加入专业生产合作社或协会。这不仅帮助农民提高了收入，增强了抵御市场风险的能力，还为村民谋取福利提供了经济基础。某种程度上，集体的互助生产本身就是福利的一部分，譬如，生产自救，给予人们工作机会而非简单的救济金。社会主义生产资料的公有制，包括集体所有制是保证每一个公民的基本福祉和参与生产的根本。

第三，构建集体福利网络。由国家所领导，遵循社会主义原则的中国农村福利体系，主要由如下几类组织构成：生产性组织（从生产大队、生产组，到今天的农业生产合作社），自治组织（如今天的村委会及村民小组），其他社区社会组织。这些组织形成了网络体系，国家及地方社区将其用来传递福利服务和支持。到目前为止，国家力量仍旧强大和高效，并通过村委会起作用。可以说这一体系体现的就是国家与组织的功能。比如，当灾害发生时，国家就可以通过这一组织体系，快速地将特殊政策和支持传递至农村。

第四，达到集体福利再分配与福利共享的目的。集体福利需要的是团结与凝聚，总是要互助，总是要有一部分人为了全体的利益而让出部分自己的利益，总是不能把弱势的人排斥在集体之外。这种福利的共享把全体凝聚起来。

4. 基层民主政治的进程

西方现代福利国家的出现与政治动员和社会民主有着紧密的关系。民主伴随着福利国家的建设而诞生，和社会保险一起出现的是全民选举。公民权包含了政治权利，社会权利和民事权利，社会权利明确了对公民的福利责任是现代福利国家的一个重要内容。

中国农村目前正在经历一场基层民主建设，也叫基层民主自治。村民大会和村民代表大会以及民主选举、决策、管理与监督等，伴随着农民福利的提升而产生。中国的基层民主建设强调了村民的社会权利概念，在改进农村福利环境方面发挥了积极的作用。村民对直接涉及农民利益的福利有选择、决定及自我管理权。具体如，救助津贴领取、村内公共设施建设及其他提升社区福祉的事项。虽然，草根民主的作用被限于农村事宜，但其已然唤醒了农民在公民身份与社会权利方面的意识。

这种民主和政治的关系并不来自西方，只不过西方的福利理论给予了阐述。中国农村的基层民主也是中国传统农村自身的产物，它是古代社区民主的继续，中国农村在很早之前，就有了民主议事和村规民约等民主参与的因素。

真正实行人民民主的地方，人民能决定自己的命运，并参与其中，人民的福利就好。民主社会、公民社会与社会主义的福利体制应该是一体的。

5. 社区网络

农村社区中强有力的组织或网络是农村福利运行的基础。在不同时期，这些组织或网络发生着不同的变化。家庭和社区组织的责任来自古老的福利哲学“乡邻和睦，相扶相助”。这些理念的实践通过历史上的保甲制度，及锄社、青苗会等其他社区组织传递到具体的家庭成员中。在人民公社时期，生产大队负责农村

五保户家庭与其他鳏寡孤独人员的福祉。如今上述社区组织换成了村委会、村民代表大会及村民小组。家庭，不仅是经济生产的最小单位，也是福利保障的最小单位。家庭和社区的组织，削弱了人与人间的隔绝，增强了人们的认同感。

6. 社会主义特征

中国农村的福利体系折射出了社会主义特征，在经济尚不发达的情况下，根据社会主义的原则，保障了农民的基本生活。农村经济改革后，一度福利体系陷于崩溃瓦解，但是，农民的自我管理以及农村社区建设，养老保险与新农合等福利制度最终逐个建立起来，在步履艰难中，经历了风雨和重构。

消灭剥削及消除两极分化，最终实现共同富裕，这是社会主义农村福利的目的。中国一再强调对中国特色社会主义道路始终如一的坚守立场。邓小平说社会主义的本质就是共同富裕。

三　意义

到此，我们已经从政治、经济、文化（历史传统）、社会及制度方面全面分析了中国农村福利体系的内在因素，接着看中国农村福利制度的含义。

1. 中国农村福利体系和谐发展

中国农村福利体系不是把资源耗尽的发展，而是一种人与自然，人与人之间的和谐发展。对传统文化的保护和持续是中国农村福利的一个有力基础。中国的传统福利思想、价值、道德体系和社会结构，促进了人类的福利，家庭和社会的和谐。

其实，在某种程度上，人类的福利是由非常简单的事情构成的。北欧的社会政策学者做了调研，询问普通的人民，在其生活中，什么是最重要的？无论在何时何地，人们都给予了相当简单明了的回答：在这个世界上最重要的事情就是出生和死亡、爱与关怀、友谊和团结、健康和智慧，安全与和平①。如果人类失去了最基本的特征，也就失去了继续生存的希望，人类的福利将要被打折扣。即使在一个现代和后工业化的社会，在一个消费文化占主导的社会，人类也绝没有理由改变它的这一特征。

2. 福利不全以社会支出的数额体现

一些批评家说福利国家增加了社会开支，并且让家庭解体。确实是这样的，伴随着日益增长的福利项目，以及不断增加的需要福利的人口，福利国家的开支越来越大，这些巨额数目一度让国家难以维持，特别是在西方国家遭遇经济危机时。因此随着西方各国缩减社会开支，福利项目也在削减。财政困境导致西方福利国家难以为继，更似乎动摇了福利国家的理念。

改革前中国的经济发展及人民生活水平相对要低一些，但福利体系在农村确确实实是存在的。那时，中国建立了覆盖农村最广大人口的包括基本生活收入、救助、医疗、养老等基本福利保障。更进一步的考察让我们发现，改革前的福利体系需要的支出并不太多。政府控制福利支出，把开支控制在与实际经济发展水平相适应的程度上。同时，中国农村福利建立在由集体生产和组织构成的社区之上。在现代福利制度建立前，中国就有一张由家庭和社区构成的社会福利网络，其中社区后面是国家的支持。

因此，福利不能仅仅通过社会支出的多少来衡量。在中国，即使在国家全面干预福利的时候，非正式的福利机构，传统的福利思想，家庭和社区提供的支持等都让这种福利传送不需要太多资金。它们降低了国家的社会开支，同时保护了家庭的福利。国家预算不应是判断福利的唯一标准，而民众是否幸福，才是判断

---

① Sipilä Jorma（2001），Opening Speech in 3rd International Conference on Social Work in Health and Mental Health，Tampere，Finland.

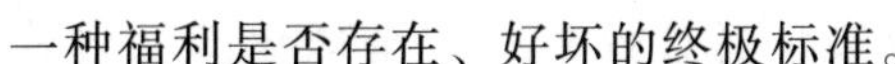
一种福利是否存在、好坏的终极标准。

3. 人民的福祉是发展的目的

所谓发展，不是对利益的无限追求。新自由主义忽视了资本扩张的无止境与贪婪。那些以消耗资源、破坏生态环境、削弱道德为代价的利益追逐，不仅造成了社会的两极分化和撕裂，更破坏了人类的和谐共处及社会凝聚力，同时削弱了社会的价值体系。这不是人类发展的初衷。全人类的福祉、社会的和谐才是最大的效益。中国传统福利思想中，天下大同，天人合一是对美好社会的理想描绘；社会主义福利国家发展的目标也是如此，是为了人类的共同繁荣，共同富裕，而不是对物质利益的无穷尽的追逐。中国的传统福利文化和体系可以帮助扭转世界的扭曲发展局面。

4. 社会发展的可持续

本书认为中国农村福利体系不仅是传统中国农村福利的延续，也是对整个世界范围内福利模式的丰富。

评估中国农村福利体系，包括了对平衡与和谐的文化偏好、集体主义的理想与实践及家庭与社区的重要性，尤其是社会主义平等理念的追求等内容。这些不仅带来了中国福利体系的可持续发展，经济、社会的可持续发展，而且适度地回应了西方发达国家包括福利国家的发展困惑和困境问题。

5. 古代哲学的天下大同与西方福利的大普遍主义

中国的传统福利思想和现代西方福利思想在不断地融合。在全球化面前，西方福利国家走不出国家的困境。公民权有了局限性，公民权对本国公民是保护，但对新来的少数族裔则是“社会排斥”。全球化下的自由主义国家则推销新自由主义文化，这种文化是个人主义的、去国家化的。于是，英国政客和学者叹息：

国际主义已经过时。社会政策学者在探寻一种全球化的社会政策，阿玛蒂亚·森提倡大普遍主义①。许多学者提出加强国际组织的作用。但是，如何加强，正在探索中。

中国哲学提倡“天下为公”“天下大同”。在这个理想下，中国的文化、思想强调兼收并蓄。古代中国接纳团结了少数民族，现代的中国吸收西方文化和科学技术。“天下”是古今的相遇、中西的结合。

我们看中国农村社会福利体系，除了以上的因素，还有一些特点。

第一，中国的福利体系是软实力，也是制度。一些西方学者指出，中国的这些“软实力”仅仅停留在意识层面，从未上升到制度的高度，但本书中，我们看到这些理念和思想早已嵌入了相关的制度中。

第二，中国的福利体系是现代的，同时也延续了古代的做法，如我们谈到的福利意识和福利制度。

第三，中国的福利体系是中国的，也是世界的。例如“天下为公”“天下大同”和“天人合一”等思想，已然超越疆域，体现的是天下的和谐与和平。篇幅所限，对此不能详尽阐述，畅怀讨论。

四　讨论与展望

很明显，中国农村福利体系的构建远未完成，农民生产、生活中的许多和福利相关的问题还没有得到解决，农村社会福利从覆盖范围、福利内容、立法进程来讲都存在缺陷。具体来说，综合性的农村社会福利网络还没有建立起来，收入保障和社会服务

① George，Vic and Wilding，Paul（2002），*Globalizalion and Humom Welfare*，London：Palgrave.

远不能满足农村社会的需要。农村福利发展水平也体现出了区域间的不平衡。在东部沿海地区，出现了一些福利项目的地方性探索，但欠发达的西部地区被远远地抛在后面。另外，农村与城市的福利制度之间依然存在着巨大的差异，没能够整合为一体。目前中国农村经历着剧烈的变化，老年人口的增长，城乡两极化及农民的低收入，对农民工的不平等对待等社会问题层出不穷。这些变化给社会福利制度的建设提出了新的任务。虽然我们指出了西方福利国家的问题，但是，我们必须承认，我们国家特别是农村，对建立一个像欧洲国家，特别是北欧国家那样保障人民的基本收入水平，满足人民住房、教育、医疗、养老等各方面需求的社会福利制度，还有很大的差距。中国农村现代福利体系的构建还任重道远。

2007 年，中国政府提出社会福利由补缺型向适度普惠型转变，内容主要包括扩大社会福利制度的服务人口和服务项目。这就需要整合，第一是不同的社会福利项目的碎片整合，第二是城乡区域和人口的整合。目标是建立一体化的社会福利体系，城乡居民得到平等的福利待遇。如许多省市实现养老保险城乡统筹，全民覆盖，使城市与乡县之间的养老保险可选择、可转换。中国社会福利在朝公平与均衡的方向发展，建设一个和中国的经济发展水平相适应，满足人民基本需求和体面生活要求的现代社会福利体系是我们要完成的任务。

20 世纪 70 年代以来，西方国家出现了主张弱化国家干预、强化自由放任市场的“新自由主义”思潮。这导致了私有化的增长，集体经济和福利观念的衰弱和国家干预的削减。伴随着这个思潮，一些名曰福利的多元化、混合福利、社会化、公民社会等思潮和尝试涌现出来。这些新思潮，有的是尝试创新，有的是声东击西。全球化的自由市场经济冲击着中国的福利观念和福利制度建设。伴随着市场经济的导入和集体经济的瓦解，农村经历过福利体系衰退的阶段，国家发挥的福利作用减弱。决策者、学者紧紧追着这个潮流，以为这和全球化下西方先进国家的发展趋势较为一致。许多声音在呼吁，西方福利国家走入了困境，我们必须避免福利国家的错误：我们要削减福利，追求经济效益；我们要弱化国家，建立公民社会，发挥民间慈善的作用；我们要避免民粹主义，淡化福利；公平与效益不可兼得等等。

不可否认，西方发达国家试图扭转福利支出难以为继的局面，带来了福利制度的创新与改进。但是，我们看到的事实是，第一，西方福利国家没有改变，特别是北欧福利国家干预福利的主要趋势没有改变。第二，一些西方国家削弱国家福利，也是在基本福利制度已经建立之后，国民有了基本保障的基础上。第三，在削弱国家干预的地方，在推进自由市场、多元化的福利面前，出现了服务质量的下滑和原有福利的消失，这已经遭到西方学者的强烈批判和人民的否决。而这一点，我们的学者或者不知道或者有选择地忽略。我说的有选择，是有国际背景的，比如国际社会为推行新自由主义的哈耶克鸣锣开道，而对同年获得诺贝尔经济学奖的瑞典经济学家缪达尔则湮没雪藏。而缪达尔就是坚持国家干预，坚定的福利国家的支持者。

福利国家，特别是北欧福利国家，国家建设和政治民主的进程齐头并进。它们对福利政治的共识是：现代福利国家就是社会民主的政治力量与资本的经济力量二者之间争斗的产物①。马歇尔谈道，19 世纪末，大量的劳动人口还未有效地利用政治力量②。而后来，福利国家是工人阶级长期与资产阶级及其联盟进行斗争而产生的③。托尼（Tawney）将福利国家视为工业化与政治民主二者并驾发展的自然结果。集中起来应对风险是北欧国家的选

① Pierson, Christopher (1991), *Beyond the Welfare State*, Cambridge: Polity Press, p. 31.

② Marshall, Thomas, Humphrey (1950), *Citizenship and Social Calssand Other Essays*, Cambridge: Cambridge University Press, p. 37.

③ George, Vic and Wilding, Paul (1994), *Welfare and Ideology*, London: Harvester Wheatsheaf, p. 74.

择，它构成了福利国家的阶级基础[①]。因此，在福利领域，我们看到，经济的发展，不会是单纯的经济，一定是政治经济；所有涉及经济资源和成果的再分配，一定会和受益者阶层以及各群体所处的政治、经济、社会地位有关。而社会组织，也一定有政治立场。

也许纵观世界，在西方强大的个体文化和私有制面前，西方的制度和体系让福利国家的发展遭遇了瓶颈：目前的资本主义体系、放任的自由主义市场经济和西方的自我文化不能从根本上挽救西方福利国家。它们不能从根本上解决致命的问题，即马克思主义提出的，资本主义的基本矛盾。普遍主义的福利原则之所以难以为继，是因为在资本主义的思想体系和其主流文化背景下，不能进行一个全新的突围。

在谈论中国福利体系的时候，需要明确几点。

第一，关于自由和民主的讨论。学者们在讨论中，常常认为自由与民主是一体的。但是，看西方福利制度的发展，我们发现，自由与民主截然不同。真正的民主政治的社会，是考虑人民的生活的社会。而自由放任的资本主义社会，是给资本以自由。

第二，关于国家和极权的讨论。这里有几种类型的国家：其一，国家是为了人民建立福利体系；其二，国家为了大资本家的利益，国家与资本市场结合；其三，国家为特权阶层服务，国家会产生腐败。评价一个国家的性质和国家极权与否关系不大，和权力为了谁关系很大（当然在为人民的国家前提下，民间组织的服务是一种更有效的方式）。因此，不能完全以社会化与否、是不是公民社会来衡量国家的性质。北欧国家中的公民获得了最大的社会权利，但是，那里是国家的作用更强，不是一些人所意指

---

① Baldwin, Peter (1999), *The Politics of Social Solidarity*, *Class Bases of the European*, Cambridge: Cambridge University Press.

的公民社会。一些自由主义福利国家也提倡公民社会，但目的在于减少国家的作用。一些舆论强调福利体系应像自由主义福利体系一样，让代表民间资本的慈善力量占更大的份额，甚至主导。其实，国家是福利的最好规划者，对不同人群和不同项目有整体计划。福利国家正是为纠正慈善机构提供服务的缺陷而出现的：它们不可能提供综合的完整计划并覆盖全体人民。当然，要明确国家的责任，也必须明确福利国家的政策必须要在民主选择、决策、管理和监督之下。

在中国下一个发展阶段，关于方向和方针的争议会更加尖锐。中国现在的社会经济发展也面临着艰难的抉择。在中国经济快速发展以后，贫富差距的加大，无疑会增加人们对这种阶层的对立的担忧。社会福利问题如果没有引起足够的重视，在贫富人口之间、发达和欠发达地区之间、城市和乡村之间的沟堑就会越来越宽，越来越深，进而社会冲突将会发生。所以，福利制度的设立不是一个简单的经济分配问题，它也是一个民主政治的问题。

中国未来的福利制度，除了保持原有的传统文化因素外，还要强调几点。

第一，国家有责任保护公民的基本社会权利，在公民健康、入学、住房、养老等方面有问题时，制定政策保护公民。任何一个民间组织、私有组织、企业和市场等都不可能替代国家的作用。当前，经济快速发展后，国家应该牵头，政府应该承担更多的责任，建立和完善新形势下的现代福利体系。

第二，中国未来的福利方向应该是不考虑贫困或者富裕，从人民的需要出发，公民享有充分和完全的国民待遇，农村公民和城市公民拥有平等的权利。所谓农村的城市化，不是把城市的高楼建得更高，而是在农村给农民建立一个社会福利体系，进城务工的农民应该被教育、医疗、就业和养老等福利体制覆盖。其实关键的问题不是资金，而是国家对这个问题的关注程度。

第三，加强民主政治建设，真正赋权于人民，使权力回归人民。现在的民主仅仅出现在农村基层，而且有许多缺陷，因此，并不完善。民主要往上走，要给基层的农民更多的话语权。要加快公民社会的建设，推动民主参与、监督与管理，增强公民的权利意识。

第四，中国需要尝试许多新的福利措施，特别是西方先进的福利国家创造的技术和管理措施，包括聚集经济资源、社会企业、社会投资、准市场化机制等等；建立现代的、规范的社会福利制度，制定社会保险立法，加强福利法律法规体系建设，发展社会组织动员公民参与，让福利体系更加完善。

中国在其社会福利体系的再建构中，探索出一条属于自己的道路。可持续的中国社会福利模式应该是：社会主义（原则、目的、制度基础）+传统思想文化和组织（理念思想、文化和集体社会网络）+西方现代社会福利制度的法律、措施与技术方法+民主政治。

中国应该在提高人民福祉的同时，继续创建一个和谐的社会；并以自己独特的探索，丰富福利国家模式和社会政策的理论与实践。

参考书目

白锦表，2002，《浙江教育现代化的影响因素与浙江近代教育的特点》，《浙江教育学报》第3期。

白南生、何宇鹏，2003，《回乡，还是进城？——中国农民外出劳动力回流研究》，载李培林主编《农民工：中国进城农民工的经济社会分析》，社会科学文献出版社。

北京市劳动和社会保障局，2003，《关于赴上海、浙江、江苏三省市考察农村社会保障体系建设及农村就业服务情况的报告》，内部报告。

蔡昉，1999，《合作与不合作的政治经济学——发展阶段与农民社区组织》，《中国农村观察》第5期。

Cai Han xian，2002，《中华文化对社会福利的贡献》，两岸四地社会福利研讨会论文，香港。

蔡建勇，2008，《村民自我管理再思考》，民政部内部文稿。

蔡仁华主编，1998，《中国医疗保障改革实用全书》，中国人事出版社。

蔡元培，2010，《中国伦理学史》，广西师范大学出版社。

曹国英，2007，《在青岛农村社区建设会议上的讲话》，民政部内部文稿。

陈桂棣、春桃，2004，《农民调查》，人民文学出版社。

陈佳贵、吕政、王延中主编，2001，《中国社会保障发展报告》，社会科学文献出版社。

陈良瑾、王婴、李玉华编，1990，《社会保障》（内部资料），民政部民政管理干部学院，社会福利与社会进步研究所。

陈良瑾、夏学銮、王青山，1994，《中国社会工作总论》，载《中国社会工作百科全书》，中国社会出版社。

陈平，2002，《建立集中统一的社会保障体系不适合中国的国情国力》，《内部文稿》第15期。

陈平，2002，《建立中国统一的社会保障体系是自损国际竞争力的短视国策》，《中国经济研究中心简报》第14期。

崔乃夫，1989，《民政工作的探索》，人民出版社。

崔效辉，2003，《参与式发展理论与乡村建设——参与式发展理论中的本土来源与贡献》，http: //www. cuhk. edu. hk/ics/21c/supplem/essay/0212048g. htm。

邓大松，1992，《社会保险比较论》，中国金融出版社。

邓大松等，2000，《中国社会保障若干重大问题研究》，海天出版社。

邓小平，1993，《群众路线是党的组织工作中的根本问题》，载《邓小平文选》第三卷，人民出版社。

邓云特，1993，《中国救荒史》，商务印书馆。

董丛林，1992，《龙与上帝：基督教与中国传统文化》，三联书店。

窦玉沛，2007，《社会福利由补缺型向适度普惠型转变》，《公益时报》10月23日。

多吉才让主编，1996，《救灾救济》，中国社会出版社。

多吉才让主编，1996，《社团管理工作》，中国社会出版社。

多吉才让主编，1996，《优待抚恤》，中国社会出版社。

樊平，2002，《变化社会中的农村和农民》，载汝信、陆学艺、李培林主编《2003年中国社会形势分析与预测》，社会科学文献出版社。

方军，1997，《城乡收入差距与农村社会保障制度建设》，《经济改革》第1期。

房宁，2008，《草根经济与民主政治》，社会科学文献出版社。

房宁，2012，《中国政治参与报告（2012）》，社会科学文献出版社。
费孝通，1948，《乡土中国》，上海观察社。
费孝通，1985，《乡土中国》，三联书店。
费孝通，1988，《养老模式与养老问题》，科学出版社。
高峰、时红编译，2009，《瑞典社会民主主义模式——详述与文献》，中央编译出版社。
高景然，2007，《农村社区建设发展的总目标和需要》，载詹成付主编《农村社区建设实验工作讲义》，中国社会出版社。
高明，2007，《从乡村建设理论看梁漱溟的儒家理想》，中国农业新闻网，2007年3月20日。
葛延风，2003，《对社会保障制度改革的反思与建议》，内部文稿。
顾长声，1991，《传教士与近代中国》，上海人民出版社。
辜鸿铭，2001，《中国人的精神》，广西师范大学出版社。
顾兴元，1984，《我国人民的平均寿命》，载《中国卫生年鉴（1984）》，人民卫生出版社。
桂世勋，1989，《上海农村养老保险制度改革》，华东师范大学出版社。
郭沫若，1972，《甲申三百年祭》，人民出版社。
国家经济体制改革委员会，1995，《社会保障体制改革》，改革出版社。
国家统计局，1984，《中国统计年鉴（1983）》，中国统计出版社。
国家统计局，1990，《中国农村统计年鉴（1989）》，中国统计出版社。
国家统计局，1995，《中国统计摘要（1994）》，中国统计出版社。
国家统计局，2005，《中国统计摘要（2004）》，中国统计出版社。
国家统计局，2008，《中国统计摘要（2007）》，中国统计出版社。
国家统计局，《十一五经济社会发展成就系列报告》，国家统计局网站。
哈里特·迪安，2009，《社会政策十讲》，岳经纶等译，格致出版社。
韩方明，2003，《重建农会：探索农民权益保护的新途径》，中国农民权益保护国际研讨会，海南海口。
韩元钦，2003，《应充分重视农村集体经济》，中国教育和科学计算机网，http：//www.eol.cn/20030403/3081463.shtml。
黄黎若莲，1995，《中国社会主义的社会福利：民政福利工作研究》，中国社会科学出版社。
黄黎若莲，2001，《边缘化与中国的社会福利》，香港商务印书馆。
黄平，2002，《不平衡发展格局下的农村困境》，《视界》第9期。
黄素庵，1985，《西欧“福利国家”面面观》，世界知识出版社。
季羡林，2002，《天人合一，文理互补》，《人民日报》（海外版）1月8日。
蒋波，2004，《农村集体经济发展路在何方》，中国农村研究网，www.ccrs.org.cn。
景天魁、毕天云，2009，《从小福利迈向大福利：中国特色福利制度新阶段》，《理论前沿》第11期。
景天魁，2009，《底线公平：和谐社会的基础》，北京师范大学出版社。
李昌平，2002，《我向总理说实话》，光明日报出版社。
李超民，2000，《中国古代常平仓思想：美国1930年代的一场争论》，《上海财经大学学报》第3期。
李培林，2003，《农民工：中国进城农民工的经济社会分析》，社会科学文献出版社。
李培林、朱庆芳等，2003，《中国小康社会》，社会科学文献出版社。
李培林，2004，《村落的终结：羊城村的故事》，商务印书馆。
李强，2000，《社会分层和贫富差距》，鹭江出版社。
李强，2004，《农民工与中国社会分层》，社会科学文献出版社。
李实、白南生，2005，《中国人类发展报告2005：追求公平的人类发展》，中国对外翻译出版公司。

梁庚尧，2005，《南宋的社仓》，载陈国栋、罗彤华《台湾学者中国史研究论丛：经济脉动》，中国大百科全书出版社。

梁漱溟，1985，《社会本位的教育系统草案》，载《梁漱溟全集》第五卷，山东人民出版社。

梁漱溟，1987，《东西文化及其哲学》，商务印书馆。

梁漱溟，2006，《乡村建设理论》，上海人民出版社。

梁漱溟，2012，《中国文化的命运》，中信出版社。

廖一中，1981，《义和团运动史》，人民出版社。

廖一中、李运华，1993，《论近代教案》，《贵州社会科学》第1期。

兰州大学中文系，1960，《孟子译注》，中华书局。

林富德、翟振武，1996，《走向二十一世纪的中国人口环境与发展》，高等教育出版社。

林卡、陈梦雅，2008，《社会政策的理论和范式研究》，中国劳动社会保障出版社。

林毅夫，1992，《制度、技术与中国农业发展》，上海三联书店。

林毅夫，1994，《中国的奇迹：战略发展与经济改革》，上海人民出版社。

刘冰、王海燕、韦淑荣，2001，《北京市农村社会经济的发展呼唤农村社会养老保险制度的完善》，内部文件。

刘家峰，2002，《基督教与近代农业技术的传播——以金陵大学农林科为中心的研究》，《近代史研究》第2期。

卢德全，2004，《90年代中国扶贫政策的分析》，载王思斌等主编《中国社会福利》，香港中华书局。

卢海元，2002，《实物换保障：完善城镇化机制的政策选择》，经济管理出版社。

卢海元，2004，《走进城市：农民工的社会保障》，经济管理出版社。

陆学艺，1997，《社会结构的变迁》，中国社会科学出版社。

陆学艺，2002，《当代中国社会阶层分层报告》，社会科学文献出版社。

毛泽东，1983，《毛泽东选集》第一卷，人民出版社。

毛泽东，1991，《毛泽东选集》第四卷，人民出版社。

毛泽东，1991，《毛泽东选集》第一卷，人民出版社。

孟昭华、彭传荣，1989，《中国灾荒史（1949－1989）》，水利电力出版社。

孟昭华、王明寰，1986，《中国民政史稿》，黑龙江人民出版社。

民政部主编，1995，《农村社会养老保险》，中国社会出版社。

民政部基层政权和社区建设司主编，2013，《全国农村社区建设重要资料选编（2012）》，中国社会出版社。

民政部政策研究室主编，1997，《中国农村社会保障》，中国社会出版社。

宁都县民政局，2007，《宁都县社区建设调查》，载罗晓宇、杨玉勇、蔡建武主编《农村社区建设》，中国社会出版社。

牛铭实，2003，《患难相恤：论中国民间的自治与扶贫》，（香港）《二十一世纪》第4期。

潘维，2002，《民主迷信与中国政治体系改革的方向》，北京大学论坛，3月6日。

潘维，2004，《依靠农民高速推进城市化——关于我国21世纪上半叶宏观经济战略的建议》，《战略与管理》第2期。

潘维，2004，《质疑“乡镇行政体制改革”——关于乡村中国的两种思路》，《开放时代》第2期。

潘屹，1996，《转变中的中国社会保障体系：评估与分析》，（芬兰）坦佩雷大学硕士学位论文。

潘屹，1998，《农民耕种民主试验田——看东北农民海选》，《华声月报》第3期。

潘屹，2007，《慈善组织、政府与市场》，《学海》第6期。

潘屹，2009，《家园建设：中国农村社区建设模式分析》，中国社会出版社。

潘屹，2011，《普遍主义福利思想和福利模式的相互作用及演变——解析西方福利国家困境》，《社会科学》第 12 期。

潘屹，2011，《西方普遍主义福利思想与福利模式简析》，《福建论坛》第 10 期。

潘屹，2012，《国家福利功能的演变及启示》，《东岳论丛》第 10 期。

钱穆，1996，《国史大纲》，商务印书馆。

钱穆，2001，《中华文化十二讲》，九州出版社。

钱宁，2002，《传统社会福利思想》，高等教育出版社。

秦晖，1998，《人民公社与传统共同体》，（香港）《中国书评》第 13 期。

秦晖，2000，《并税式改革与黄宗羲定律》，《农村合作经济时报》11 月 3 日。

全国老龄工作委员会，2006，《中国城乡老年人口状况追踪调查（2006）》，http：//www. cnca. org. cn。

《中国卫生年鉴》，人民卫生出版社，1983。

任继东，2003，《清代华北农村基层组织与运作》，中国农村研究网，www. ccrs. org. cn。

汝信、陆学艺、李培林，2007，《2007 年：中国社会形势分析与预测》，社会科学文献出版社。

上海市劳动和社会保障局，2003，《上海关于发展农村社会养老保险的报告》，7 月 15 日内部文稿。

尚晓援，2001，《中国社会安全网的现状和政策制定》，《战略与管理》第 6 期。

时正新，2001，《中国社会福利与社会进步报告》，社会科学文献出版社。

世界银行，1984，《世界银行统计数据》。

沈延生、张守礼，2002，《自治抑或行政——中国乡村自治的回顾与展望》，http：//ccrs. org. cn，Chinese Rurul Studies，8 月 19 日。

宋恩荣，1990，《晏阳初全集》，湖南教育出版社。

宋维国，2003，《乘风的天下粮仓》，《兰州晨报》1月20日。

苏萍，2001，《谣言与近代教案》，上海远东出版社。

孙经先，2011，《关于我国20世纪60年代人口变动问题的研究》，《马克思主义研究》第6期。

孙立平，2003，《城乡结构中的“新二元结构”与农民工流动》，载李培林主编《农民工：中国进城农民工的经济社会分析》，社会科学文献出版社。

孙立平，2003，《断裂——20世纪90年代以来的中国社会》，社会科学文献出版社。

孙绍骋，2004，《中国救灾史》，商务印书馆。

孙中山，1956，《孙中山选集》，人民出版社。

滕兰花、梁刚毅，2000，《近代广西西方宗教的慈善事业评述》，《广西教育学院学报》第3期。

仝志辉，2004，《选举后的村级民主化管理》，《学习时报》第3期。

王金华，2004，《约束村干部，村民做主》，《半月谈》第8期。

王军，2002，《古代粮食仓储制度考析及启示》，《人民日报》7月13日第6版。

王国军，2000，《现行农村社会养老保险制度的缺陷与改革思路》，《学术季刊》第1期。

王俊华，2000，《论二十一世纪苏南农村医疗保障体系的创新》，《学海》第6期。

王其俊，2004，《孟子解读》，泰山出版社。

王瑞芬，2009，《告别贫困：新中国成立以来的扶贫工作》，《党史文献》第5期。

王绍光，2001，《开放性、分配性冲突和社会保障：中国加入WTO的社会和政治影响》，《视界》第3期。

王思斌等主编，1993，《中国社会福利》，香港中华书局。

王喜宇，2003，《当前农地管理上存在的问题和处理：一个调查研究报告》，内部文稿。

王小章，2007，《中国发达地区社会保障——来自浙江的报告》，浙江大学出版社。

王延中，2001，《发展中国农村医疗保障体系》，载陈佳贵主编《中国社会保障发展报告》，社会科学文献出版社。

王延中，2001，《建立农村基本医疗保障制度》，《经济与管理研究》第3期。

王延中，2001，《新世纪中国农村医疗保障制度的发展方向和政策建议》，《中国卫生经济》第2期。

王延中等，2001，2004，2007，《中国社会保障发展报告》，社会科学文献出版社。

王延中，2004，《中国的劳动与保障问题发展研究》，经济管理出版社。

王颖，1996，《新集体主义：乡村社会的再组织》，经济管理出版社。

王忠欣，2001，《传教士与中国近代教育》，《教师博览》第1期。

卫生部主编，1998，《国家卫生服务调查主要结果的初步报告》，人民卫生出版社。

温铁军、张玉华，1999，《WTO原则对我国农业的影响》，《经济与信息》第2期。

温铁军，2001，《重新解读我国农村的制度变迁》，《天涯》第2期。

吴坤，2002，《民法草案浮出水面》，《法制日报》12月24日。

吴思，2001，《中国通史的一种读法——帝国组织的兴旺条件及其演变》，《战略与管理》第6期。

吴先江，2002，《户籍制度改革的开始》，载汝信等主编《2002年：中国社会形势分析与预测》，社会科学文献出版社。

吴相湘，2001，《晏阳初传》，岳麓书社。

吴毅，1997，《人民公社时期农村政治稳定形态及其效应——对影响中国现代化进程一项因素的分析》，《天津社会科学》第5期。

夏军，2002，《杜威实用主义理论和中国乡村建设》，http：//www.china－village.org。

夏士清，1992，《梁漱溟生命化儒学对其乡村建设思想的影响》，《深圳大学学报》（人文社会科学版）第2期。

项继权，2002，《集体经济背景下的乡村治理：河南南街、山东向高、甘肃方家泉村村治实证研究》，华中师范大学出版社。

肖波、杨玉华，2007，《今日小肖村，一年超过温饱线，廿年没过富裕坎》，《经济参考报》7月19日。

萧公权，1999，《中国政治思想史》，湖北教育出版社。

肖志恒，2002，《积极发展村级集体经济》，《求是》第18期。

谢圣远，2007，《社会保障发展史》，经济管理出版社。

徐勇，2000，《草根民主的崛起：价值与限度》，（香港）《中国社会科学季刊》夏季刊。

鄢烈山，2003，《农民教育家晏阳初的实践与精神》，《南方周末》7月17日。

杨伯峻译注，1980，《论语译注》，中华书局。

杨翠迎，2003，《中国农村社会保障制度研究》，中国农业出版社。

杨翠迎、庹国柱，1997，《建立农民社会养老保险计划的经济社会条件的实证分析》，《中国农业观察》第5期。

杨俊雄（音译），2001，《农民就业是温饱后的首要问题》，载鲜祖德等主编《中国农村热点问题研究》，中国统计出版社。

杨伟民，2004，《社会政策导论》，中国人民大学出版社。

杨亚斌（音译），2003，《梁漱溟的乡村建设理论》，2003年7月21日，中国乡村网，http：//www.china－village.org。

杨宜勇、辛小柏，2002，《中国当前的收入分配格局及发展趋势》，载汝信等主编《2002 年：中国社会形势分析与预测》，社会科学文献出版社。

于建嵘，2001，《人民公社的权力结构和乡村秩序——从地方政治制度史得出的结论》，《衡阳师范学院学报》第 5 期。

于建嵘，2001，《岳村政治——转型期中国乡村政治结构的变迁》，商务印书馆。

于建嵘，2003，《20 世纪中国农会制度的变迁及启迪》，《福建师范大学学报》（哲学社会科学版）第 5 期。

喻希来，1999，《新兴世界大国的成长之旅：光荣与梦想——20 世纪中国总成绩的回顾》，《战略与管理》第 6 期。

翟振武，1996，《中国城市化与城市人口老龄化与对策》，《中国人口科学》第 5 期。

詹成付，2007，《农村社区建设实验工作讲义》，中国社会出版社。

詹火生、杨莹、张菁芬，1993，《中国大陆社会安全制度》，台湾五南图书出版有限公司。

张岱年，1982，《论中国文化的基本精神》，《中国文化研究集刊》第 1 期。

张岱年，1998，《谈谈中国传统文化》，《人民日报》（电子版）7 月 28 日。

张乐天，1998，《告别理想》，东方出版中心。

张培刚，1984，《农业与工业化》，华中工学院出版社。

张晓山，2001，《中国乡村社区组织的发展》，《国家行政学院学报》第 1 期。

张英红，2002，《解放农民》，《书屋》第 1 期。

张雨生，2000，《瘟神还没有送走》，《中国民兵》第 8 期。

章元、许庆、邬璟璟，2011，《一个农业人口大国的工业化之路：中国降低农村贫困的经验》，《经济研究》第 11 期。

赵昌文，1994，《改革以来我国农民组织化程度的系统考察》，《社会科学研究》第2期。

浙江省劳动与社会保障局，2003，《全省被征地的农民基本生活保障工作座谈会》，内部文稿，7月16日。

浙江省土地资源局，2003，《全省今年征地情况及存在问题》，内部文稿。

郑秉文，2003，《养老保险"名义账户"的制度渊源与理论基础》，《经济研究》第4期。

郑秉文，2003，《"名义账户"制：我国养老保险制度的一个理性选择》，《管理世界》第8期。

郑功成，1991，《国际社会保障问题研究》，武汉大学出版社。

郑功成，2002，《农民工的权益与社会保障》，《中国党政干部论坛》第8期。

郑功成，2002，《中国社会保障制度变迁与评估》，中国人民大学出版社。

郑功成，2011，《中国社会保障改革与发展战略》，人民出版社。

郑杭生，1996，《从传统向现代快速转型中的中国社会（1994-1995）》，中国人民大学出版社。

郑杭生，1996，《转型中的中国社会和中国社会的转型》，首都师范大学出版社。

中共中央文献研究室，1993，《建国以来重要文献选编》（第二册），中央文献出版社。

中国共产党中央委员会，1982，《农业集体化重要文件汇编》，中共中央党校出版社。

《中国民政》（1982~1993），月刊，民政部。

《中国民政年鉴》（历年），中国社会出版社。

《中国民政统计年鉴》（历年），内部资料。

中华人民共和国国家农业委员会办公厅，1981，《农业集体化重要文件汇编（1958-1981）》，中共中央党校出版社。

周弘，1996，《西方社会保障的经验及其对我们的启示》，《中国社会科学》第1期。

朱冬亮，2003，《社会变迁中的村级土地制度》，厦门大学出版社。

朱晋华、詹正华、韩朝华，2008，《苏南城乡一体化之路：胡埭镇的变迁和创新》，中国社会出版社。

朱玲、蒋中一，1995，《以工代赈与缓解贫困》，上海三联书店。

朱玲，2000，《政府与农村基本医疗保障制度选择》，《中国社会科学》第4期。

朱庆芳，1995，《我国社会保障指标体系综合评价》，《社会学研究》第4期。

朱庆芳、葛兆荣，1993，《社会指标体系》，中国社会科学出版社。

朱荣贵，1994，《儒家人文教育之现代意义》，（台北）《通识教育季刊》第3期。

朱勇、潘屹，1995，《社会福利的变奏——中国社会保障问题》，中共中央党校出版社。

朱勇、唐钧，1991，《农村社会养老保险模式选择》，广西人民出版社。

Anna Kaye，叶伟强，2002，《要发展，也要社会公平——专访经济学诺贝尔奖得主阿玛蒂亚·森》，《财经》第16期。

Henrik Munk & Viola Burau，2009，《丹麦福利国家的社会包容：理想和现实之间》，载高鉴国、黄智雄主编《社会福利研究》第1期，中国社会出版社。

Johnson，D. Gale，2001，《中国城乡收入为何世界最大》，《社会学》第8期。

Alan，Ryan（Ed.）（2003），*Justice*，*Oxford Reading in Politics and Government*，Oxford：Oxford University Press.

Alcock，Peter，Erskine，Angus and May Margaret（2002），*Social Policy*，Oxford：Blackwell Publishing.

Allardt, Erik (Eds.) (1981), *Nordic Democracy, Ideas, Issues, and Institutions in Politics, Economy, Education, Social and Cultural Affairs of Denmark, Finland.* Iceland, Norway, and Swenden, Copenhagen: Det Danske Selskab.

Anttonen, Anneli, Liisa Häikiö and Kolbeinn stefansson (2012), *Welfart State, Universalilsm and Diversity*, Edward Elgar.

Aziz, Sartaj (1978), *Rural Development, Learning from China*, London and Basingstoke: The Macmillan Press.

Backman, Guy (1991), *The Creation and Development of Social Welfare in the Nordic Countries*, Finland: ABO University.

Bailey, J. Paul (1988), *China in the Twentieth Century*, USA: Basil Blackwell.

Baker, D. R. Hugh (1979), *Chinese Family and Kinship*, London: The Macmillan Press.

Baldock, John, Manning Nick, Miller Stewart, and Vickerstaff Sarah (2003) (Eds.), *Social Policy*, Oxford: Oxford University Press.

Baldwin, Peter (1999), *The Politics of Social Solidarity, Class Bases of the European*, Cambridge: Cambridge University Press.

Barr, Nicholas and others (1995), *The State of Welfare, The Welfare State in Britain since* 1974, Oxford: Clarendon Paperbacks.

Barr, Nicholas (1998), *The Economics of the Welfare State*, Oxford: Oxford University Press.

Bell, Colin and Newby, Howard (1972), *The Sociology of Community, A Selection of Reading*, London: Frank Cass.

Benjaming, Graham (1937), *Storage and Stability, A Modern Ever Normal Granary*, New York and London: Columbia University.

Beveridge Report (1942), *Social Insurance and Allied Service*, London: HMSO.

Beveridge, William (1944), *Full Employment in a Free Society*, London: Allen & Unwin.

Boadway, W. Robin and Bruce, Neil (1984), *Welfare Economics*, Oxford: Basil Blackwell.

Briggs, Asa (1969), The Welfare State in Historical Perspective, in C. Pierson and F. Castles (eds.) (2000), *The Welfare State Reader*, Cambridge: Polity Press.

Brown, Phillip and Sparks, Richard (Ed.) (1989), *Beyond Thatcherism*, *Social Policy*, *Politics and Society*, UK: Open University Press.

Brown, Phillip, Lauder, Hugh (2001), *Capitalism and Social Progress*, *The Future of Society in a Global Economy*, UK: Plagrave.

Bryson, Lois (1992), *Welfare and the State*, London: Macmillan.

Bureau of Rural Social Pension Insurance of MCA (1995), *A Collection of Evaluation Papers*, *On the Basic Plan for Rural Social Pension Insurance*, Beijing: Internal Publishing.

Castles, G. Francis (2004), *The Future of the Welfare State*, *Crisis Myths and Crisis Realities*, Oxford: Oxford University Press.

Chang, Xiangqun and Feuchtwang, Stephan (1996), *Social Support in Rural China*, (1979 - 1991): *A Statistical Report on Ten Villages*, London: City University, China Research Unit.

Chao, Kang (1986), *Man and Land in Chinese History*, *An Economic Analysis*, California: Stanford University Press.

Chen, Hanseng (1945), *The Chinese Peasants*, Oxford: Oxford Pamphlets on Indian Affairs.

—— (1982), *Choice*, *Welfare and Measurement*, Oxford: Basil Balckwell.

Chow, Nelson, Yong Xin Zhou, Yuebin Xue (2001), *Socialist Welfare in a Market Economy*, *Social Security Reform in Guangzhou*, China, Surrey: Ashgate.

Clarke, John (2000), A World of Difference? Globalization and the Study of Social Policy, In Lewis, Gail; Gewirtz, Sharon and Clarker, John (Eds.), *Rethinking Social Policy*, London: SAGE.

Colin Crouch, Klaus Eder, and Damian Tambini (Eds.) (2001), *Citizenship, Market and the State*, Oxford University Press.

Commission on Social Justice (2000), What is Social Justice? In Pierson and Castles (Eds.), *The Welfare State Reader*, Cambridge: Polity Press.

—— (1968), *Commitment to Welfare*. London: Allen and Unwin.

—— (1982), *Community Studies, An Introduction to the Sociology of the Local Community*, London: George Allen & Unwin.

Corry, Dorry (1998), The Role of the Public Sector and Public Expenditure, in Franklin (Ed.), *Social Policy and Social Justice*, Cambridge: Policy Press.

Crompton Rosemary (1993), *Class and Stratification, An Introduction to Current Debates*, Cambridge: Polity Press.

Crosland, Anthony (1956), *The Future of Socialism*, London: Cape.

Crouch, Colin (1999), *Social Change in Western Europe*, Oxford University Press.

Crow, Graham (2002), *Social Solidarity, Theory, Identity and Social Change*, Buckinham: Open University Press.

Dean, Hartley (2002), *Welfare Rights and Social Policy*, London: Prentice Education.

Denney, David (1998), *Social Policy and Social Work*, Oxford: Oxford Press.

—— (1999), *Development as Freedom*, Oxford: Oxford University Press.

Diamond, Larry and Mayers, H. Ramon (2000), *Introduction: Elections and Social Organization in China*, China Quarterly.

Dietrich, Craig (1994), *People's China, A Brief History*, New York, Oxford: Oxford University Press.

Douglas, Mary (1973), *Natural Symbols*, *Explorations in Cosmology*, London: Barrie & Jenkins.

Doyal, Len and Gough, Ian (1991), *A Theory of Human Need*, London: The Macmillan Press.

Drake, F. Robert (2001), *The Principles of Social Policy*, London: Palgrave.

Dworkin, Ronald (1981), *Equality of Welfare*, Philosophy and Public Affairs, 10.

Eckstein, Alexander (1977), *China's Economic Revolution*, Cambridge: Cambridge University Press.

—— (Ed.) (1991), *The Chinese State in the Era of Economic Reform: The Road to Crisis*, London: Macmillan.

—— (2001) (Ed.), *The New Politics of the Welfare State*, Oxford: Oxford University Press.

Ellison, Nick and Pierson, Chris (2003), Developments in British Social Policy, In Ellison, Nick and Pierson, Chris (Eds.) *Developments in British Social Policy* 2, London: Palgrave.

—— (1964), *Equality*, London: George Allen and Unwin.

Esping - Andersen, Gosta (1985), *Politics Against Market: The Social Democratic Road to Power*, Princeton Umiversity Press.

Esping - Andersen, Gosta and Korpi, Walter (1987), From Poor Relief to Institutional Welfare States: The Development of Scandinavian Social Policy, in Erikson, Robert et al (Eds.), *Scandinavian Model*, New York, Sharpe.

Esping - Andersen, Gosta (1990), *The Three Worlds of Welfare Capitalism*, Cambridge: Cambridge University Press.

Esping - Andersen, Gosta (Ed.) (1996), *Welfare State in Transition*, *National Adaptations in Global Economies*, London: Sage.

Esping - Andersen, Gosta and others (2002), *Why We Need a New Welfare State*, Oxford: Oxford University Press.

Estelle, James (2000), Social Security around the World, in Pierson, Christopher and Castles, G. Francis (Eds.) *The Welfare State Reader*, Cambridge: Polity Press.

Evans, Mark & Cerny, Phil (2003): Globalization and Social Policy, In Nick Ellison and Chris Pierson (Eds.) *Development in British Social Policy*, Palgrave Macmillan.

Fairbank, K. John and Liu, Kwang - Ching (Ed.) (1967), *China: the People's Middle Kingdom and the U. S. A.* Cambridge: Belknap Press of Harvard University Press.

Fairbank, K. John (1996), *Cambridge History of China*, *Volume 11*, *Late Qing*, *1800 - 1911*, Cambridge: Cambridge University Press.

Fairbank, K. John (1998), *Cambridge History of China*, *The People's Republic*, *Volume 13 - 15*, Cambridge: Cambridge University Press.

Fei, Xiaotong (1968), *China's Gentry*, *Essays in Rural - Urban Relations*, Chicago & London: The University of Chicago Press.

—— (1981), *Peasant Life in China: A Field Study of Country Life in the Yangtze Valley*, Lonolon: Routledge Kegan & Paul.

Feng, Youlan (1976), *A Short History of Chinese Philosophy*, New York and London: Free Press.

Floyd. T. O. Empire, *Welfare State*, *Europe*, *History of the United Kingdom*, *1906 - 2001*, Oxford: Oxford University Press.

Franklin, Jane (ed.) (1998), *Social Policy and Social Justice*, The IPPR Reader, Cambridge: Polity Press, Published in Association with Institute for Public Policy Research.

Fraser, Derek (1984), *The Evolution of The British Welfare State*, *A History of Social Policy Since the Industrial Revolution*, London: Macmillan.

Freeman, Samuel (1999), *John Rawls*, *Collected Papers*, Cambridge, Mass.: Harvard University Press.

Gamble, D. Sidney (1954), *Ting Hsien*, *A North China Rural Com-*

munity, Stanford, California: Stanford University Press.

—— (1963), *North China Villages, Social, Political, and Economic, Activities before* 1933, Berkeley and Los Angeles: University of California Press.

Gao, Mobo (1999), *Gao Village, A Portrait of Rural Life in Modern China*, London: Hurst & Company.

George, Vic and Paul, Wilding (1994), *Welfare and Ideology*, Harvester: London.

—— (2002), *Globalization and Human Welfare*, Lonnlon: Palgrare.

Giddens, Anthony (1994), *Beyond Left and Right: The Future of Radical Politics*, Polity Press: Cambridge.

—— (1998), *The Third Way: The Renewal of Social Democraoy*, Cambridge: Polity Press.

Ginsbury, Norman (1992), *Divisions of Welfare, A Critical Introduction to Comparative Social Policy*, London: Sage Publications.

Glazer, Nathan (1990), *The Limits of Social Policy*, Cambridge, Massachusetts: Harvard University Press.

Glennerster, Howard and Hills, John (Eds.) (1998), *The State of Welfare, The Economics of Social Spending*, Oxford: Oxford University Press.

—— (2002), *Globalization and Human Welfare.* London: Palgrave.

—— (2001), *Globlization and Regional Welfare Regimes: The East Asian Case*, Global Social Policy.

Goodin, E. Robert, Headey, Bruce, Muffels, Ruud, and Dirven, Henk - Jan (1999), *The Real World of Welfare Capitalism*, Cambridge: Cambridge University Press.

Goodman Roger & Peng. Ito (1996), The East Asian Welfare States: Peripatetic Learning, and Nation - building, in Esping Andersen, G. (eds.), *Welfare State in Transtion: National Adeption in*

Global Economies, London: Sage.

Goodman, Roger, White, Gordon and Kwon, Huck - Ju. (Eds.) (1998), *The East Asian Welfare Model: Welfare, Orientalism and the State*, London: Routledge.

Gough, Ian (1979), *The Political Economy of the Welfare State*, London: Macmillan.

—— (2004), East Asia: The Limic of Productivisc Regimes, in Gough, Ian and Wood, Geof (Eds.) *Insecurity and Welfare Regimes in Asia, Africa and Latin America*. Cambridge: Cambmidge University Press.

Grand L., Julian and Bartlett, Will (Eds.) (1993), *Quasi - markets and Social Policy*, London: Macmillan.

Gray, Jack and White, Gordon (Eds.) (1982), *China's New Development Strategy*, London: Academic Press.

Guldin, Gregory Eliyu (Ed.) (1997), *Farewell to Peasant China, Rural Urbanization and Social Change in the Late Twentieth Century*, New York: M. E. Sharpe.

Harris, Neville, *Social Security Law in Content*, Oxford: Oxford University Press.

Hill, Michael (1980), *Understanding Social Policy*, Oxford: Basil Blackwell and Martin Robertson.

Hills, John (1990), *The State of Welfare*, Oxford: Clarendon Press.

Hill, Thomas E., Jr. (2002), *Human Welfare and Moral Worth, Kantian Perspectives*, Oxford: Clarendon Press.

Hinton, William (1997), *Fanshen, A Documentary of Revolution in a Chinese Village*, Berkeley: University of California Press.

Holliday, Ian (2000), Productivity Welfare Capitalism, Social Policy in East Asia, *Political Studies*, 48 (4).

Hood, Christopher (1998), *The Art of the State*, Oxford: Oxford

University Press.

Howe, Christopher & Walker, R. Kenneth, 1953 – 1965 *The Foundations of Chinese Planned Economy*, A Documentary Survey.

Hraais, Jose (1972), *Unemployment and Politics, 1886 – 1914*, Oxford: Oxford University Press.

Hsiao Kung – Chuan (1960), *Rural China, Imperial Control in the Nineteenth Century*, Seattle and London: University of Washington Press.

Hsien, Ting (Xie, Ting) (1954), *A North China Rural Community*, Stanford, California: Stanford University Press.

Hsu, Immanuel Chung – Yueh (2000), *The Rise of Modern China*, Oxford: Oxford University Press.

Huang, Ray (1981), *1857, A Year of No Significance*, Yale University Press.

Huck –Ju, Kwon (2005), *Transforming the Developmental Welfare State in East Asia*, London: Palgrave.

—— (2005), Welfare Reform and Future Challenges in Korea: Beyond the Developmental Welfare State? *Development and Change* 36 (3).

Hutton, Will and Giddens, Anthony (Eds.) (2000), *On the Edge: Living with Global Capitalism*, London: Jonathan Cape.

—— (1999), *Implicit Meaning, Selected Essays in Anthropology*, London: Routledge.

Jessop, Bob (2000), From the KWNS to the SWPR, in Lewis, Gail (Eds.) *Rethinking Social Policy*, London: Sage Publication.

——Johnson, D. Gale (2001), *Justice as Fairness*, The Belknap Press of Harvard University Press.

Kelliher, Daniel (1997), The Chinese Debate over Village Self – Government, *The China Journal*, No. 37, January.

Kenneth Pomeranz (2000), *The Great Divergence, China, Europe, and Making of the Modern World Economy*, Princeton: Princeton University Press.

Kuhnle, Stein (1981), Welfare and Quality of Life, in Allardt, Erik (Eds.) *Nordic Democracy*.

—— (1998), The Scandinavian Type of Welfare State, 载中华人民共和国国务院发展研究中心、挪威王国驻中华人民共和国大使馆合编《当代挪威与中国》。

Kwon, Huck-Ju (1999), *The Welfare State in Korea, The Politics of Legitimation*, London: Macmillan.

Lane, Robert, E. (2000), *The Loss of Happiness in Market Democracies*, New Haven: Yale University Press.

Langan, Mary (Ed.) (1998), *Welfare: Needs Right and Risks*, London: Open University.

Leibfried, Stephan (1993), Towards a European Welfare State, in Jones, C. (Ed.) *New Perspectives on the Welfare State*, London: Routldge.

Leung, C. B. Joy and Nann, C. Richard (1996), *Authority and Benevolence: Social Welfare in China*, Hong Kong: Chinese University Press.

Lewis, Gail, Gewirtz, Sharon and Clarke, John (Eds.) (2000), *Rethinking Social Policy*, London: Sage Publications.

Lewis, Jane (2003), Responsibilities and Rights: Changing the Balance, in Nick Ellison (Eds.) *Development of British Social Policy* 2, Palgrave Macmillan.

Lin, Ka (1999), *Confucian Welfare Cluster, A Cultural Interpretation of Social Welfare*, Tampere: University of Tampere.

Lin, Yutang, (1977), *My Country and My People*, London: Heinemann.

Little, I. M. D. (2002), *A Critique of Welfare Economics*, New York:

Oxford University Press.

MacFarquhar, Ronneth (Ed.) (1993), *The Politics of China 1949 – 1989*, Cambridge: Cambridge University Press.

Marshall, Thomas, Humphrey (Ed.) (1950), *Citizenship and Social Class and Other Essays*, Cambridge: Cambridge University Press.

—— (1963), Sociology at the Crossroads, London: Sphere.

Mayo, Marjorie (1994), *Communities and Caring: The Mixed Economy of Welfare*, London: St Martin's Press.

Meisner, Maurice (1996), *The Deng Xiaoping Era: An Inquiry into the Fate of Chinese Socialism, 1978 – 1994*, New York: Hill and Wang.

Miller, David (2000), *Citizenship and National Identity*, Cambridge: Polity Press.

Moise, E. Edwin (1986), *Modern China, The Present and the Past*, London: Longman.

Moseley, J. Malcolm (2003), *Rural Community Development, Principles and Practice*, London: Sage.

Mueller, C. Dennis (2003), *Public Choice III*, Cambridge: Cambridge University Press.

Murphy Rachel (2002), *How Migrant Labour Is Changing Rural China*, Cambridge: Cambridge University Press.

Myers, H. Ramon (1970), *The Chinese Peasant Economy, Agricultural Development in Hoper and Shantun, 1890 – 1949*, Cambridge, Massachusetts, Harvard University Press.

Naquin, Susan and Rawski S. Evelyn (1987), *Chinese Society in the Eighteenth Century*, New Haven and London: Yale University Press.

Nicholas, Deakin (Ed.) (2000), *Origins of the Welfare State*, UK: Routledge.

Norman Ginsburg (1992), *Divisions of Welfare, A Critical Introduction to Comparative Social Policy*, Sage Publications.

Nussbaum, C. Martha and Sen Amartya (Eds.) (1993), *The Quality of Life*, Oxford: Clarendon Press.

O'Brien, Martin and Sue Penna (1998), *The Orising Welfare: Enlightenment and Modern Society*, London: Sage Publications.

OECD (1985), *Social Expenditure, 1960 - 1990: Problems of Growth and Control*, Paris: OECD.

—— (2001), 20 *Years of Social Expenditure: 1980 - 1998*, Paris: OECD.

Oi, C. Jean (1986), *China's Grain Contracting System*, China Quarterly.

—— (1998), Orientalism and Occidentalism in the Analysis of East Asian Experience, In Goodman, R. White, G. and Kwon, H. - J. (Eds.) *The East Asian, Welfare Model: Welfare Orientalism and the State*, London: Routledge.

Pacione, Michael (1984), *Rural Geography*, London: Harper & Pow.

Pan, Yi (1996), *Welfare System in Transition*, An thesis of in Department of Social Work and Social Policy, Tampere University, Finland.

Parish, L. William and Whyte, M. Kartin (1978), *Village and Family in Contemporary China*, Chicago: The University of Chicago Press.

—— (1981), *Peasant Life in China: A Field Study of Country Life in the Yangtze Valley*, London: Routledge Kegan & Paul.

Perkins, Dwight and Yusuf, Shabid (1984), *Dual Development in China*, A World Bank Publication, Baltimore and London: The Johns Hopkins University Press.

Pettunen, Pauli and Klaws Peterser (Eds.) (2011), *Beyond Welfare State Models, Transnational Historical Perspectives on Social Policy*, Edward Elgar.

Phillips, David and Williams, Allan (1984), *Rural Britain, A Social Geography*, Oxford: Basil Blacknell.

Pierson, Christopher (1991), *Beyond the Welfare State? The New Political Economy of Welfare*, Cambridge: Policy Press.

Pierson, Christopher and Castles Francis G. (Eds.) (2000), *The Welfare State Reader*, Cambridge: Polity Press.

Pierson, Paul (1994), *Dismantling the Welfare State, Reagan, Thatcher, and the Politics of Retrenchment*, UK: Cambridge University Press.

Pierson, Paul (Ed.) (2001), *The New Politices of the Welfare State*, Oxford: Oxford University Press.

Pinch, Steven (1997), *Worlds of Welfare, Understanding the Changing Geographies of Social Welfare Provision*, London and New York: Routledge Policy.

Plant, Raymond, Lesser, Harry and Taylor - Gooby, Peter (1980), *Political Philosophy and Social Welfare, Essays on the Normative, Basis of Welfare Provision*, London: Routledge.

Polanyi, Karl (1944), *The Great Transformation*, Boston: Beacon Press.

Pollard, Sidney (1969), *The Development of the British Economy, 1914 - 1967*, Bath: Arnold.

Pomeranz, Kenneth (2000), *The Great Divergence, China Europe, and the Making of the Modern World Economy*, Princeton: Princeton University Press.

Poostchi, Iraj (1986), *Rural Development and the Developing Countries*, Canada: Alger.

Dennis, E. Poplin (1979), *Communities: A Survey of Theories and Methods of Research*, New York: Macmillan.

Publishing services, Central Office of Information (1995), *Social Welfare, Aspects of Britain*, London: HMSO.

Ralph, Miliband (1973), *The State in Capitalist Society, the Analysis of the Welfare System of Power*, London: Quartet Books.

Ramon, H. Myers (1970), *The Chinese Peasant Economy*, *Agricultural Development in Hopei and Shangtung*, *1890 – 1949*, Cambridge, Massachusetts: Harward University Press.

Rawls, John (1971), *A Theory of Justice*, Cambridge, Mass.: Harvard University Press.

Reisman, David (1982), *State and Welfare*, London: Macmilan.

Research Group on the System of Village Self – Government in Rural China, China Research Society of Basic – Level Governance (1993), Study on the Election of Villagers Committees in *Rural China*, Research Report on the System of Village Self – Government in China (1993 Volume), Beijing: China Society Press.

Research Group on the System of Village Self – Government in Rural China, China Research Society of Basic – Level Governance (1994), *The Report on Villagers' Representative Assemblies in China*, Research Report on the System of Village Self – Government in China (1994 Volume), Beijing: China Society Press.

—— (1993), *Riding the Tiger*: *The Politics of Economic Reform in Post – Mao China*, London: Macmillan.

Robinson, Mark and White, Gordon (Eds.) (1998), *The Democratic Developmental State*, *Political and Institutional Design*, Oxford: Oxford University Press.

Robson, A. William (1976), *Welfare State and Welfare Society*, *Illusion and Reality*, London: George Allen & Unwin.

Rothstein Bo (1998), *Just Moral and Political Logic of the Universal Welfare State*, Cambridge University Press.

Ryan, Alan (Ed.) (2003), *Justice*, Oxford: Oxford University Press.

Schmidtz, David, and Goodin E. Robert (1998), *Social Welfare and Individual Responsibility*, *For and Against*, Cambridge: Cambridge

University Press.

Schwartz, Herman (2001), Round up the Usual Suspects! Globalization, Domestic Politics, and Welfare State Change, in Pierson Paul Ed. *The New Politics of the Welfare State*, Oxford: Oxford University Press.

Selden, Mark (1997), China's Rural Welfare Systems: Crisis and Transformation, Hong Kong: *Journal of Social Sciences*, No. 10.

Scn, Amartya (1982), *Poverty and Famines, An Essay on Entitlement and Deprivation*, Oxford: Clarendon Press.

—— (1983), *Shefann: the Continuing Revolution in a Chinese Village*, New York: Random House.

Shue, Vivienne (1980), *Peasant China in Transition, The Dynamics of Development toward socialism, 1944 – 1956*, Berkeley: University of California Press.

Simon, Julian L. (1995), *The State of Humanity*, UK: Blackwell.

Sipilä, Jorma; Anneli, Anttonen, & Teppo, Kröger (2009), A Nordic Welfare State in Post – industrial Society, A global perspective in Powell, J. L. & Hendricks, J. (Eds.), *The Welfare State in Post – industy Society*, Dordrecht: Springer.

Smith, Adam (1961), *The Wealth of Nation (1776)*, London: Methuen.

—— (1991), *Social Change, Social Welfare and Social Science*, London: Harvester Wheatsheaf.

Social Insurance, Department of, The Ministry of Civil Affairs (1995), *Rural Social Pension Insurance, A Collection of Evaluation Papers, On the Basic Plan for Rural Social Pension Insurance*, Beijing: Inner Printing.

—— (1996), *Social Policy, A Comparative Analysis*, London: Prentice Hall.

—— (1974), *Social Policy: An Introduction*, London: Allen and Unwin.

—— (1970), *Social policy* (3rd ed.), London, Hutchinson.

—— (1963), *Sociology at the Crossroads*, London: Sphere.

Solinger J. Dorothy (1991), *China's Transients and the State: A Form of Civil Society?* Hong Kong Institute of Asia – Pacific Studies, Hong Kong: Chinese University of Hong Kong.

—— (1988), State and Market in China's Socialist Industrialization in White, Gordon (Ed.) *Development State in East Asia.*

—— (1989), *State and Peasant in Contemporary China: The Political Economy of Village Government*, Berkeley: University of California.

Tawney, Richard Henry (1932), *Land and Labour in China*, London: George Allen and Unwin.

Taylor – Gooby, Peter and Dale Jennifer (1981), *Social Theory and Social Welfare*, London: Edward Arnold.

Taylor – Gooby, Peter (1989), *The Role of the State.* In R. Rowell, S. Witherspoon and L. Brook (Eds.) *British Social Attitudes: Special International Report*, (6th Edn), Aldershot: Gower.

Terrill, Rose (1974), R. H. *Tawney & His Time*, London: Ander Deutsch.

—— (1990), The Fate of the Collective the Commune, in D. Davis and E. F. Vogel (Eds.) *Chinese Society on the Eve of Tiananmen: Impact of Reform*, Cambridge, Mass: The Council on East Asian Studies: Harvard University.

—— (1970), *The Gift Relationship*, From Human Blood to Social Policy, London: George Allen & Unwin.

—— (1991), *The State and Social Welfare*, *The Objectives of Policy*, London: Longman.

—— (1998), *The Third Way: The Renewal of Social Democracy*, Cambridge: Policy Press.

—— (2001), *The Welfare State as Piggy Bank*, *Information*, *Risk*, *Uncertainty*, *and the Role of the State*, Oxford University Press.

Titmuss, Richard (1958), *Essays on the Welfare State*, London: Allen and Unwin.

—— (2004), *Transforming the Developmental Welfare State in East Asia*, London: Macmillan.

Titmuss, M. Richard (1968), *Commitment to Welfare*, London: Allen and Unuin.

Trumble, William, and Brown, Lesley (1983), *Shorter Oxford English Dictionary*, Oxford: Oxford University Press.

Unger, Jonathan (2002), *The Transformation of Rural China*, London: Armonk.

United Nations Department Programme (UNDP) (2000), *Human Development Report* 2000, New York & Oxford: Oxford University Press.

Wakeman, Frederic (1975), *The Fall of Imperial China*, London: Collier Macmillan Publishers.

Walker, Alan (1984), *Social Plan, A Strategy for Socialist Welfare*, Oxford: Basil Blackwell.

Wallace, Henry A. (1936), *Democracy Reborn*, London: Hammond, Hammond & CO.

Waller, J. Derek (1976), *The Government and Politics of the People's Republic of China*, London: Hutchinson.

Wang, Zhenyao, and Tang, Jinsu (1996), *Legal System of Village Committees in China*, China Society Press.

—— (1998), What are Human Needs? In Franklin, Jane (Ed). *Social Policy and Social Justice*, Polity Press: Cambridge.

White, Gordon (1988), State and Market in China's Socialist Industralization, in Glhice, Gordon (Ed.), *Development State in East Asia*, London: Macmylam, pp. 153 – 193.

Wilensky, Harold. L. & Lebeaux, Charles. N. (1965), *Industrial So-*

ciety and Social Welfare. New York: The Free Press.

—— (1977), *William Beveridge: A Biography*, Oxford: Oxford University Press.

Williams, Fiona (1989), *Social Policy, A Critical Introduction*, Cambridge: Polity Press.

Wilson, Thomas, and Wilson, Dorothy (1982), *The Political Economy of the Welfare State*, London: George Allen & Unwin.

Wong, Linda and MacPherson, Stewart (1995), *Social Change and Social Policy in Contemporary China*, England: Avebury.

Wong, Linda (1998), *Marginalization and Social Welfare in China*, London: Routledge.

World Bank (1994), *Averting the Old Age Crisis; Politics to Protect the Old Promote Growth*, Washington, D. C.: Oxford University Press.

Xiao, Gongquan (Hsiao, Kung - Chuan) (1960), *Rural China, Imperial Control in the Nineteenth Century*, Seattle and London: University of Washington Press.

Xie, Yuxi (2004), *Analysis of the Perspective in Chinese Social Assistance*, paper in Conference on Asset Building and Social Development, Jinan, September.

Yang, C. Martin (1948), A *Chinese Village*, *Taitou*, *Shantung Province*, London: Routledge.

Zhang, Youqin (2004), *A Social Security Fund for Peasants Sustaining Land Loss——From 'land for Social Security' to 'Land Sustains Social Security'*, paper in Conference on Asset Building and Social Development, Jinan, September, 9 - 11.

Zheng, Bijian (2004), *China's 'Peaceful Rise'* and Opportanities for the Asia——Pacific Region, April, 18, 2004, In China's Peaceful Rice, Speach of zherg, Buiarg. Washington: Sppt. - Oct, p. 23.

Zheng, Yongnian (2005), *Globazation and Social Conflict in China*, Paper in Conference on 'Evolving State - society Relations in Transitional China', Cambridge, October.

David, Zweig (1986), *Prosperity and Conflict in Post - Mao Rural China*, China Quarterly.

索 引

G

H

Q

R

S

T

后记

这本书多年后终于和大家见面了。

我感谢芬兰，感谢坦佩雷大学，感谢那里的国际社会科学系北欧福利国家专业，在那里我被领进社会政策的学科和社会福利的研究领域，从此走上了学术的“不归路”。我感谢系里的各位老师，特别感谢我的硕士论文指导老师约尔玛·西皮莱（Jorma Sipilä）教授。他一字一字地订正我的语言，我的硕士论文留下了他密密麻麻的修改手记。当我面临英语艰难、生活窘迫的时候，他给予我关怀、信心和鼓励：“深入下去，人类是相同的。”他推荐我去英国学习。他说：英国更适合你的发展。北欧是典型的社会福利制度国家，而英国是社会政策学科的发源地。

感谢曼彻斯特大学的保罗·威尔定（Paul Wilding）教授。坦佩雷大学请他教授我们福利理论课。傍晚，他会约我们来到两个大湖之间的酒吧，延续课堂上关于福利意识形态的话题，我们开始了关于国家、市场的一切争论。那时我还是一个自由市场派。

感谢来自芬兰、日本、孟加拉和美国的亲切的同学们：Johanna，Tiina、Miina、Anna 和 Masaya 等，在所有老师和同学的鼓励与帮助下，我度过了艰难的时光，完成了学业，拿到了学位。在北欧，有这些老师和同学，极地的冬日不再黑暗，芬兰的冰雪不再寒冷。留下的是桑拿过后的清爽、湖水的清澈、森林的浩渺和美好温情的回忆。我们把我们国际友谊、团结与合作延续了下来。

我非常感谢英国兰卡斯特大学应用社会科学系乔治·克劳夫（George Clough）教授，他把我迎进英国。在兰卡斯特，我学习了一年。他的专业是老年社区照顾，而他的著作是我们在芬兰读书时的必读书目。他把我领到大学图书馆浩瀚书海中的社会政策那一隅，指点那些社会政策的鼻祖和宗师。不止一次，我坐在他家的窗前，看湖区的绿色山坡、白色的羊群，听他讲述他热心关注的老年社区照护，以及英国阶级和社会分层现状和他所厌恶的资本主义制度。在那里，我真正开始了关于社会福利思想和社会政策学科的思考。

感谢巴斯大学，那一年在政策系的学习，社会政策专家因·高夫教授（Ian Gough）在图书馆里，手把手带我完成了定量和定性的两个研究项目：城乡二元结构的定性分析和农村养老保险的定量研究。

感谢巴斯城我的房东——作家和牧师海伦（Helen Santos）女士，她帮助我走入民间，认识英国的社会。在我们之间有过那么多温暖的故事和深刻谈话的记忆。

感谢剑桥大学社会和政治科学系对我的录取，感谢东方系的老师们给我的指导和帮助，特别是薄大伟（David Bray）和张炜。我怀念在大学图书馆、东方系图书馆、霍木顿学院图书馆、社会和政治科学系图书馆、法律系图书馆阅读的岁月，无论是灯光下还是日光中，那一幕幕难忘的场景，是我一生中最愉快的记忆。在剑桥大学中心，窗外是剑河流淌，极目是白云蓝天和紫红色的图书馆，我的博士论文一章一章地完成。

感谢在英国学习时所有给予我鼓励、鞭策和帮助的来自台湾、香港和大陆的朋友们。

感谢在我调研过程中给我一切帮助和启发我思考的同仁、朋友们，包括在北京、上海、浙江、山东等各大学研究院、政府机构的工作人员，特别是基层的工作者，你们的真诚和朴实，时时地涤荡着我。浙江大学的何文炯教授对我的田野调查给予了热情支持，我非常感激。从杭州到嘉兴，我和他、他的同事、学生走了一路。民政部基层政权和社区建设司副司长汤晋苏和他的同事们给我提供了去山东、四川、江苏、湖南、重庆等地基层调研的机会，在此一并感谢。

我受益于我大学毕业后的工作单位民政部。在那里，我开始深入基层。我进入了社会福利领域，进入了社会政策领域。在那里和前辈、同仁共度的时光，塑造了我的价值体系，并开阔了我的思维。我感谢故去和尚在的曾共事的领导与同事，一起的探寻、工作与勉励，是支持我走出去、走下去的力量源泉。感谢民政部的领导、同仁一直给予我的厚望和信任。

感谢北京大学的同窗好友，美国凯斯西储大学健康医学教授、心理学博士张燕云，剑桥大学的同系学友、来自新加坡的谭增喜博士，以及侨居美国的朋友张名对我英文的修订。

感谢伦敦政治经济学院社会政策教授大卫·匹亚肖德（David Piachaud）对论文的指导。他逐句阅读了我的论文，给予迷茫中的我以非常积极肯定的支持。我记得那天清晨清华园清新的空气、明亮的色彩以及他迎接我时的笑容。

感谢美国明尼苏达州圣克劳德州立大学社会学和人类学教授、社会学博士左际平对本书的审读和中肯的意见。

感谢我的学生——中国社会科学院研究生院社会工作专业的硕士生卜鹏、赵洁、曹殷、李丽、芦苇、王子彧等把我的各章论文翻译成中文。

感谢本书的编辑谢蕊芬女士提出的修改建议及所做的大量认真而勤勉的修订工作。

最后，我深切地怀念在此期间我没有尽孝而故去的亲人并深深地感谢一直支持我的家人。而这种感谢，语言已不能表达。

还有许多给予我慷慨和真挚帮助的人，可惜在这里我不能一一列出名字。一个朋友说过：所有的善意都不用回报，我愿把这种感激化作更深厚的善意传播给更多的人。

谨此致谢。

潘 屹

2014 年春于北京

图书在版编目(CIP)数据

中国农村福利/潘屹著. —北京:社会科学文献出版社,2014.5

ISBN 978-7-5097-5986-8

Ⅰ.①中… Ⅱ.①潘… Ⅲ.①农村-社会福利事业-研究-中国 Ⅳ.①F323.89

中国版本图书馆 CIP 数据核字(2014)第086645号

中国农村福利

著　　者/潘　屹

出 版 人/谢寿光
项目统筹/童根兴
责任编辑/王　玮　谢蕊芬

出　　版/社会科学文献出版社·社会政法分社(010)59367156
地址:北京市北三环中路甲29号院华龙大厦　邮编:100029
网址:www.ssap.com.cn

发　　行/市场营销中心(010)59367081　59367090
读者服务中心(010)59367028

印　　装/三河市尚艺印装有限公司

规　　格/开　本:787mm×1092mm　1/20
印　张:17.2　字　数:284千字

版　　次/2014年5月第1版　2014年5月第1次印刷

书　　号/ISBN 978-7-5097-5986-8

定　　价/59.00元